改变人生的谈话

黄启团 著

中信出版集团 | 北京

图书在版编目（CIP）数据

改变人生的谈话 / 黄启团著. -- 北京 : 中信出版社, 2021.3（2025.12重印）
ISBN 978-7-5217-2678-7

Ⅰ. ①改… Ⅱ. ①黄… Ⅲ. ①心理交往—语言艺术—通俗读物 Ⅳ. ①C912.13-49

中国版本图书馆CIP数据核字(2021)第011049号

改变人生的谈话

著　　者：黄启团
出版发行：中信出版集团股份有限公司
（北京市朝阳区东三环北路27号嘉铭中心　邮编　100020）
承 印 者：北京通州皇家印刷厂

开　　本：660mm × 970mm　1/16　　印　　张：23　　字　　数：260千字
版　　次：2021年3月第1版　　印　　次：2025年12月第20次印刷
书　　号：ISBN 978-7-5217-2678-7
定　　价：68.00元

前言

2017年年底，在泰国一家超市，父亲与沉迷游戏的儿子发生了争吵，气急之下，父亲将手枪上了膛放在柜台上，说：“有种你就别活了。”说完这句话，父亲转身就要离开。就在此时，儿子拿起手枪，对准自己的脑袋扣下了扳机。看到血肉模糊的儿子，父亲像孩子一样躺在地上打滚，忍不住号啕大哭。

同样面对儿子沉迷游戏的问题，张国维博士选择了跟儿子一起进入游戏，然后在一次输给儿子时，对儿子说了一句话：“你虽然赢了我，但是你永远赢不了设计游戏的那个人，如果你能设计一款游戏岂不更好玩？”这句话把他沉迷于游戏的儿子变成了一位计算机博士。

在西方哲学界，word（语言）与sword（刀剑）是经常放在一起的两个单词，这有两个含义。第一，语言与刀剑一样具有改变历史的力量；第二，语言像刀剑一样，既能成就人，也能伤人。

战国时期的苏秦成功游说六国“合纵”抗秦，他腰挂六国使符，“以三寸不烂之舌退天下百万之兵”，做到了“一怒而诸侯惧，安居而天下息”，他的语言此时左右着历史的走向。

卡内基技术研究院曾做过一个调查，调查资料显示：一个人的事业是否成功，有15%取决于他的智商，而其余85%则取决于他的表达能力，也就是他处理人际关系的能力、说话的能力以及说服他人的能力。语言就这样左右着人生的走向。

美国著名儿童教育学家阿黛尔·法伯说过：“永远都不要低估你的话对孩子一生的影响力。”父母的否定、打击、批判，会给孩子消极的心理暗示，并转化为孩子“内在的批判之声”，形成强大的“反自我”意识，这种意识，他很可能一辈子都摆脱不了。父母的语言里，藏着孩子的未来，也藏着人类的未来。

一句话可以让人重新看到未来的希望，也可以让人顿时丧失生的欲望。

一句话可以创造看似不可能的奇迹，也可以熄灭生命的一切可能。

一句话可以带给人自信和源源不断的内在力量，也可以让人陷入黑洞，能量迅速流失。

一句话可以疗愈一个人的过往，让人更好地体验当下，也可以把人困在过去，一辈子无法解脱。

语言的力量是巨大的、无法估量的。我们如何才能把握好语言这个武器，抵制它的负面影响，发挥它的正面作用呢？

市面上有很多讲语言技巧、语言方法的书，里面有很多巧妙的、丰富的知识，可单就语言讲语言，就如同单从水面部分谈论冰山的大小。技巧层面的语言是无法触达内在心灵的。

语言是思想的外衣，只有潜入思想深处，我们才能真正发现语言的智慧。也许你曾听说过大思想家说话，他们的话语字字珠玑、直达人心，这些话语里很少见到语言技巧，而是直接对着人性发问。我们总想用语言改变别人，可在一个人深深的固执里，藏着他过往的人生和他对世界的理解，当掌握了对方根深蒂固的认知逻辑，有时候简单的几句话，就能轻松改变一个人。

在神经语言程序学（NLP[①]）领域，有一种教练技术可以通过独特的语言模式，让当事人自省，看清自己思维上的盲点，破除阻碍自己成功的限制性信念，然后自动自发地采取行动使自己进步，从而提升自己的人生品质。

这本书是我结合多年的心理咨询经验，把神经语言程序学教练技术融会贯通，将心理学知识和语言技巧巧妙结合的成果，内容包括：语言焦点、语言假设、语言框架、语言归类法、催眠语法、后设语言、魔术语言、感官语言、理性语言、一致性沟通语言、非文字语言等模块。

在这本书里，我会讲到 8 大思维框架，54 种智慧语言模式，把它们运用到与不同人的对话中，你将解决 90% 的无效沟通问题。熟练掌握这些习惯，你就能改变说话方式、说话技巧，从而改变内心结构，促进人格成长。

在这里面，我们可以：

发现正面催眠的秘诀；
洞悉负面语言的陷阱；
破除思想深处的限制框架；
解决日常常见的矛盾冲突；
赢得身边所有人的喜爱；
带给别人一份美好；
收获自己人生的圆满。

---

① N 指 neuro（神经），L 指 linguistic（语言），P 指 programming（程序）。

会说话的人说到人欢喜，不会说话的人说到人心死。读完这本书，请留意你说话方式的变化以及你身边人对你评价的改变。一切美好就在你读书的过程中，请你留意它的发生。

目录

第四章　语言归类法：智慧语言模式　131

第五章　催眠语法：绕过你的防卫，给潜意识下指令　153

第一章

改变人生，
从改变说话习惯开始

- 会说话的人说得人欢喜，不会说话的人说得人心死。
- 会不会说话，是一种能力，既然是能力，就可能通过学习提升。
- 语言跟人的神经反应之间有某种规律，只要掌握了这种内在的规律，人人都能成为说话的高手。
- 一个人是找借口还是找方法，取决于他被问了一个怎样的问题。
- 你是找借口还是找方法，也可以取决于你问自己什么问题。

1. 别拿“性子直”欺骗自己，你只是不会说话罢了

我们先来看两则小故事。

这天，在熙熙攘攘的纽约街头，一个头发凌乱、满脸愁容的盲人正在街头乞讨，他身边放着一个破旧的碗，旁边立着一个硬纸板，上面写着：I'm blind, please help me（我是个盲人，请帮帮我）。他的身边不停有人经过，但没人给他施舍。就在这个时候，走过来一位长头发的漂亮女孩，她在盲人旁边沉思了一会儿，然后从随身的包里拿出笔，把硬纸板翻过来，写了一行字：It's a beautiful day, but I can't see it（这是一个美好的日子，可惜我看不见它）。然后，神奇的事情发生了，陆陆续续有人停了下来，纷纷掏钱送给盲人。前后两句不同的话，有着完全不同的效果，可见，语言有着神奇的魔力。

第二个故事发生在中国的某城市。在市区中心的某条巷子里，这里的街道很窄，来来往往的车很多，一辆车的后视镜碰到了一位小孩子，这本来并不是什么大事，小朋友甚至都没有受伤。可是，这个小事故最终却演化成了一起网络新闻，连我这个平时并不怎么关注这类新闻的人都看到了。为什么会这样呢？原来争执引来了不少路人围观，在路人纷纷指责车主开车不小心

时，车主说了这样一句话：“有本事把我的车给砸了！”一句话激起了路人的愤怒，于是大家真的把那辆车给砸了。

从这一正一反的两个故事，我们可以看到语言的影响力：一句好听的话，可以把人际的寒冰融化，起到化腐朽为神奇的效果；一句自以为是的难听话，能把一星半点火苗变成熊熊烈火。语言能影响他人的行为，同一件事，因为不同的语言，会得到完全不同的结果。会说话的人说得人欢喜，不会说话的人说得人心死。

现在比较流行的一个观点是，会不会说话，跟情商有关。情商低的人说话不讨人喜欢，情商高的人说话滴水不漏。我们姑且不去讨论这个观点的正确与否，先来“揭露”一个事实：现实生活中，坦白承认自己不会说话的人很少，他们喜欢以“性子直”为借口，来掩饰自己不太会说话的事实。

相信很多人身边都有自称性子直、说话心直口快的人，他们说话不顾及场面，不顾及你的感受，伤害到你的时候，还会加上一句：“我这个人就是性子直，但说话没有恶意。”言外之意，我是这样的人，你如果介意，那就是你的问题了，给人一种“倒打一耙”的感觉。

在《如果你想过 1% 的生活》一书中，参加过《奇葩说》的作者杨奇函无情揭示：“骗谁也别骗自己，别拿性子直说事，自己沟通烂就是沟通烂。说话委婉又把事办成又让人开心是种高端大气上档次的沟通能力。”

一直以来，我们把“耿直”视作一个高尚品质，其实这只不过是史书对于情商低的人的同情语罢了。说话过于耿直，即便在古代也是不受人待见的。

“冯唐易老，李广难封”这句话，相信大家都很熟悉，讲的是两个郁郁不得志的能人。其中，冯唐以为人耿直且孝悌闻名，一生历经汉文帝、汉景帝、汉武帝三朝，直到头发花白，也没有当上要职。汉景帝即位后，他曾被提拔了一次，但很快又被罢免。为什么呢？

司马迁记述过这样一段故事。一次汉文帝乘车经过冯唐任职的官署，闲聊中汉文帝感慨：“我如果得到廉颇、李牧这样的人做将领，还用得着忧虑匈奴吗？”冯唐居然接了这么一句话：“以我对陛下的了解，即使您得到廉颇、李牧，也不会任用他们。”汉文帝非常生气，又不便当众发作，回到宫里，越想越上火，一个月后，他专门召见冯唐并责备道：“你为什么当众侮辱我，让我下不了台？有什么意见，你就不能私下告诉我吗？”冯唐硬生生地来了一句：“我是个鄙陋之人，不懂得忌讳回避。”意思是，我就是这么直的人，你何必跟我置气呢。汉文帝听了更加生气了。从这件事我们不难看出，冯唐不受重视的一个重要原因就在于他不仅不会说话，还喜欢仗着耿直得罪人。

为人正直是优点，但说话太直就是缺点了。说话直不是免死金牌，就算你身边的人看起来已经习惯和包容你的口无遮拦，但并不等于没有给他们造成伤害。也许他们对你的伤害无能为力，但身体知道答案。记得在一个夫妻咨询个案中，女方抱怨男方对自己已经没兴趣了，很少过夫妻生活，甚至连拥抱、亲吻这些亲热的行为已经很久都没有了，所以，她怀疑老公有外遇，出轨了。男方否认，我问他是不是已经不爱老婆了，他说也不是，只是他老婆总是攻击他、批评他，让他感觉一无是处，所以，他无法跟老婆亲热。这让我想起了一句歌词——“难以在夜晚去亲吻整天对我谩骂的嘴唇”。当然，我知道每一个批评伴侣的人都希望伴侣变得更好，但请记住：没有人愿意亲吻批评自己的嘴唇。

会说话的人能说到别人心里，让人温暖，像一个发光体；不会说话的人，说出来的话像一把刀，伤人不见血，像个黑洞，让身边的人感到心寒。所以，语言，不仅是一项技巧，更是一种修养。**只有懂得好好说话，人生才会走得更高更远。**正如著名心理学家、情商专家丹尼尔·戈尔曼所言：“你让人舒服的程度，决定着你所能抵达的高度。”

会不会说话，和性格无关，秉性耿直的人，照样也有很多说话达人。会不会说话，是一种能力，既然是能力，就可能通过学习提升。

神经语言程序学就是一门能提升语言能力的学问。神经语言程序学研究发现，语言跟人的神经反应之间有某种规律，只要掌握了这种内在的规律，人人都能成为说话的高手。当然，未必人人都能成为演说家，但如果你愿意学习的话，至少能够减少你身边人的痛苦。

这是一门怎样的学问？让我们先来体验几个简单的词语：但是、同时和虽然。

假设你的上司在年终总结时这样对你说：“你今年表现很好，但是缺点不少。”感觉怎么样？好像并不是表扬，而是批评啊。

换一种说法呢？“你今年表现很好，同时缺点不少。”会不会好一点？给你的感受是，你今年表现很好，缺点参半，打了个平手。

如果这样说呢？“你今年表现很好，虽然缺点不少。”嗯，你心里一定会美滋滋的，为什么？因为这是表扬啊！

同样的意思，只是换了一种表述而已，为什么会给人完全不一样的感受呢？且看图 1-1，观察灰色和黑色所占的面积和比重：

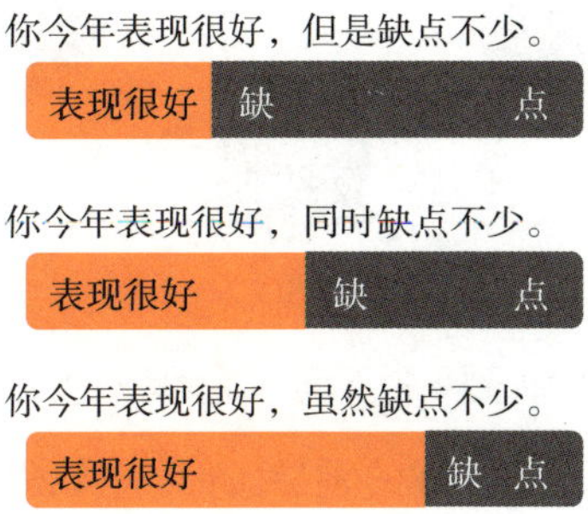

图 1-1

从图 1-1 我们可以看出，“但是”“同时”“虽然”这三个连接词，分别使前后两句话呈现出压倒、并列和衬托的关系。从这个简单的例子中，你已经领略到了语言中的某些规律了吧？

我们再来体验一下“为什么”“怎么做”这两个词的差别。

如果有一天你上班迟到了，上司一般会问“为什么迟到”。当你听到这句话的时候有什么感觉？你感到了被指责、被责备，接下来，你的第一反应是什么？找借口。为什么迟到？因为闹钟不响了，因为堵车。“为什么”这个词把对方引入了一个负面框架中，当一个人被问到“为什么”的时候，他马上就会有一个负面的感受，他对事情的关注点就成了从过去找借口，想方设法证明自己是对的，于是就会产生对抗情绪，然后带来更多的负面问题，进入一个负循环。见图 1-2：

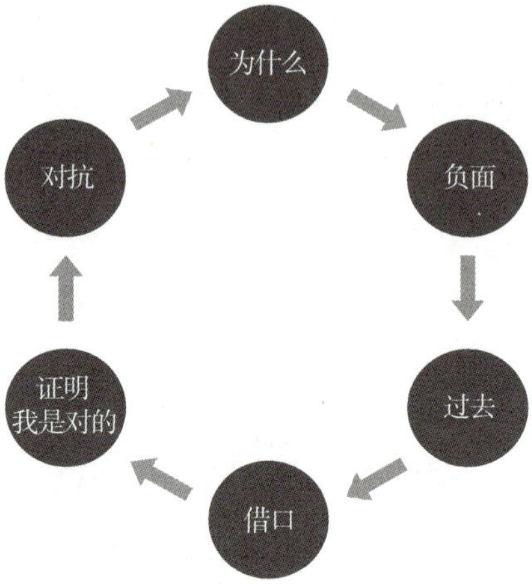

图 1-2

所以，聪明的领导从来不问“为什么”，而问“怎么做”。想象一下，如果你迟到了，你的领导问你：“我留意到你今天迟到了，以后你怎样才能上班不迟到？”这时，你会有什么反应？你肯定不会再找借口跟领导对抗了，这时你的脑子一定在想如何不迟到的方法。因为当领导这样问的时候，已经假设你是一个有能力不迟到的人，为了证明你是有能力的，你会积极地思考不迟到的方法，并且落实到以后的行动中，如此就进入了一个正循环。见下图 1-3：

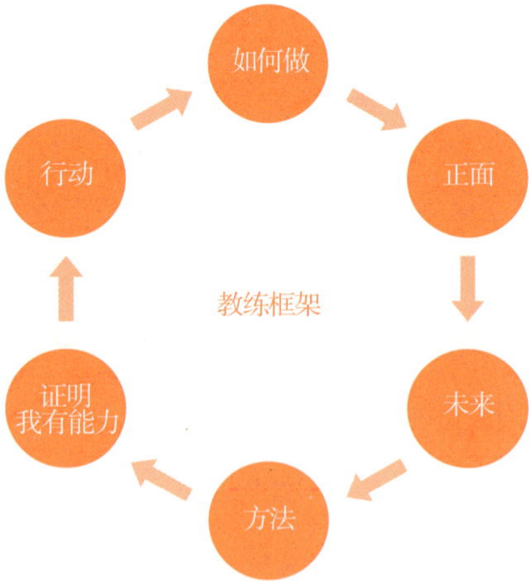

图 1-3

我们经常说，失败的人经常找借口，而成功的人总是在找方法。但我们不知道，**一个人是找借口还是找方法，取决于他被问了一个怎样的问题**。从这个例子可见领导的语言对下属的影响有多大，父母对孩子的教育也一样。当然，我们不能把自己的人生成败责任推给别人，因为**你是找借口还是找方法，也可以取决于你问自己什么问题**。

发现了吗，语言的改变，直接影响到了工作和生活中的方方面面。而这些，通过神经语言程序学这门学问都可以学习和提升。当你改变了说话的惯性或者“陋习”，学习到卓越的表达方式时，你会发现你整个人的沟通力、思维模式、人际态度、互动行为甚至内在信念，都跟着发生了改变，而你的人生，也会跟着越来越好。

会说话，受益终身；不会说话，处处碰壁。改变人生，从改变说话习惯开始。

2. 你想改变别人？那需要足够的智慧

我出了几本书，销量都不错。不过，人外有人，天外有天，据说美国图书市场上有一本书，一个星期之内卖出了 20 万本，太让人佩服了！你是不是很想知道这本书叫什么，讲的是什么？这本书名字叫 *How to Change Your Wife in 30 Days*（《30 天内如何改变你老婆》），不过，你如果想买一本来看，很可能找不到，你得搜另外一个名字 *How to Change Your Life in 30 Days*（《30 天内如何改变你的生活》）。这本书出了一个出版事故，把单词拼写错了，原本应该是 life（生活），写成了 wife（老婆），出版一周后，作者发现了错误，连忙把书回收，改回了正确的名字，重新推向市场。结果，不可思议的事情发生了：《30 天内如何改变你老婆》一周卖出了 20 万本，《30 天内如何改变你的生活》一个月才卖出了 2 本。

从 20 万本到 2 本，这可谓是天壤之别了，原因何在呢？人们都太想改变别人了，太不想改变自己了。有减肥经验的人都知道，改变自己 180 斤的体重是多么难。改变自己的滋味太痛苦了，这包括减掉身上的 20 斤肉，每天不晚睡，说话不唠叨，遇事不发火，等等。相应地，我们都太想去改变别人了，理由很正当：我们是为了让对方意识到自己的错误，为了让对方有更好的生活。

妈妈改变孩子的不良生活习惯，老师改变学生的消极学习态度，老公或老婆改变另一半的负面生活主张，老板改变员工的低效率做事方法，这不应该吗？太应该了。可问题出现了，很多人抱着一片真心给别人提意见，对方往往不听，还会招来很多埋怨，发生很多争吵。

先来讲一个故事。我曾接到过一个婚姻个案，这对夫妻的情况很特殊，妻子是中国科技大学少年班出来的，是天才少年，小小年纪就直接跳级上了大学，毕业后找了个安稳不烧脑的工作，然后就开始享受小时候没有享受到的自在生活了，每天就是去公司打打卡，在家里做做饭带带孩子。她丈夫是三本毕业的，学历不耀眼，事业发展却不错，并且处于不断上升的状态，他看妻子的日子这么颓废，就忍不住批评她："你别以为你当年那么厉害，现在就不用学习了，现在你什么都不是，脑袋里都是草。虽然我是个三本毕业的，可是你现在已经完全跟不上我的步调了！"妻子是从小被人捧到大的，一听这话，立马火了："就你现在干的这点破事，还好意思拿出来说，每天从早忙到晚，也没见赚多少钱……"你来我往，吵个不停，原本挺幸福的一对就这样走到了离婚的地步。

因为恶言失去了幸福的婚姻让人惋惜，因为恶言失去了一条鲜活的生命，又是什么滋味呢？2019 年 4 月，"上海 17 岁少年跳桥身亡"的新闻轰动一时，事情的原委很简单，17 岁少年白天在学校和同学发生了矛盾，母亲载他回家的路上责备了他几句，说了什么，我们不得而知，想必不外乎"你不能""你不该""你再这样"……随后，悲愤的少年推开后座车门，一只手掩面，冲到了桥边，纵身跳了下去。短短的几秒，一个鲜活的生命就这样消逝了。从视频中，我们可以看到，后面紧追上来的母亲，双手抓了个空，崩溃地跪在桥边泪流成河。可以想象，未来日子里，她的脑海中一定会反复重复儿子生命的这最后几秒，内心一次次被悔恨切割，直到她生命停止的那天。

荀子曰："与人善言，暖于布帛；伤人以言，深于矛戟。"好话有很强的建设力，恶言有很大的杀伤力。我们原本给别人提意见是出于好心，却把跟自己亲密的人的关系败光了，甚至把自己喜欢的人伤害了，这就得不偿失了。

给别人提意见，却好心做了坏事，问题出在哪儿呢？人有个惯性：总是习惯假设对方是错的，然后努力证明自己是对的；总是喜欢假设自己是受害者，对方对自己怀有恶意，然后拼命证明自己是无辜的。

"你做事为什么那么笨？"

"刚擦的地怎么又被你弄脏了？"

"你就是不知道心疼我，才……"

"你就是故意针对我！"

……

这样的话语是不是很耳熟？多少争吵的开场白都是"你怎么怎么"，有时候虽然没有挑明，但我们的潜台词里已经认定对方错在先，后面的争吵不过是把责任都推给对方。可现实是，**没有一个人愿意被指责得一无是处、毫无尊严，当你一味把过错推给对方时，必然会引发对方的反抗。**

道格拉斯·斯通是我很喜欢的一位美国沟通专家，在他的著作《高难度谈话》中，他分享过这样一次亲身经历：一天，他在上班途中发现道路被堵住了。那是一条单行道，一辆出租车和一辆私家车互不相让，把路堵得严严实实。于是，道格拉斯下车，敲敲出租车的车窗，说："师傅，我看你们两个司机里只有你是专业的，这么窄的一条路，没点水平可退不了。应该只有你能退，他肯定是退不了的。能麻烦你退一下吗？"出租车司机看了一眼道格拉斯，点点头："好吧，谁让我技术好呢。"马上把车倒了出去，道路变得通畅起来。

如果道格拉斯上来说："你也是老司机了，怎么就不懂得让一下？你妈没有教过你要礼让吗？你这种品德还怎么开出租车啊？"事情会怎么发展？脾气好的司机很可能会说："我就不让，你能怎么着吧？"脾气不好的司机很可能直接挥拳头就开打了。

为什么道格拉斯几句话就解决了交通拥堵呢？他表面上没有评断对错，但暗地里巧妙地把对方假设成一个技术水平高的人。他的话里抛出了这样一个假设：水平高的人才能让步。出租车司机很乐意接受这个假设，所以他让步了。

问题的关键是什么？没有人愿意承认自己是错的。你想改变一个人，如果直接告诉对方错了，虽然你带着善意，但是你还是得罪人了。相反，你先假设对方是对的，先肯定对方，然后告诉他，他还可以变得更好，他就很愿意改变。因为，**每个人都想证明自己是对的。只有在对的方向上，一个人才愿意变得更好。**这就是如何让人改变的智慧。

卡内基曾说："在争论中获胜的唯一方式，就是避免争论。"可见，争论是最要不得的沟通方式。可是，如果对方真的做错了事情，我们想让他改变错误，该怎么办呢？

一般人经常说："你不承认自己有错，我来证明给你看。"大文豪杨绛也犯过这样的错误，她在《我们仨》里记载过这样一件事。

“我和（钱）锺书在出国的轮船上曾吵过一架，原因只为一个法文的读音。我说他的口音带乡音，他不服，说了许多伤感情的话。我也尽力伤他。然后我请同船一位能说英语的法国人公断。她说我对，他错。我虽然赢了，却觉得无趣，很不开心。”

吵架总是这样，发挥失利后懊恼不已，而吵赢了也高兴不起来。为什么？因为在赢的过程中，我们付出了沉重代价：伤了对方的感情，对于解决问题有害无利。指责之后再强迫别人承认自己是错的，等于“罪加一等”，只会增加对方的厌恶之心。

你赢了争吵，却输掉了关系。如果想要避免争吵，该怎么做呢？

第一步：积极回应——肯定对方做得好的地方

生活中很多争吵都跟钱有关。有一对夫妻，男的出身于一个经济不太宽裕的家庭，生活较为节俭；女的出身于一个小康家庭，从小衣食无忧，婚后生活上比较讲究。两人经常为了开支而争吵，男的嫌弃女的乱花钱，女的觉得男的过于抠门，吵到感情破裂，找我咨询。我给妻子的建议是，每次沟通先说“我知道你过去生活不容易，也是为了咱们这个家好才节省的”；给丈夫的建议是，每次沟通先说“我理解你对于小资生活的向往，这正是我当初追你的理由之一”。

正所谓先礼后兵，肯定别人，可以为沟通建立良好开端。就像威廉·詹姆斯①说的：“人类本质中最殷切的需求是渴望被肯定。”人们都希望自己在别人心目中是最重要的。肯定他的行为价值，让他觉得你重视他，他才会欣然接受后面的批评和建议。

---

① 美国心理学之父。

第二步：给出建议——告诉对方可以做得更好的地方

吵架的目的是为了更好地沟通和解决问题，在安抚了情绪之后，开始探讨折中办法。再拿上述案例来说，这对夫妻在肯定对方的消费观之后，接下去可以引导对方做出让步：

“老公，你一定希望我过得开心一点吧？我觉得在 ×× 方面多花点钱，我会变得更自信一些，你也有面子，我们的幸福感都会提高很多……”

“老婆，我不反对你爱美，但我觉得你不需要把同一款式的包所有颜色都买了……”

其实，大家对自己的“毛病”，心里都有数，在良好的氛围之下，用温和的语言提醒与引导，对方是很乐意接受建议的。

第三步：预测未来

当下达成共识，以后未必就不再就此争吵。所以，针对未来的沟通很必要。很多领导讲话，都喜欢在事情达成一致后，来一句这样的结尾：“我觉得以后你可以做得更好”，“你今后一定不会让我失望的”……就是这个道理。

但我们不能总对伴侣说这样的话，更理性的做法是当下商量出个结果，以绝后患。回到上述案例，双方对该花的该省的地方达成共识之后，就可以商量一下：“我觉得我们可以考虑建立一个账户，谁也不要花里面的钱，这样就不用担心未来了……”

回应—建议—预测未来，这个语言技巧适合处理任何情境下的争执。一旦你掌握了这个技巧，并形成习惯，你就很难再和人一言不合就争吵了，并且你会发现，对方正在朝着你想要的方向改变。

有的人会提出质疑了，我面前的这个人从头到脚没有一点可以肯定的地方，我怎么肯定他啊？中国崇尚太极，讲究阴中有阳，阳中有阴，任何事情都是相辅相成的，只要我们肯发现的话，一定能找到。以穿着为例，假如一个人的衣着像乞丐一样，还特别邋遢，我们怎么肯定他？我们能不能从他的衣着破烂里面看到他的节俭呢，可以吧？我们能不能从他穿成这样还敢走街串巷，看出他特立独行的勇气，可以吧？

心理学研究发现，**每个行为的背后都有一个正面动机**。如果一个人的行为不值得肯定，但至少你可以肯定他的正面动机。以小偷为例，偷窃这种行为绝对不能肯定，但小偷偷东西的动机是什么呢？也许是为了生活，或者是为了让家人活得更好。

同时，值得我们肯定的还有一个人的能力。行为有对错，能力没有，就像一个坏人拿剑杀人，那并不是剑的错。因为，当我们能肯定一个人的动机和能力之后，对方才能够敞开心门，接受我们的建议。比如，你想改变一个小偷，把他骂一顿是没有用的。但这样对他说："兄弟，我看你这么危险的事情都敢干，你真的很有胆量，佩服你。我知道你做这么危险的事，是为了让你的家人过得更好，对不对？不过这么危险的事，兄弟还是别干了。你用这个胆量、这个智慧去找一份好工作，哪有赚不到钱的理由。"听完你的这席话，也许小偷都会改变，何况是那些你会爱上的人？马上找机会在你身边的人身上试一试，怎么样？你一定会爱上这样说话的感觉的。

记住，**如果你想改变一个人，首先要找出他值得肯定的地方，把他放在对的位置，然后告诉他他还可以变得更好。**

3.“发光体”还是“黑洞”？

人注定要改变世界，不是让世界变得更好，就是让世界变得更糟。你身边是不是有这样两种人：

有一种人你跟他相处的时候会感到温暖、充满力量，生活在这种人身边，你感到幸福，因为生命如此有价值。这样的人我把他们称为“发光体”，他们像太阳那样，温暖人心。

而另一种人刚好相反，你靠近他的时候，会有一种无力感，浑身的能量不知跑哪里去了，仿佛你遇到了太空中的“黑洞”，他把你的能量全部吸走了。这样的人我把他们称为“黑洞”，他们能吸收身边人的能量，把身边的人弄得遍体鳞伤。

为什么会这样呢？其中一个重要的原因是他们的语言无形中影响着你。

语言是如何影响一个人的呢？让我们一起来做个实验。

现在，请你不要想一只白猫，不要想一只有长长尾巴的、正在偷吃鱼的白猫。

当我这样说的时候，你的脑海里浮现的是什么？是不是就是那只长着长长尾巴的、偷吃鱼的白猫？

会说话的人说到人欢喜，不会说话的人说到人心死。这是因为语言能够引发我们神经的某些反应。不信，请看下面的场景。

一位妻子对丈夫说："你是不是又在想那个女人？"

丈夫脑子里本没有女人什么事，但被妻子这样一问，只得在脑海中努力搜索某位女性了。

一位妈妈对孩子说："在学校有没有人欺负你啊？"

孩子的校园生活本来挺开心的，为了回答妈妈的问题，他忍不住就会想，对啊，今天谁欺负我了呢？然后某件本来早已遗忘的不愉快就浮现于脑海了。

老板对员工说："最近遇到什么困难吗？"

本来充满信心的员工，被老板这么一问，眉头紧锁，立刻思索起工作的困难来，原本满身的干劲悄悄没了踪影……

这就是语言的焦点，也就是俗话说的"哪壶不开提哪壶"。没有人提"白猫"时，你并不会去想白猫，可是当你听到"白猫"这个词，头脑中就会不自觉想到"白猫"。

试想一下，如果身边的人总是对你说"你敢打我？你试试看？"，说得多了，某一天你可能真的会抡起拳头砸下去的……

语言的焦点有一个小秘密，即**人的潜意识无法处理否定词。**怎么讲？比如，前面提到的不要想"白猫"，虽然我让你不要想白猫，但你的头脑根本无法分辨否定词"不要"，于是大脑会直接出现白猫的图像。

如果不知道这一点，人们经常会带着好意却做了坏事。

比如考试前，很多父母带着关心去提醒自己的孩子："宝贝，今天不要紧张哦。"但"不要紧张"恰恰引发了孩子的紧张。正确的做法是怎样的？我们要让语言专注于正向意义。比如，家长可以对马上要考试的孩子说："宝贝，放轻松哦，我相信你。"通过这样一句话将孩子的注意力引到"轻松"上。

这一点并非现代人的发现，早在《大学》中就有论述。我们知道，《大学》开篇讲的是“大学之道在明明德”。“明明德”这三个字特别有智慧。第一个“明”是动词，第二个“明”是形容词，“明德”就是一个人本身拥有的好的品德。这句话说的是，教育的根本就是把一个人本来就有的美好品德弘扬出来。怎么实现这一点呢？心学的鼻祖，明代的王阳明给了一个“致良知”的方法。王阳明说：“我们每个人的内在都是有良知的，如果你不去召唤他，他就在我们的体内沉睡。内在的良知就好像一个在人群里打瞌睡的人一样，等待着我们去唤醒他，否则他就一直在体内休眠。”

“长这么大，你什么时候最开心？”当一个人被问到这个问题的时候，即使他眼里正含着泪水，脑海里想的却是曾经最欢愉的那个片刻。这就是语言的魔力。善用语言可以让人“明明德”、“致良知”；不善用语言的人，则会引发矛盾，甚至暴力。

有人说，每个人内在都住着一个天使、一个魔鬼，这个人是天使还是魔鬼，要看你唤醒了哪一个。为什么有些人是“发光体”，有些人是“黑洞”，因为前者的语言总是能唤醒你心中的天使，而后者唤醒的是你心中的魔鬼。

对于身边人来说，我们是黑洞还是发光体呢？我们可以来测试一下：假设有一天你读小学一年级的孩子做了一张小试卷给你看，上面五道题，做错了一道，刚刚学会算术的孩子眼巴巴地看着你，等着你的反馈，作为爸爸或者妈妈，你会怎么说呢？

如果你说：“错了，第三题错了。”这话说出来，孩子眼里的光会立马熄灭了，他心里会想：“我做对了四道题你怎么看不到？我做错一题就被你看到了，我身上就真的没有一点闪光的地方吗？”这样的爸爸或妈妈就是黑洞，他们把孩子眼中对未来充满期待的光芒扑灭了，孩子会越来越想逃离这样的爸爸妈妈。现在，我们已经很清楚了，黑洞的一个典型特征就是总爱挑毛病，只看到别人不好的地方，看不到别人好的地方。

同样的情况，发光体会怎么说呢？他会说：“宝贝，五道题你做对了四道，真的很棒。你再留意一下第三题，看有没有发现什么？对了，这样改过来，就全对了，你能这么快进行自我订正，真的太棒了。”听到这样的话，孩子会怎么反应？他会对自己充满信心，他会爱上算术，并且爱上爸爸妈妈辅导自己作业的感觉。这样的爸爸或妈妈就是发光体，他们不会对孩子的错误睁一只眼闭一只眼，那会害了孩子，他们既能看到错误的地方，也能看到正确的地方，最终他们总是能够帮助孩子找到提升的地方。

这是黑洞跟发光体的一个明显区别：**黑洞的语言焦点放在了负面的地方**，很难看到别人做到了什么，只关注别人没做到什么，极少给予肯定和鼓励；**发光体的语言焦点放在了正面的地方**，他们会关注到一个人能做到的事情上，而不是这个人做不到的事情上，他们从不吝惜肯定和鼓励，并且相信你能够做得更好，他们还能在你身上看到很多你自己都看不到的资源。

4. 对事还是对人？

现代社会，很多人把“对事不对人”当作最为成熟圆融的处事原则。

俄罗斯作家列夫·托尔斯泰曾经向一个乞丐施舍，朋友知道后告诉他：“这个乞丐不值得施舍，因为他品行非常恶劣，这在莫斯科尽人皆知。”托尔斯泰听后回应：“我并不是施舍给他这个人，我是施舍给人道。”

听起来朋友说的是对的，但你会更尊敬托尔斯泰，不是吗？为什么会这样呢？我们来看看这样一个故事：

张老板是个暴发户，刚花了800万元买了一辆红色的法拉利，特意开回老家炫耀。他的发小小刘见了很眼馋，挂着一张殷勤的笑脸过来跟张老板说：“哥，我刚交了个女朋友，我想带她出去兜个风，能不能借下你的车？”张老板肯定不能显得太小气，他钥匙一掏，潇洒地说：“兄弟，祝你约会成功。”一小时后，张老板接到了小刘的电话，电话那头是小刘快要哭的声音：“哥，我一不小心把你的车给撞了。”张老板这时可能有这样两种反应，第一种：“有没有搞错？撞坏了哪里？这车可花了我800万，我开了还不到一个月！”第二种：“兄弟，别着急，人没有伤着吧？你和你女朋友都没事吧？”

第一种反应是“对事”，第二种反应是“对人”，第一种反应让对方觉得很冰冷，第二种反应让对方觉得很温暖，第一种人是黑洞，他的关注焦点永远在“事”上，第二种人是发光体，他的关注焦点永远在“人”上。

只看到事看不到人是很多人的惯性行为，这是因为很多人就是这样被教育出来的。小时候，你有没有这样的体验？你不小心打碎了一个玻璃杯，当时，你傻愣愣地伫立在现场，不知所措，迎接着父母的雷霆之怒，他们会骂个不停：“你怎么这么笨，老打碎东西，说过多少遍了，要小心，要小心，就是不长记性。”如果赶上父母心情不好，他们会顺手拿起鸡毛掸子、擀面杖向你的身上招呼：“让你不长记性。”父母的做法是对事还是对人？显然，他们只看到事没看到人，只看到摔碎的杯子，没看到瑟瑟发抖的孩子。

这时，关注焦点在“人”身上的父母会怎么办？他们会第一时间把孩子的手拿过来，关切地问：“宝贝有没有伤着，给我看看。你先去沙发坐着，妈妈把玻璃碴扫干净，别扎到脚了。杯子碎了就碎了，妈妈知道你是不小心的。”在这种呵护下长大的孩子，他一定会感到格外温暖、格外幸福。

我经常听到一些痛苦自责的声音：我知道不该对孩子发火，可是我总是控制不住自己的情绪，事情发生的时候，我也不知道自己到底怎么了！看着孩子受伤的眼神，我很悔恨，可下次事情发生时，我还是忍不住对孩子发火。

为什么会出现这种情况呢？因为一个人永远给不到别人自己没有的东西，内心空乏的父母很难养出内心丰盈的孩子，我们当年怎么被对待，我们就会用同样的方式来对待别人。当年父母对待我们时，只看到事看不到人，我们对待子女时，也就只能看到事而看不到人。

只看到事看不到人会对我们的子女造成无形的伤害，还会影响我们的人际关系。

我有一位姓邵的学生，是一位著名的律师，他曾经给我讲了一个触动他开始学心理学的真实故事。有一次，他带着团队一共7个人去外地办一个案子，7个人开了两台车，上车的时候，问题出现了，他是老板，他的车是最好的，却没有一个人愿意搭他的车，他的6个同事宁愿挤在一辆车上。邵律师开始思考，为什么我这么努力，这么聪明，这么高智商，这么好的豪车，却没有人愿意坐我的车呢？答案只有一个，一直以来，他做事都是对事不对人，这给同事们留下了冷冰冰、不可亲近的印象，因此，身边的人都想要逃离他。

把人生的焦点全都放在事上的人，他的成功是有代价的，他目中无人，身边自然也就没有人，他的成功只是一些账面的数字，而实际上，他的人生必定充满了孤独、劳累、凄苦。

如果你是这样一个只看到事却看不到人的黑洞，是不是只能无奈地抱怨父母呢？25岁前，我们可以抱怨父母，25岁之后，我们就没有资格再抱怨父母了。我们是自己人生的主宰，应该为自己的人生负责，我们无法回到童年改变父母的态度，但我们可以从现在开始，通过学习改变原生家庭的影响。

在对事还是对人这个问题上，我们可以引入这样一个语言技巧：赞美和批评。

赞美别人，我们要从事到人。

美国心理学家杰丝·雷耳说：“称赞对人类的灵魂而言，就像阳光一样，没有它，我们就无法成长开花。”赞扬的力量是巨大而神奇的。受人赞扬、被人尊重能使人感到生活的动力和做人的价值。恰如其分地赞美别人是人际交往的重要手段，它能让交流双方进行良性情感交流，实现心灵沟通，有效改善和优化人际关系。不过，赞美也是有技巧的，如果你没有学会真正的赞美方法，很可能会适得其反。

作家毕淑敏女士曾讲过这样一则真实的故事。有一位女学者受邀到北欧一个教授家中做客，到教授家里后，教授 5 岁的小女儿满脸笑容地来打招呼，这位女学者见这孩子满头金发，极其美丽，情不自禁地夸奖道：“你长得好漂亮，好可爱啊！”很平常的一句话，教授听到后却一下黑了脸，她等女儿离开后，严肃地对女学者说：“你知道吗，你刚才的夸奖会害了我女儿。你因为她的漂亮而夸奖她，而漂亮不是她的功劳，这取决于我和她父亲的遗传基因，与她个人没有什么关系。孩子很小，不会分辨，由此她就会认为这是她的本领。她一旦认为天生的美丽是值得骄傲的资本，就会看不起长相平平甚至丑陋的孩子，这就进入了误区。”这位女学者被教授的教育理念深深震撼了，她连连道歉，这时，教授说：“你还有机会弥补。一会儿离开时，你可以夸奖她的微笑和礼貌，这是她自己努力的结果。”

有些父母听了一些赏识教育的课程，回家后总是把“宝贝你真棒”挂在嘴边，殊不知，这会害惨孩子，很多孩子迈出了家门，小伙伴和老师不会像父母那样拼了命地夸他，他的心理落差会非常大，会非常失落。就像上面故事中北欧的教授说的：赞美孩子的时候，应该多赞美他的努力和成就。比如，我们可以这样说：“宝贝，你能帮妈妈刷碗了，你真棒。”先赞美对方的一件行为，再上升到他的特质，这样的赞美更容易深入人心，更能产生积极的激励作用。

同样的道理也适用于社会交往和领导工作中，我们夸赞下属："小王，这次的工作完成得很出色，你真是个好伙伴。"这样他以后就会把工作做得更好。我们赞美朋友："你昨天在会议上的发言非常精彩，你的口才真好。"这样，朋友就会更容易接受你的赞美，因为有事例证明他是一位口才好的人。

赞美人时，我们要由事到人，先找到对方做的一件事或者一个行为，进而推断他的一个特质，这样的赞美更让人温暖。**批评别人，要反过来，我们要从人到事。**

孩子考试不及格，我们批评孩子："你这次考试又不合格，真是一个笨蛋。"这样"从事到人"的批评会摧毁一个人，孩子会真的就认定自己是个笨蛋。如何反过来呢？我们可以这样说："在爸爸心目中你一直都是个聪明的孩子。"先肯定孩子"人"的特质，然后说："可是这次考试为什么又不合格？你最近是不是偷懒了？还是说你最近遇到了什么事？"这样就事论事，无论你的态度多么严厉，孩子都会觉得你是为他好，并且他有自信，自己未来能变好。

下级工作出现不足或者失误，是常有的事。这时作为领导如果不能及时指出的话，对员工本身、企业都会造成损失。而如果直接批评指正的话，下属下不了台，他要么会愤而辞职，要么会消极怠工，要么会伺机报复，也将造成恶劣的影响。如何让下级心甘情愿地接受批评呢？"从人到事"的技巧会很有效。比如，下属提交的文案里出现了好几个错别字，我们可以这样说："看你的文案就知道你是一个非常有学问的人。”首先肯定下属的人格特性，接下来谈事，“像你这么有学问的人，怎么会出现错别字呢？是不是最近太累了，有些粗心，没有好好检查，以后一定要好好检查，不然这样的文案拿出来，太有损你的身份了。”这样的批评，对方听起来很舒服，还能听得进去。

赞美：从事到人，从行为看特质；批评：从人到事，先肯定特质，再矫正行为。掌握了这个语言技巧，黑洞就能变成发光体，让身边的人备感温暖，让他们乐于靠近。

综艺节目《奇葩说》曾经对“对事不对人”展开了讨论，主持人马东说：“人在事先，是人的本能。事在人先，是人的本事！当我们去讨论人和事的时候，这一点就是人在事中。”人们常说事在人为，很多时候人和事都是无法分开的。人与人之间产生接触才会发生事，而事又会反过来促进人与人之间的联系。厘清了人和事的先后关系，我们将这些技巧内化在我们的言行中，我们就能由黑洞转化成发光体。

5. 乐观者还是悲观者？

前面我们讲了黑洞跟发光体的两个明显区别，黑洞的语言焦点放在了负面的地方，发光体的语言焦点放在了正面的地方，黑洞只对事不对人，发光体先对人再对事。很多人想当然地认为，黑洞就是那种悲观的人，而发光体就是那种乐观的人。这种说法正确吗？

歌手郑智化是个毋庸置疑的发光体，20 世纪 90 年代，他的《水手》《堕落天使》《星星点灯》《游戏人间》等歌曲广为流传。"在受人欺负的时候总是听见水手说，他说风雨中这点痛算什么，擦干泪不要怕至少我们还有梦，他说风雨中这点痛算什么，擦干泪不要问为什么"，这样的歌词直到现在依然激励着很多人，歌词中那种坚定的信念和精神，深深地刻在了人们心中。

可谁又能想到，生活中的郑智化是一个非常悲观的人。在一次采访中，郑智化承认他年轻时会把所有事情都往最坏的方面去想，一直没有改变。这跟他小时候的经历有很大关系，他从小得了小儿麻痹症，无法站立行走，受尽了同学的嘲笑、陌生人的歧视。虽然后来通过自己的努力，他慢慢战胜了疾病，可还是觉得老天对他十分苛刻。20 来岁时，他的女友因为家人的阻挠被迫跟他分手，他一时伤心欲绝，便写了封遗书，准备离开人世，好在后来被他的家人发现，及时制止。他后来把当时的遗书写成了歌，这首歌就是《别哭，我的爱人》，在很长一段时间里，这首歌都被誉为华语乐坛经典情歌！

仔细留意的话，我们就能发现，有些人很悲观，却能温暖身边人，有些人很乐观，对身边人来说却是一个黑洞，让人总想逃离。乐观还是悲观是一种生活习惯，它跟一个人是发光体还是黑洞没有必然的关系。那么，到底什么是乐观和悲观呢？

美国心理学家马丁·赛利格曼研究发现，乐观者和悲观者对事情的关注焦点是不一样的。请看表 1-1，我们从三方面来区分乐观者和悲观者。第一个是时间的区分，是暂时的还是永久的；第二个是数量上的区分，是个别的还是普遍的；第三个是行为与特质上的区分。我们用这三个区分，就能把乐观者和悲观者区分开来。

表1-1 乐观者与悲观者的焦点

焦点	乐观	悲观
暂时与永久	好事：永久 坏事：暂时	好事：暂时 坏事：永久
个别与普遍	好事：普遍 坏事：个别	好事：个别 坏事：普遍
行为与特质	好事：特质 坏事：行为	好事：行为 坏事：特质

我们先来看时间上的区分，是暂时的还是永久的。生意不好做，乐观者会说："这是暂时的。"悲观者会说："我的命太差了，生意都没顺利过。"乐观者把不顺当成是暂时的，悲观者把不顺当成是永久的。如果遇到了一个大好事，乐观者会说："我的运气总是那么好。"悲观者会说："这是暂时的，好运气肯定马上就

不见了。”乐观者把幸运当成是永久的，而悲观者把幸运看作是暂时的。

再来看数量上的区分，是个别的还是普遍的。一个人中了六合彩，乐观者会说：“我的命就是这样好。”他把好运气当成了一件普通事件。悲观者会说：“这样的好运，我这辈子也就这一次了。”他把好运看成了一个个别事件，却忽视了这样的好运一次就够用一辈子了。走路踩了狗屎，乐观者会说：“这么多年没踩过狗屎，迄今为止也就这一次而已。”他把坏事看成是个别事件，悲观者会说：“走路都能踩到狗屎，我这辈子得倒霉到什么程度啊。”他把坏事当成了普遍事件。

最后再看行为与特质。一个人考试考砸了，乐观者会说：“这次考不好都是因为最近我偷懒了。”他把不好的结果归结为一种行为，这种行为是可以改变的。悲观者会说：“我就是这么笨，考试总是考不好。”他把不好的结果归结为自己的一种特质，而这种特质是不能改变的。相应地，一个人考试进步很大，得了第一名，乐观者会说：“你看我多聪明。”他将好的结果归结为自己的个人特质，有了这样的特质，他确信自己未来永远不会太差。悲观者会说：“这次能考第一，只是因为我最近挺努力的，我好几天都学习到12点才睡。”他把好的结果归结为行为，而行为是可以随时改变的。

你是一个悲观的人还是一个乐观的人？

这里要强调的是，乐观和悲观各有利弊，并不是说乐观就好于悲观。乐观的人能更积极地面对生活，悲观的人能更深刻地体验生命。就像前面讲的郑智化，正是因为悲观的特性，他才能更深刻地感受到生命中的痛苦，他才能写出那样动人的、激荡人心的歌。

另外，乐观能让我们更自如地应对困境，而悲观能让人针对困境提前做好最坏的打算，一旦出现任何问题，第一时间就能解决好。

如果你是一个乐观者，不需要庆幸。如果你是一个悲观者，也没必要过于难过。乐观和悲观只是天生的气质而已，我们可以做悲观的发光体，也可以做乐观的发光体，我们不需要去改变这种气质，觉察它、接受它就可以了。

6. 如何让人喜欢你?

如果你问一位男士“你最近还赌博吗”，他会怎么回答？“没有”，“我从来不赌博”，“我不会赌博”……不管他怎么回答，旁人都会认为他有赌博的嫌疑。为什么会这样？这就是这句问话巧妙的地方。问话的人首先有一个假设——他是一个赌博的人。这种隐藏的假设就像如来佛的手掌心，不管孙悟空有多大的本事，都无法跳出来。

这就是假设的魅力，只有 A 才会有 B，那么 A 就是 B 的必要条件。如果 B 成立了，也就是说 A 是必然成立的，A 就是语言中的假设。这个假设应用巧妙的话，能发挥出强大的能量。

商务交往中，我们最怕的是客户说“不”，“不”字一出口，客户的大门就轰然关上了，也就没有成交的可能了，有没有可能让客户不要说出“不”字呢？我们看看下面这家早餐店老板的做法。

在同一个繁华路口有两家卖米粉的早餐店，两家的米粉味道都很好，可左边的张大婶每天挣的都不如右边的李大婶多，原因在哪儿呢？张大婶在每次客人下单后，都会追问一句：“加鸡蛋吗？”有的客人说加，有的客人会回答说不加。而李大婶呢，每次客人下单后，她会追问一句：“你是加一个鸡蛋，还是加两个鸡蛋？”有的客人会说一个鸡蛋，有的会说两个，很少有客人说“我不要鸡蛋”，那样他们会觉得不好意思，好像自己很寒酸似的。这样，李大婶的每个顾客至少多消费一元，一天下来，她的收入自然比张大婶高了不少。

李大婶比张大婶多做了一件事，就是假设客人都要鸡蛋。

心理学上称“不好意思”心理为“不确定的情绪”，这种“不确定的情绪”最容易被他人操纵，最终让人做出被动的选择。**在商务交往中，我们做一个有利于自己的假设，让对方产生不好意思心理，这样就能顺利地说服对方。**

连续12年荣登吉尼斯世界纪录大全世界销售第一宝座的美国著名销售人员乔·吉拉德，对此深有体会，他在推销时，绝不会问客户“你想买车吗”，而是问“你想要双门还是四门轿车”，“你要红色还是蓝色的汽车”，“你要用信用卡还是现金付账”，“你要用货运还是空运”。面对后面这种二选一的问题，客户往往很难拒绝。相反，如果你用前面的问法，客户很可能会直接说“不”。

假设为什么能改变别人？因为每个人都是逻辑动物，我们最难动摇的就是对方根深蒂固的认知逻辑，至少要想瞬间改变是很难很难的，这个时候，我们给对方一个他容易接受的假设，他接受了这个假设，就很容易接受后面的推理内容，如此，他就能轻易认可我们的逻辑，并按照我们的逻辑办事。

下班回家，你看到孩子后，立马问：“作业做完了没有？”这个问题问完，孩子脸上刚刚扬起的微笑立马僵化了，为什么？因为这个问题背后有一个假设——你是一个不自觉的人。孩子做完作业了，会觉得受到了你的质疑，很委屈；孩子没做完作业，他会觉得反正爸爸妈妈都觉得我是这样的人，干脆破罐子破摔了。无论哪种情况，你和孩子的关系肯定很难融洽了。

换一种问法，你对孩子说："今天几点完成的作业？"这个问题背后的假设是"孩子自动自发地完成了作业，孩子每天都在进步"。孩子做完作业了，他会很有成就感地告诉你答案；孩子没做完作业，他会暗暗下决心"下次一定早点完成作业"。通过这个假设，你给孩子的心里植入了一个"不断变好"的种子。

同样道理，老板问下属："小张，最近遇到什么问题没有？"这个问题有一个假设，即小张是一个容易出问题的人，小张听到这句话后得到的是一种否定的感受。换一种说法，你问下属："小张，最近出了什么好创意？"你假设对方是一个不断完善的人，他得到的是一种肯定的感受。当你不断地把肯定的感受传达给身边人的时候，皮格马利翁效应就会启动。

什么是皮格马利翁效应？

希腊神话中，塞浦路斯国王皮格马利翁喜爱雕塑。一天，他成功塑造了一个美女的形象，爱不释手，每天以深情的眼光观赏不止，不知不觉间爱上了这个美女。最后他的爱意感动了神灵，在神灵的帮助下，美女竟活了并成了他的妻子。这就是著名的"皮格马利翁效应"，它告诉我们一个道理：**赞美、信任和期待具有一种能量，它能改变人的行为。**当一个人获得另一个人的肯定、信任、赞美时，他便感觉获得了社会支持，会因此增强自我价值，变得自信、自尊，获得一种积极向上的动力，并尽力达到对方的期待，以免对方失望，从而维持这种社会支持的连续性。当皮格马利翁效应发生作用时，你所影响的人会变得自信、自尊，他会更积极，向更好的方向发展。改变由此发生。

假设的魅力是无穷的，它能改变你身边的人，还能打破隔阂，迅速拉近你和陌生人的关系。

搬家了，你想认识一下新邻居，最好的方法是什么？送礼物给邻居？这个年代谁都有防备之心，你作为一个陌生人送一篮水果给邻居吃，邻居敢吃吗？就是吃了，他的内心也是忐忑不安的。所以，最好的方法是请邻居帮忙。你敲敲邻居的门，礼貌地说：“我是刚搬进来的，酱油还没来得及买，能不能借点酱油，中午炒个菜？”当你向他借酱油的时候，假设什么？他是一个好人，是一个乐于助人的人，他会感到你的信任，同时，也会放下防备来信任你。邻居间建立起相互信任的关系了，双方的关系很自然就和谐了。

对于这个观点，心理学上有一个类似的富兰克林效应，这个效应认为：相比那些被你帮助过的人，那些曾经帮助过你的人更愿意再帮你一次。换句话说，**让别人喜欢你的最好方法不是去帮助他们，而是让他们来帮助你。**请求对方的帮助，对方会更加喜欢你，是不是挺让人不可思议的？

富兰克林效应的提出，源自美国政治家本杰明·富兰克林的亲身经历。当时，富兰克林提出了一个想法，他很想获得宾夕法尼亚州立法院一个议员的帮助，但这个议员一直和他持相反的政见，并且这个议员是远近闻名的老顽固，很多人死乞白赖地请求他或者无所不用其极地威胁他，都不能打动他。怎么办呢？富兰克林想到了另一种完全不同的方法，他了解到这个议员的私人藏书中有一本绝版的稀世书籍，于是就询问议员是否能把那本书借给他看两天。两天后，富兰克林如期归还了书，并真诚地表达了谢意。几天后，富兰克林和这位议员在议会厅相遇，两人竟然像老朋友一样很熟络地一起谈话、喝茶、聊天，散会时，这位议员还明确表示，愿意随时为富兰克林效劳。从此，两人化敌为友，成了一生的挚友。

只是借了一本书，为什么会有这么神奇的作用呢？这就是假设的力量。我们请人帮忙，既然开了这个口，就是做出了这样的假设：对方是个好人，是个值得信赖的人，是个很有能力的人。越是处于尔虞我诈的竞争社会，这样的信任和肯定就愈加难得，愈加珍贵。对方从你的请求中感受到了你的信任和认可，自然也会把你视为自己人，会喜欢你，会更积极地帮助你。

对这个问题，列夫·托尔斯泰发表过同样的观点，他说："我们并不因为别人对我们的好而爱他们，而是因为自己对他们的好而爱他们。"父母对孩子的爱是最深沉的，父母与孩子的相处方式就是，孩子不断地向父母索取帮助，父母不断地付出，父母付出得越多，对孩子的爱就越深。这个比喻或许不恰当，道理却是相通的。

要想让人喜欢你，那就请他帮个忙，不过，我们请人帮忙，也要把握好尺度，你上来就说借给我200万，好不好？这不叫请人帮忙，这叫打劫，会把对方吓跑的。

另外，请人帮一些小忙，这个人际技巧同样适用于家里的老人。很多人孝顺父母，他会对父母说："你们什么都不用干，好好享福就行了。"很多人不知道，听到这些话的老人心里是多么难受，他会觉得"我是个废物，我要靠儿女养着，我不如死掉算了"。孝顺父母就要时不时地请他们帮个忙，比如，"妈，我特馋你包的猪肉大葱馅饺子了，过节回家，你帮我多包点吧"，或者，"爸，我交了个女朋友，你帮我看看行吗？"当你提出这些要求的时候，你留心一下就会发现，你的父母眼角眉梢都飞起来了，走路也轻快了，浑身都充满了力量。

假设这个技巧是一把双刃剑。好的假设会让你赢得友谊、赢得生意，拉近与人的关系；坏的假设刚好相反，它会破坏关系，让你失去朋友和亲人，甚至会把身边的人推向深渊。请留意你语言中的假设，它会无形中影响聆听者的行为。正如我上一本书的书名那样：别人怎么对你，都是你教的。

第二章

语言框架：是什么限制了你的人生

- 世界无限，除非你自我设限。
- 好的假设能够把人框定在有宝藏的地方，让你找到生命的能量。
- 会说话的人能让别人从框架中走出来，而不会说话的人往往会给别人套上框架。
- 要让自己的人生有所作为，首先要跳出这些无形的框架。
- 你的焦点在哪里，你的收获就在哪里。而影响一个人焦点的方法，就是设框。

1. 世界无限，除非你自我设限

好的假设是一种资源，而坏的假设是一剂毒药。假设就像一个框架，好的假设能够把人框定在有宝藏的地方，让你找到生命的能量；坏的假设就像一座看不见的监狱，它囚禁你的一生。为什么这样说？下面分享几个小故事。

我十分喜爱心理学这个行业，因为在过去23年的从业经历中，我见证了太多太多因为心理学而产生的神奇改变。下面我想分享一个人从司机蜕变成老板的故事。

这个故事的主人公叫小柯，他是广州市番禺区一家电缆厂的货车司机。这天，他的老板要到广州听我们的课，恰巧老板的司机有事请假了，老板就临时把小柯找过来开他的奔驰。上午的课程结束后，老板和小柯一起吃饭，随口问了一句："你一上午在干什么？"小柯是一位诚实的年轻人，所以他如实相告："老板，这大热天，我没事可干，就在车里睡觉。"这位老板很精明，他一算，三个小时在车里开着空调睡觉，那得费多少油钱，油钱都要超过150元钱的课程门票了。于是，他对小柯说："下午我多买一张门票，你到课堂上去睡觉，里面有空调。"就这样小柯进了我们的课堂。小柯在课堂上能睡着吗？他不仅没睡着，反而很认真地听了我们的课程。晚上，在送老板回家的路上，小柯对老板说："课堂上，老师说的一句话，我觉得很有道理，**'世界无限，除非你自我设限'**，老板，你觉得我一辈子就只能做个司机吗？能不能给我换份工作？"老板一听小柯要求上进，也很高兴，回去后就真的给小柯换了份工作，让他去做了业务员。之后，小柯用了三年时间，做到了销售业绩第一名。

这时候，他还是不满足，他心中一直记着那句话，"世界无限，除非你自我设限"。于是，他找到老板说："老板，我看咱们公司电缆的塑料皮都找外面的小厂做，能不能给我一些塑料皮的订单，我想买台注塑机，找几个人，做生产塑料皮的生意。"对老板来说，外包的活找熟人更放心，于是，小柯顺利拿到了一些订单，生意就这样做起来了。到现在，小柯的塑料厂从几个人发展到了三四百人，一个普通司机成了一个规模不小的塑料厂的老板。

这是一个真实的故事，它带给你什么触动呢？有些人把一辈子活成了一天，有些人把每一天都当成新的一天，人生中不断有大的突破。这两种人的区别在哪里？前一种人被某些无形的框架给框住了，他不敢突破，不敢改变；而后一种人，他相信人生是无限的，他敢于不断突破人生的框架，让自己的一生充满无限可能。

一句"世界无限，除非你自我设限"让小柯的人生发生了巨大的改变，可见语言的威力有多大。会说话的人能让别人从框架中走出来，而不会说话的人往往会给别人套上框架，这些框架就像一个个无形的枷锁，而那些被囚禁的人一辈子都不会明白，为什么自己的人生碌碌无为。

要让自己的人生有所作为，首先要跳出这些无形的框架。

比如，“没有资源、没有能力”，是很多人自怨自艾、自我放弃的借口，可你有没有想过，你真的是没有资源、没有能力吗？

曾经在一本书里读过这样一个小故事。一位父亲让他的孩子把不远处的一块石头搬过来，可是石头太大了，小孩的力气小，所以搬不动。他只好过来跟父亲说他搬不动。他父亲问他：“你尽力了吗？”他想了想，好像还没尽全力，于是他再次使出了浑身的力气，最终还是没能搬起石头，孩子沮丧地对父亲说：“我已经尽全力了，我真的做不到！”这时父亲提出一个有趣的问题：“你真的尽力了吗？我一直就在你的旁边，你都没有请求我的帮助，你这叫尽力了吗？”

当局者迷，旁观者清。看到了吗？小孩所说的尽力，是尽一己之力。而父亲的尽力，还包括除自己之外的其他力量。还记得前面说过的语言中的假设吗？在小孩心中，无形中做了这样一个假设——尽力是尽自己的力，这个假设不就是一个框架吗？而父亲的挑战之所以有威力，是因为他无形中破掉了孩子心中的框架，让他从自我设限中走出来。一个人能走出自己的框架，自然有用之不尽的资源。通过语言让一个人从某个框架中走出来，这种方法叫“破框”，我们稍后会详细讲解。

这个故事之所以我到今天还记得，是因为它曾深深地触动了我。我出身于落后的农村，自小生活的环境资源贫乏，加上母亲是一个谨小慎微的人，因此，我从小就是一个被各种框架束缚得紧紧的人。我今天之所以能取得一点小小的成就，是因为有幸遇到很多贵人，他们破掉了很多困住我的框架。

我一开始并不是一名导师，之所以今天会变成一名心理学导师，全因为戴志强老师的一句话。

什么话这么重要？我原来的主要工作是公司运营，我们当时的主要业务是心理培训。人遇到困难的时候，总是希望别人能够多做一点，我也是这样。招生困难的时候，我经常会跟一些老师说："能不能麻烦你向学员推销推销我们的课程？"面对我的请求，有的老师会很爽快地答应，有的老师却不想这么做。有一次，我向戴志强老师提出了推销的请求，他对我说了一句话："你为什么不自己来讲呢？"我说："戴老师，我普通话不好，讲不了课。"戴老师看着我的眼睛，很认真地对我说："谁规定普通话不好的人就不能讲课？"

谁规定了？没人做这个规定，这句话让我很受触动，是啊，为什么普通话不好就不能讲课？我们经常请外国人来讲课，他们可是连一句中文都不会说。想到这里，我开始鼓起勇气走上了讲台，一次、两次、三次……就这样我成了一名心理学导师。

"人"字外面加一个框是什么字？是囚犯的"囚"字，当一个人被某个框架给困住的时候，他就成了某种程度的囚犯，被关在一个自己为自己设置的牢笼里。

"我已经尽全力了，我真的做不到！"这句话是世界上最有效的失败魔法。它给我们设定了一个"不能"的框架，在这个框架内，我们放弃了努力，坦然接受了失败的事实。

存乎中，形于外。人们总喜欢证明自己是对的，一个人一旦在内在建立了框架，他外在的行动就会受到框架的约束，那么他的生命自然会呈现出碌碌无为的状态。

2. 贫穷限制了你的想象力，还是想象力让你贫穷？

关于框架的最好体现，就是金钱观。

很多人想干某件事前，会摸摸自己的口袋，然后就止步了，他会无奈地感叹一句："兜里没钱，能干什么？"钱成了他最难挣脱的框，却不知道，这个社会唯一不缺的就是钱。

IDG 资本创始合伙人熊晓鸽说："对我们这些做投资的人而言，怎么样把民间和政府的钱用到最好的领域中去，用到成长最快的企业中去，这对我们既是机会也是挑战。"同熊晓鸽一样，现在的中国投资领域有不少投资者拎着钱袋子在四处寻觅那些他们要找的人。只要你是他们要找的那种人，他们会拎着钱拼命地追着你跑，那时，你不要钱还真不行。

风险投资仅仅是众多金钱来源中的一种。只要你能打破框架，金钱根本就不是限制。

大学的时候，我曾立下了一个目标：周游世界。可是，我是个农村的孩子，一穷二白，周游世界看似是不可能实现的梦想。可 30 来岁的时候，我已经跑了 30 多个国家，我是怎么做到的呢？

2001 年，我有了一个想法：在课堂里学习的确是一种高效的学习方式，可是，如果能到世界著名企业的车间工厂中实地学习，效果会不会更好？有了这个想法，我找到一个在日中友好协会工作的朋友，通过他，我联系到了松下、本田、丰田这些知名企业，这些企业听说我要带中国企业家去考察，非常欢迎，给我发出了邀请函。我拿着邀请函给企业家们看，他们都很有兴趣，于是，很顺利的，我就组成了一个 128 人的考察团。我们一行人浩浩荡荡地去了日本，因为人数多，并且都是中国有影响力的企业家，当时松下总裁和松下所在城市的市长亲自接待了我们。这个项目一炮而红。就这样，我按照同样的模式，组织企业家先后考察了日本的松下、丰田、本田；韩国的三星、LG；美国的英特尔、思科、微软；德国的奔驰、宝马；北欧的爱立信等世界著名 500 强企业。走遍了世界大多数的发达国家，不仅没花一分钱，还从每一次游学中赚了点外快。

这样的事情还有很多，我有一位叫谢冰沁的学生比我更厉害，她 29 岁那年居然跑了 99 个国家，并且在周游世界的同时，还赚钱在北京买了两套房子。

周游世界一定要有钱？不一定。以此类推，创业一定要有钱吗？不一定；上课一定要有钱吗？不一定；娶老婆一定要有钱吗？不一定。网上有一句流行语："贫穷限制了我的想象力。"其实，刚好相反，是想象力的缺乏让你贫穷。所以，大多数时候，限制我们不去做某件事的，并不是贫乏的金钱，而是我们贫乏的想法，这些想法形成了框架。那些限制我们人生变得更好的框架，心理学将其叫作"限制性信念"，人生有各种各样的限制性信念，我们下一节会详细讨论。

古代思想家马可·奥瑞利斯说过一句很有哲理的话："人的一生是由他的想法造就的。"你怎样想，你能不能想得到，将决定你是一个什么样的人。

人的一生匆匆而过，每天却活在框架里，困在牢笼里，这是多么痛苦、多么遗憾的事。如果你能从自我设限的框架中走出来，你会惊奇地发现，原来过去的自己仅仅是一只井底之蛙。

能跳出框架的人，自古至今，大有人在。

2200年前，楚国上蔡乡村有一个看守粮仓的小文书，名字叫李斯。出身贫寒的他日复一日麻木地工作着，靠每个月领到的微薄的柴米勉强谋生。直到有一天上厕所，李斯看到厕所里瘦小干枯的老鼠，一点动静就惊惶逃窜的模样，他很受触动。而他工作的粮仓里，老鼠一个个吃得肥肥胖胖，见了人也毫无惧色。两相对比，差距悬殊。李斯联想起自己低三下四仅可果腹的生活，禁不住感慨道："人之贤不肖譬如鼠矣，在所自处耳！"意思是一个人有没有出息，就跟老鼠一样，要看你怎么经营自己。

想到这，李斯辞掉了干了8年的"基层公务员"工作，他决心为了理想的生活，从头开始。他从上蔡到兰陵走了整整20天，最后拜在了一代儒学大师荀况的门下。他的命运由此改变，学成之后，他官拜宰相，辅佐秦王嬴政，结束了国家分裂割据、诸侯混战的局面，开创了统一的中央集权国家。在秦始皇显赫一世的历史功绩中，李斯留下了浓重的一笔，他的地位也一度一人之下万人之上。

哲学家黑格尔说："人之所以为人，就在于能脱离直接性和本能性。"人从动物界分离出来而实现人的真正自立，就在于人是会思考的动物，人知道自己可以成为什么样的人，如何成为这样的人，然后他就有可能成为自己想成为的存在。就像我们开头说的“世界无限，除非你自我设限”，只要你能看见自己的框架，你就能重新选择，从而主宰自己的人生。

如何才能看见那些限制你的框架？我们下一节再深入探讨。

3. 三种限制性语言：无助、无望、无价值

前几年，心理学上有一个很火的词汇叫“鸵鸟心态”，它讲的是，遇到危险时，鸵鸟会把头埋入草堆里，把屁股露在外面，以为自己眼睛看不见就安全了。很快，科学家证实，这是谣传，鸵鸟的奔跑速度和爪子的力度都非常强悍，硬拼实力的话，它能跑死猎豹、击杀狮子，并且鸵鸟是世界上现存最大的鸟，可以说是鸟界的霸主，它的生存能力是很强的，根本就不会干束手就擒这么傻的事。

动物基本上不会做这样的傻事，可是人会。现实生活中，很多人碰到棘手的问题，碰到不如意的事情，不敢面对现实，不敢担当责任，前怕狼，后怕虎，最后干脆闭上眼睛逃避，眼不见为净。为什么人会这样呢？因为人类在发展的过程中进化出了强大的大脑，这个强大的大脑在帮助人类获得更大的生存机会的同时，偶尔也会死机。这就像手机一样，当手机只有通话功能的时候，有谁听过手机会死机的？可是今天手机已经发展到了智能阶段，已不仅仅是用来打电话了，它能帮我们完成日常生活中的大量工作，其复杂程度就要比以前高很多，因为太复杂了，所以难免会偶尔死机。

人脑也一样，因为太复杂了，就像一部电脑一样，有时候也会感染上病毒。

前面我们讲了世界无限，除非你自我设限。那些自我设限的思维，心理学称作“限制性信念”。比如，“没有办法”“这不可能”“我不够好”“我没有背景，不可能得到什么好机会”“我只能这样”“我做不到”“我不值得拥有”…… 这样的想法是不是很熟悉？每个人的内心或多或少都会有这样的病毒。

所谓限制性信念，其实就是一种框架，是某些阻碍你人生获得成功快乐的想法，这些想法限制你的潜能发挥，让你的人生陷入某种困局中。如何识别这些病毒性的信念呢？很简单，所有的信念都会表现成语言。

限制性语言的第一个特点：无助。

无助的人最常见的内心对话是：“别人做得到，我做不到。”一个自考毕业的本科生，接到了一家外企的面试申请，在面试之前，这位自考生陷入了深深的自我怀疑中，他的内在不断出现这样的对话：“我是不是真的有这个职位所需要的能力”“到这样气派的公司工作，我会不会闹出什么笑话”“之前听谁谁谁参加外企面试，闯过了三轮，被刷下来了，我会不会第一轮就被刷下来”“之前好像没听说过有自考的学生到这么大的外企工作，我肯定也不行”……经过这一轮轮激烈的思想斗争，在面试时，这位自考生的每个细胞都在说着“我不行”，连呼吸声都在叫嚣着“我很丧”。第一轮面试他就被刷了下来，这位自考生终于长舒一口气：“我说对了，这么大的外企不会用自考生的。”

事实情况是怎样的？原本这家外企并不看重学历，只看重求职者是不是有自信，能不能积极地应对挑战，正因如此，在筛选简历时才把这位自考生留了下来，面试者对他是非常看好的，觉得他能通过自考，身上肯定有一种主动改变命运的勇气，没料到一见面，这位自考生说话畏畏缩缩，非常不自信，面试者只能遗憾地把他刷了下去。这次面试失败，这位自考生是能力不够吗？是学历不够吗？事实并不是，是他内在的自我对话，让他变得极度不自信，结果错失了良机。

中国的文字很有智慧，比较的“比”字，就像是两把匕首，一把插向别人，另外一把插向自己，人一旦开始和别人比较，他就会陷入一个无助的框架里面去，“别人那么厉害，我就是不行”，“别人条件好，我肯定不行”，在这种心理下，人就如同陷入囚笼，生活中美好简单的事都变得非常黑暗复杂，人们会饱尝与成功机会失之交臂的痛苦。他会越来越看低自己，更谈不上发展自己、突破自己、完善自己了。

在无助感支配下，人们会自认为自己不行，然后想方设法证明自己真的不行，然后放弃努力和尝试，把自己蜷缩起来，悲哀地过完自己的一生，想想是不是很恐怖。生活中，当你想说“别人是别人，反正我做不到”的时候，请你第一时间把它修改一下，“别人做得到，我相信我也可以，至少值得试一试”。这样，你就轻松地从“无助”这个病毒性的框架中走出来了。

我们之所以会有这样的自我对话，大多数是因为童年时，我们身边重要的人用他们“无助”式的语言，将这些病毒种在了我们的内心。“别人家的孩子”是最明显的病毒语言。

日常生活中，你有没有对你的孩子说这样的话：“你看人家小明，学习那么好，你看你笨得不行。”我们骂人一时爽，却给孩子植入了无助的种子，你的孩子未来人生中的各种“不行”，很可能就是你教的。

限制性语言的第二个特点：无望。

什么叫无望呢？现在问你一个问题，你觉得你有可能成为美国总统吗？很多人大脑中的答案是“不可能”，为什么不可能？因为美国的法律规定美国总统要出生在美国。好，那继续问，你觉得你的孩子有可能成为美国总统吗？很多人的答案仍旧是不可能，毕竟我们的孩子是黄皮肤的黄种人，跟美国总统的距离相差太远。

有一个人不同意这个观点，她就是美国前总统奥巴马的母亲——斯坦利·安·邓纳姆，18 岁时，她与来自非洲肯尼亚的巴拉克·奥巴马结婚，生下黑皮肤的儿子贝拉克·奥巴马。小奥巴马 5 岁时，跟着母亲改嫁到印度尼西亚。母亲是美国人，父亲是肯尼亚人，童年在印度尼西亚度过，皮肤是备受歧视的黑色，小奥巴马离美国总统的距离也很遥远，可母亲一直给小奥巴马灌输这样的观点：在这个世界上，你可以做任何想做的事情，甚至是美国的总统。在印度尼西亚的日子里，母亲会每天早起两小时教儿子英语，她会把美国的独立宣言念给奥巴马听，给他灌输了“领导国家”的理念，她说：“美国之所以伟大，不是因为它完美，而是因为我们可以不断让它变得更好，而让它变得更好的任务，就落在我们每个人的身上。”在小学三年级的时候，奥巴马就写过一篇作文《我想成为总统》，最后，他真的做到了。

所谓无望，就是你身处“不可能”的框架里，大脑里对你的人生有太多的限制，这不可能，那不可能。当你认定“不可能”的时候，你就不会再去尝试，你的人生就越来越局限。而事实上，很多不可能只是我们的想象，是一种自我设限的框架。

另一位美国前总统林肯，生前曾谈到他幼年时的一段经历：那一年，林肯的父亲在西雅图购置了一块农场，那是一片很宽广的土地，但是上面有很多石头妨碍耕作，母亲就建议把那些石头搬走，父亲说如果可以搬走的话，原先的主人还会把这块地卖给我们吗？这是一座与大地连着的小山，山脚被深埋在土里。有一天父亲不在家，母亲便带着林肯和他的兄弟姐妹们在农场里挖掘那一块块的石头，没过多长时间，石头竟然真被他们弄走了。原来它们只是一块块孤零零的石头，只要往下稍微挖一英尺就能把它们撼动。

伟人之所以成为伟人，其中一个重要的原因是他们很少自我设限。世界上的很多事就是这样的，当我们抱着“这根本不可能办到”的想法时，事情就变得难于上青天，这样我们永远都不会成功。相反，当我们换成“这应该可以办到，只是暂时还没找到办法”的说法，我们多去尝试、去努力，很多困难的事很可能试着试着就办成了。

无望的人生是灰蒙蒙的，我们如何才能避免被“无望”的框架约束呢？

这要从童年开始抓起。一个人的无望思维的形成跟童年时期父母的教育有很大关系，一个孩子长大想做歌唱家，他在卫生间里兴致勃勃地唱歌，父母来了一句：“就你这破嗓子，唱什么唱，都吵到隔壁睡觉了。”一个未来的歌唱家就这样被扼杀了。还有一个孩子长大想当画家，他兴奋地在家里的墙上涂上了绚烂的色彩，父母见到后，恶狠狠地说：“家里几十万的装修被你搞成这样，下次再乱画，看我不打断你的腿。”孩子画家的梦想就此破灭了，最可怕的是，孩子以后再也不敢有梦想了。

正确的做法是怎样的？父母要给孩子开放无限的可能性。当孩子问我们问题的时候，我们最好不要轻易给孩子答案，因为，你给孩子一个答案，孩子只有一个答案，而且，是一个未必正确的答案。无论答案是否正确，孩子都会被局限在某个有限的范畴。

在这里给大家分享一个非常实用的方法，叫“潜能开发问句”，对孩子跳出“无望”的框架非常有帮助。如果你想你的孩子青出于蓝而胜于蓝，当你的孩子问你问题时，你最好不要直接回答他，而是反问他：

“你说呢？”

当他有了一个答案之后，你再问他：

“还有呢？”

当他又说出一个答案时，你再问他：

“除了这些之外，还有呢？”

这样，他就会把一个又一个的想法说出来，直到他说“没有了”，你还不要放过他，接着问下一个问题：

“假如有的话，是什么呢？”

如果你能经常用这样的方式跟孩子对话，孩子的人生就会充满无限的可能，说不定，未来某一天，你真的就是美国总统的父母。谁规定美国总统一定要出生于美国？法律也是会被修改的，说不定某天美国的法律会因为你的孩子而改变，谁知道呢？

限制性语言的第三个特点：无价值。

什么叫无价值？就是内在总有这样的对话："我做得到，但我不值得拥有。"

我曾经就是一个中了"无价值"病毒的人。由于出身贫寒，读大学那几年，是我人生中最艰苦的时期。当时，我一个月的生活费是60元钱，这60元里有30元奖学金，另外30元是我打扫公共卫生勤工俭学的收入。60元一个月，自然不够花，当时，学校食堂的饭菜很丰富，可我每顿饭都只会要四两米饭、一勺最便宜的黄豆。有同学见我每天吃黄豆，很心疼我，就会多打一份排骨或者一份鸡肉请我吃。有人请我吃好东西是好事，可当年的我却认为别人买菜给我，简直就是对我的侮辱，于是，每次放学的时候，我都会假装作业没写完，或者是装作有其他事要忙，故意不跟同学们一起吃饭，这样就可以躲开同学们送我的排骨或鸡肉了。排骨和鸡肉仅仅是我躲掉的看得见的东西，我同时躲掉的还有机会和友谊。

后来研究心理学，我才搞明白，我为什么要把好吃的往外推，因为我觉得我不值得。当一个人有不值得的感觉时，他就会把很多好东西都推出去。如果推出去的是一份排骨，还不用太过惋惜，如果推出去的是一见钟情的爱人，是重要的升迁机会，是值得奋斗一生的事业，又会如何呢？

你身边有没有这样的人，他在学校里成绩很好，但在高考前夜突然生病了，因此考试发挥失常。后来他参加工作了，能力很强，很受领导赏识，可在一次升迁的关键时刻，他却辞职了。再后来，他认识了让他心动的另一半，两人相谈甚欢，就在两人要确立关系的时候，他却突然退缩了。这些事情的发生看似偶然，但深入接触他的内心世界，我们就会发现，他的这些行为正是“无价值”感在搞怪。

心理学中有一个专用词语来形象地描述“无价值”，它就是著名的“约拿情结”，这个概念出自《圣经》。这一天，上帝要约拿代表自己到尼微城去传话，这本是一种崇高的使命和很高的荣誉，也是约拿平素所向往的。但当理想成为现实的时候，约拿却感到了深深的恐惧，他竭力推却突然降临的荣誉，回避即将获得的成功，一直都没能完成这项任务。约拿为什么会回避成功？因为他觉得自己的价值配不上这样的成功。

曾经读过一个小故事。有四只青蛙掉进奶油桶中。第一只青蛙说：“我这么瘦弱，跟其他青蛙比，差远了，我肯定跳不出去，就别挣扎了。”于是，它盘起后腿，一动不动地等待着死亡的降临。第二只青蛙说：“这桶看起来太深了，我不可能跳出去。”于是，它也只能等死了。第三只青蛙刚好落到一块奶油凝结而成的硬块上，本来它借这硬块的支撑力，很轻易就可以跳出去的，可是它心里想：“这简直是对我的侮辱，我怎么可以借这种东西求生呢？”于是，它宁愿饿死，也不愿借助奶油硬块。第四只青蛙打量着四周说：“真是不幸，但我的后腿还有劲，我要找到垫脚的东西，跳出这可怕的桶。”于是，它一边划一边跳，慢慢地，奶油在它的搅拌下竟然变成了奶油块。在奶油块的支撑下，这只青蛙奋力一跃，成功跳出了奶油桶。

聪明的读者，我相信你一看就明白了。第一只青蛙的内在对话就是“无助”，第二只青蛙的对话是“无望”，第三只青蛙是“无价值”。这三只青蛙都是大脑中了病毒的青蛙，只有第四只青蛙，才是正常的青蛙。

当然，这个故事是虚构的，现实世界里没有这么傻的青蛙。可是在人类的世界里真有这么傻的人。面对困境时，你会是哪只青蛙呢？

4. 设框：别人怎么对你，都是你教的

任何东西都有其多面性，框架也一样。上一节我们谈了框架的各种负面影响，但如果使用得当，框架是一个很好的语言工具，它可以为我们的沟通带来很多便利。

有这样一个故事。在古印度，人们将那些修行圆满的、有德行的佛家修行者尊称为 Bhagavan，有一次，一位 Bhagavan 被邀请到一个村里讲佛法，他一上讲台，就问大家："你们知道什么是佛法吗？"村民们摇摇头说："不知道。"Bhagavan 说："既然你们都不知道，我讲了大概也没什么用。"说完，他就宣布法会结束，走了。

后来，Bhagavan 又被邀请到这个村弘法[①]，他上台时又问了同样的问题："一段时间没见了，你们现在知道什么是佛法了吗？"有了第一次的经验，村民们这次长了个心眼，他们异口同声地说："知道。"Bhagavan 听了之后，笑了笑说："既然你们都知道了，也就不需要我讲了。"说完，他又走了。

因为这位 Bhagavan 在当地太有名了，所以，他第三次被请

---

① 佛教语，传播佛法的意思。——编者注

到这个村弘法。有了前两次的经验，村长这次提前做了安排：如果 Bhagavan 再问那个问题，请左边的人回答“知道”，请右边的人回答“不知道”。果然，Bhagavan 依然还是以那个问题开头。提前安排好的村民们，左边说知道了，右边说不知道。Bhagavan 乐了，对大家说：“那就请知道的人给不知道的讲讲吧。”说完，他又宣布法会结束，走了。

当然，后来 Bhagavan 依然还会到这个村弘法，那他什么时候才会给大家讲佛法呢？直到有人这样回答他的问题：“Bhagavan，请你给我们讲吧，你讲了我们不就知道了？”他知道，他弘法的时候到了。

Bhagavan 为什么会这样做呢？他是故意戏弄大家吗？当然不是。大师就是大师，他的做法很有深意，当他这样做的时候，充分引发了村民学习佛法的意愿，把大家的焦点全部集中到“什么是佛法”这件事上。这就是本节要跟大家分享的语言技巧：设框。

框架，其实就是一个范畴；**设框，就是设定一个范畴，让听者把注意力和焦点都集中到你所设定的范畴的一种说话方法。**

框架好比你使用电脑时的文件夹，我们都知道，新建一个文件夹后，首先要为文件夹命名，如果你把一个文件夹命名为“没用”，请问你会放什么东西进去呢？毫无疑问，当然是一些没用的东西。但如果你把文件夹命名为“重要”呢？你自然会收集一些重要的东西。文件夹如此，人生也是一样，*你的焦点在哪里，你的收获就在哪里*。而影响一个人焦点的方法，就是设框。当你设定了一个框架，对方就会很难跳出来。

各位读者或许有过在广东地区饭店吃饭的经历，你一坐下来，服务员就会问你：“请问喝什么茶？我们有铁观音、普洱、龙井和花茶。”这个时候，你大脑有什么反应？当然满脑子都是茶，你只能在茶里面做选择，这就是典型的设框技巧。服务员的问话里设定了一个范畴，会引导顾客在设定的范畴里思考和选择。

设框的技巧在沟通中必不可少，在子女教育、婚姻、企业运营这三个我们成年人最常涉及的领域，如果你懂得设框，你会发现，你的说服力瞬间提升了。

有位妈妈想叫儿子放下手机去做功课，如果妈妈大吼一声“别玩手机了，再玩手机我没收你的手机！”儿子会怎么反应呢？儿子听了这句话会产生被逼迫的感觉，人在被逼迫着做事时，会把内心的不情愿都反映到行为举止上，他很可能会磨磨蹭蹭、充耳不闻，或者找借口要喝水吃东西上厕所，为的就是多看几眼手机。再佛系的妈妈看到儿子的反应也会火冒三丈，一场亲子大战就此开始了。

问题的根源在哪里？还记得前面讲过的“语言的焦点”吗？你让儿子别玩手机，那他的焦点在哪里呢？对了，就在手机上，你再次强化了他的焦点，让他更难离开手机。

如果妈妈换一种说法，她温柔地对儿子说：“乖儿子，你长大了，是时候帮妈妈做点事了，你是先帮妈妈搞卫生呢？还是要先做功课？”这么一来，妈妈设定了两个框架让儿子选择，不论儿子做何选择，妈妈都可以达到让他离开手机的目的。

一个人做没有选择的事情的时候，他的内心是一种不得不的感觉，他就只会抗拒。当一个人有选择的机会时，他做出了选择，就会积极地为选择的事情负责任。抓住人类的这种心理设定框架，我们就很容易达到说服对方的目的。

因此，妈妈们要想达到教育子女的目的，就要学会以选择题（搞卫生还是做功课）代替是非题（要不要放下手机），用新的框架替换原来的框架，这是非常高明的游说策略，它减少了正面的言语冲突，并通过把决定权交给对方的方式，让对方觉得受到尊重，因而做出配合的决定。

夫妻关系中最常出现的状况就是今天东风压倒西风，明天西风压倒东风，双方争着在婚姻里占据主导位置，双方都想着更好地控制对方，让对方按自己的意见行事，这样的结果一定是两败俱伤，因为没有人愿意按照别人的方法去生活，哪怕是你所爱的人也不行。

所以，爱一个人，必须给对方自由。可是，给了对方自由，我却没有了安全感，怎么办？设框就是一个好办法，在你设定的范畴里让对方选择，这样，让你所爱的人既有自由，同时又不至于超出你设定的框架。

比如，结婚纪念日到了，妻子想让丈夫送她一份礼物，妻子说："老公，结婚纪念日快到了，你能不能送我一个礼物？"丈夫回答："买什么买，每天就知道买，不挣钱就知道花钱。"妻子怒了："我每天又是带孩子，又是做家务，你还这样为难我……"一场口角在所难免了。如果妻子换一种问法："老公，结婚纪念日快到了，我知道你是爱我的，你打算送我什么礼物？"这时候老公就会开始思考什么样的礼物才能表达自己对妻子的爱。

这两种问法的不同之处在于，前者是一种指令，老公在没有选择的情况下去行动，这样就失去了自由；后者设定了一个范畴，让老公在这个范畴里做选择，所以他会感到舒服，因为他是自由的。

你无法说服一个人，因为每个人都有自己的主见，要改变别人的想法，比登天还难。但设框就不一样了，当你设定一个框架，锁定对方的思考范围，主意还是让他自己拿，就能达到你的目的。所以，最好的说服方法，就是让对方自己说服自己。

设框技巧对领导人同样非常有用。一个不会设框的领导，经常会问下属一些不聪明的问题，比如：

小王，最近遇到什么困难？

小王，你觉得你最大的毛病是什么？

小王，你知不知道自己有多笨？

……

这些问题之所以不好，是因为领导给下属抛出了一个负面的框架，不管下属如何挣扎，都跳不出领导设置的陷阱。

这些问话换一个框架就会完全不一样：

小王，最近有什么新的创意吗？

小王，你觉得你最大的优点是什么？在工作中有发挥出来吗？

小王，你知不知道你还有很多潜能没有发挥出来？

这样，小王的焦点就会在自身资源上，而不是掉到一个泥潭里不能自拔。一个坏的领导让人自惭形秽，一个好的领导让人不断进步。两者的区别在于你设了一个什么样的框架。

设框不仅对别人有用，也会对自己产生影响。你自己的人生活得如何，很多时候取决于你问了自己什么样的问题。

那些失败者会问：

“为什么这事会发生在我身上？”

“为什么老板这么讨厌我？”

“为什么我总是做不好？”

……

留意到了吗？这些问题的焦点全都在负面的事情上。而成功者就不一样，他们的自我对话是这样的：

“这件事教会了我什么？”

“我怎么做别人才会喜欢我？”

“我如何才能做得更好？”

……

一场大雨过后，有人看见天上的彩虹，有人则看见满地泥泞。意之所在，能量随之而来。**你的焦点决定你的人生，而语言中的框架，能帮你调整你的焦点。**

设框是一种掌握谈话方向和效力的方法，是一种高明的游说策略。别人怎么对你，都是你教的，要想让别人按照你说的做，那就给他设一个框吧；要想让自己变成自己喜欢的人，那就给自己设一个框吧。

5. Yes Set：你的人生很可能是别人设定的结果

孩子们之间有一种有趣的游戏。A 对 B 说："你说 10 次'月亮'。" B 说完之后，A 说："你说 10 次'亮月'。" B 说完之后，A 开始提问："嫦娥住在哪儿？" B 回答："月亮。" A 又问："玉兔住在哪儿？" B 回答："月亮。" A 又问："后羿射什么？" B 回答："月亮。" 说完之后，B 会猛然醒悟过来："哦，不对，后羿射日。" 第二轮，A 问 B："你说 10 次'有'。" B 说完之后，A 提问："你有手吗？" B 回答："有。" A 又问："你有眼睛吗？" B 回答："有。" A 又问："你跟猪有区别吗？" B 因为之前上过一次当，这次很有防备，他很可能会回答："没有。" 说完之后，他又会猛然醒悟，"哦，有区别。"

这样的游戏，很多 B 都会上当，为什么？因为人类的大脑都有一种惯性。利用大脑的这种惯性，我们可以巧妙设框，**通过向对方提问题，引导对方跟着我们的思路走，这就是"Yes Set"模式。**

向对方提问题，常见的有两种形式：一种是封闭式，一种是开放式。封闭式问题就是可以直接用"yes"或者"no"回答的问题，"Yes Set"是一套封闭式问题的设框方式。

这种设框方式的最早应用者是大思想家苏格拉底，苏格拉底最早发明了一种辩论方法，向对方提出一系列反问，让对方回答，设法使对方陷入自相矛盾的困境，直至对方不得不改变原来的观点，承认自己错了为止。

有一次，一个青年宣称所谓道德就是做人要忠诚老实，不能欺骗人，苏格拉底对此进行驳斥。

他说："你说道德就是不能欺骗人，那么在和敌人交战的时候，我方的将领为了战胜敌人，取得胜利，总是想尽一切办法欺骗和迷惑敌人，这种欺骗是不是道德的呢？"

青年说："是，不过，对敌人欺骗是符合道德的，但欺骗自己人就是不道德的了。"

苏格拉底又问："在我军和敌人作战时，我军被包围了，处境困难，士气低落。我军将领为了鼓舞士气，欺骗士兵说，援军马上就到。结果我军士气大振，突围成功。这种欺骗是不是道德的呢？"

青年说："是，不过战争是一种特殊的情况。我们在日常生活中不能欺骗。"

苏格拉底又问："在日常生活中，儿子生病了，父亲拿来药儿子又不愿意吃。于是，父亲就欺骗儿子说，这不是药，是一种好吃的东西，儿子吃了药病就好了。这种欺骗是不是道德的呢？"

这时青年不得不承认："是，这种欺骗也是符合道德的。"

生活中，我们不需要与别人辩论，但是，我们可以设定一个对方一定要回答"yes"的问题。人的大脑有一个惯性，如果他连续回答了几个“yes”的问题，那么他就会忽略下一个问题的内容，惯性地回答“yes”。

比如，我问你这样几个问题，你来回答一下：

你是中国人吗？

你希望我们的祖国更强大吗？

你希望未来生活更好吗？

你希望你变得更优秀吗？

你希望你的家人跟你一样生活得更好吗？

你希望你的孩子青出于蓝而胜于蓝吗？

你希望提升你的能力吗？

你愿意付费去听课吗？

前面 7 个问题，答案是显而易见的“yes”，那最后一个问题，我相信你的答案也是“yes”！

连续问对方 7 个以上他一定会回答“yes”的问题，那么第 8 个问题大概率他也会回答“yes”。这就是“Yes Set”设框发问技巧。

奥佛史特里教授在他的《影响人类的行为》一书中说过这样一段话：“一个‘不’的反应，是最难克服的障碍。人一旦说出‘不’，他的自尊心就会促使他固执己见。当然，也许以后他会觉得‘不’是不恰当的，然而一旦考虑到宝贵的自尊，他就会坚持到底。所以，一开始就让人对你采取肯定的态度极为重要。”

生活中，我们都有这样的体验，当一个人说了“不”以后，他全身的各个组织都会协调起来，一起进入一种抗拒状态；反过来，如果他说了“是”，他的身体就会随之处于前进、接受和开放的状态，使谈话朝积极的方向发展。

现实生活中，无论你想说服别人，还是进行商业谈判，或者是让部下服从自己，都不是轻而易举的事，因为对方的思维惯性和既成偏见是相当顽固的。面对这种情况，我们不必急于求成，可以采用“Yes Set”设框方式，**在谈话开始时，引导对方说“是”，从而将对方的心理导向肯定的方向，循序渐进地拉近彼此的距离，直到对方自发改变自己的固有观念**。

比如，一个销售员打电话给客户：“您的公司需要饮水机吗？”对方通常会说：“不需要。”这个销售电话如此就宣告失败了。如果销售员换一种问法：“您的公司经常使用饮水机吗？”对方通常会说“是”。销售员继续问：“饮水机的水泡出来的茶是不是更好喝一点呢？”对方通常会继续说“是”。销售员又说：“饮水机长时间使用的话肯定会滋生很多细菌，你说是吗？”对方又回答“是”，销售员这时说：“如果有一台饮水机有自动清洁功能，你是不是想体验一下呢？”对方会惯性地回答“是”，到这里，这次销售就成功了一半。

得到“是”这个反应，本来是一件极其简单的事，但在实际生活中却经常被人们忽视。有些人好像一张嘴就准备反对别人的意见，好像只有这样做才能显示自己和别人的不同。**真正有智慧的人都懂得，与人说话时，千万不要一开始就往彼此之间有分歧的方向靠拢，而是要先把彼此达成的共同意见放在前面加以说明**。很多时候，所谓的分歧只是我们看待事物的视角不同，不同的视角也可能有共同的目标，我们在一开始就能让对方说“是”而非“不”，那么，我们获得对方认同的可能性就大大增加了。

6. SCORE 模式：这样聊天，打开一个全新世界

先来看一组沉重的数字：据 2017 年世界卫生组织统计，每年全世界大约有 78.6 万人自杀，其比例为每年每 10 万人中有 10.7 人，这意味着每隔 40 秒就有人自杀。而保守估算，中国每年自杀死亡的人数已达 28.7 万人，每年平均自杀死亡率是 23/100000，每 2 分钟有 1 人死于自杀，8 人自杀未遂。

很多人选择自杀只在一念之间，一个念头转不过弯来，他就会放弃生命，这个时候，如果他的身边有一个懂心理咨询、会聊天的人，也许就能挽救他的生命。

在中国，心理学市场非常不成熟。一方面，很多人认为有病才去心理咨询，他们向心理咨询领域的专业人士求助，会觉得很丢人，还害怕会被人指指点点；另一方面，很多人认为花钱跟人聊天，不值得。买点食物可以吃到嘴里，买件衣服可以穿到身上，可买了跟人聊天的时间，聊完了，好像什么都没留下。不过，真的什么都没留下吗？

心理咨询并非像人们以为的是为了治病，它是基于人的成长，基于生命的价值而进行的一项工作。在专业人士的咨询中，很多来访者表示，他们在专业人士的引领下，进入了一个全新的

境界，得到了不同的生命体验，进而改变了自己的生活或者命运。这种价值远超他们所支付的咨询费。

也就是说，专业人士的聊天是一种专业的、有价值体现的工作。跟会聊天的人聊天，他能带你去你从来没有去过的地方，他能带你去你不习惯去的地方，他能触发你从没有过的思考，他能帮你打开一个全新的世界，这个价值是无法衡量的。

试想一下，如果你并不从事心理咨询工作，却能掌握这一专业技巧，你通过聊天，影响了你身边人的生命价值，让他得到了不同的生命体验，甚至打消了一闪而过的自杀想法，这将是多么美好的一件事。

我特别希望天下所有人都能懂一些心理知识。当然，要成为一名专业的心理咨询师需要经过长时间的训练，但成为一个会聊天的人，其实并不难，可以先从成为一名教练开始。只要你懂得设框的语言技巧，设定一组框架，顺着这个框架去聊天就可以了，这个方法叫“SCORE 模式”，是我在《大成教练》课程里教授的一个方法，如图 2-1 所示：

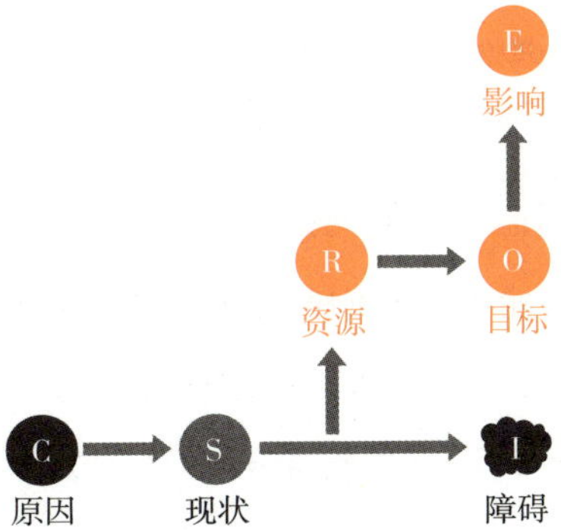

图 2-1

S（现状）：你在哪里？

我们跟人聊天，首先要了解他现在的情况如何，有什么事情发生了，造成了什么结果，当事人有什么感受等。了解现状时尽可能地中立，不加评判，不管当事人的现状如何，我们最好的方法就是接受事实。如果你学过共情的方法，在这个框架中可以带着慈悲心去共情和陪伴当事人。

O（目标）：你要去哪里？

了解完现状之后，最重要的是把当事人的焦点调整到他的目标上，否则，他会在问题框架的泥潭里深陷。

美国耶鲁大学进行过一次跨度 20 年的跟踪调查。最早，这个大学的研究人员对参加调查的学生们提了一个问题："你们有目标吗？" 90％的学生回答说有。研究人员又问："如果你们有了目标，那么，是否会把它写下来呢？" 这时，只有 4％的学生回答说："写下来了。" 20 年后，耶鲁大学的研究人员调查当年参加调查的学生们。结果发现，那些有目标并且用白纸黑字写下来的学生，无论是事业发展还是生活水平，都远远超过了没有这样做的学生。他们创造的价值超过余下 96％的学生的总和。那么，那 96％的学生今天在干什么呢？研究人员调查发现：这些人忙忙碌碌，一辈子都在直接或间接地帮助那 4％的人实现他们的理想。目标是灯塔，能照亮我们前行的道路，目标是罗盘，能指明我们人生的航向，目标对我们的未来有着重要的作用。

带领当事人到目标框架很简单，你只需要问他："如果一切皆有可能，你最想要什么？""如果你不想面对这样的状况，那你想要什么？" 这里有一个很关键的技巧，就是记得为他提供一个前提——“假设一切都有可能”，很多人都会有“无望”的信念，他不敢想未来，加上这个前提的目的，就是让当事人放下所有的顾虑，让他尽可能地畅想未来的目标。

E（影响）：你为什么要去那里？

这是一个深刻的问题，并不是每个人都是清醒的，大多数人并没有考虑过他为什么要实现他的目标，只是别人都要，他也跟着做。因此，面对这个问题时，很多人会一头雾水。

这时，我们需要带他去看看，如果目标真的实现了，会带给他什么样的影响。当一个人真的去感受目标实现后的场景时，有人会发现那好像并不是他真正想要的，这时，他就会调整自己的目标；有人感受到的正是他想要的，那就会唤醒他内在的行动力，从而帮助他达到目标。

如何才能让当事人进入这个框架呢？可以充分调动他的视觉、听觉、触觉，让他想象目标达到后他会看到什么，听到别人如何赞美他，那时他会有着怎样的感受。

比如说你的目标是10年后要赚到两个亿，面对这个数字，你并不会有什么感觉。可是，当我问你，当你拥有两个亿时，你会看到什么、听到什么、感受到什么时，你也许会看到，10年后的你，住着豪宅，开着豪车，或者周游世界，想买什么就买什么；听到朋友们羡慕的声音，妻子会敬佩你，儿子会崇拜你……这时，你自然会充满动力。

R（资源）：有了什么，你眼前的困难将不再是困难？

有了足够的动力之后，你就要开始帮他寻找实现目标的资源了。

很多人会觉得，自己能力不足，资源匮乏，根本不可能实现自己的目标。之所以会这样想，根本原因是他被内心的框架囚禁了。

你也许有找过钥匙的经验，你知道它就在房间的某处，可是就是找不到它，因为你只习惯于在你熟悉的地方寻找。资源也一样，每个人都拥有实现目标的资源，可惜的是，就像找钥匙一样，我们总是在熟悉的地方找寻，自然找不到。

帮助当事人找寻资源最简单的方法就是破掉他原有的框架，让他去原来从来都没去过的地方思考，这样，他自然会拥有源源不断的资源。就像前面讲的，世界无限，除非你自我设限。

至于如何“破框”，我们后面会有专门章节深入研究。

人生在世，我们难免会遇到各种各样的障碍。碰到障碍时，一般人会在障碍里面纠缠，大成教练不会在障碍里面纠缠，他会引导你关注你所拥有的资源。寻找资源的另一个方法就是提升能力。

如果你的能力提升了，原来的障碍就不再是一个障碍。

以一个小学一年级的学生为例，计算99+88，他会觉得很难。我们不能改变老师出的题很难这个事实，但是我们可以提升自己的能力，当我们拥有三年级学生的水平的时候，再回头看99+88，这个问题就太简单了。问题没有变，当能力提升了，问题也就解决了。

C（原因）：是什么导致了今天这样的结果？

寻找资源的另一个方法是从过去入手，因为每一个创伤下面，都埋藏着宝藏。

为什么这样说呢？

我曾经做过这样一个个案，案主是一位女士，30 多岁了还没结婚，一直渴望进入婚姻，可是案主说她一直遇不到好男人。经过催眠发现，原来案主童年时生活在一个破碎的家庭，从小就目睹了父亲家暴母亲的种种悲惨场面，这一段经历太痛苦了。为了避免痛苦再次发生，她的潜意识选择性地屏蔽了跟男人相处，特别是跟父亲类似的那种有力量的男人。这种情况在心理学里面叫“选择性回避”，这跟“一朝被蛇咬，十年怕井绳”是一样的道理。

从这个案例中我们可以知道，对这位女士来说，并不是没有适合的男人，而是她的潜意识屏蔽了很多男人。同样的道理，一个人并不是没有资源，很可能是以往的创伤让他屏蔽了很多资源。一个创业失败的人，可能会因此看不到创业的机会；一个演讲曾经被嘲笑的人，可能一生都不敢登上讲台；一个唱歌曾经被嘲笑的人，也许一辈子都会觉得自己没有唱歌的天赋……殊不知，这些创伤之下都埋藏着宝藏。

那如何才能挖掘这些宝藏呢？我们不能改变过去发生的事情，但是可以改变对过去发生的事情的看法，看法改变了，屏蔽就自动取消了。

记得在十多年前的一次个案疗愈过程中，一位李姓学员在做完疗愈后，发出了一声惊呼：“天哪，世界竟然是这个样子！”他瞪大双眼，语无伦次地说，“原来……红色是……这样的……那么鲜艳……”

原来，做个案的时候，他回到了小时候的创伤事件里。那时他才五六岁，坐在亲戚的车上副驾驶的位置。我们都知道，小孩是不能坐这个位置的，因为意外来临时，这个座位对孩子是极其危险的。偏偏那天意外真的到来了，他记得当时眼前的挡风玻璃上洒满了鲜红的血迹……

在治疗的过程中，当他想起这个场景时，浑身都在发抖、打战、尖叫、退缩……仿佛又变成了那个被吓坏了的小男孩。

为什么治疗后他重新睁开双眼会看到不一样的世界呢？

原来，当年挡风玻璃全是血的那一幕，让幼小的他完全震惊了，他的潜意识为了保护他不受到更大的惊吓，于是选择性地把他对“红色”的感知能力减弱，甚至关闭了，当他再次看到红色时，是无法看到常人眼中的红色的。

个案疗愈其实很简单，就是回顾这个事件，在释放了当事人的情绪后，跟他说：“那个时候你还小，不能保护自己，所以你的潜意识为了保护你，选择性地屏蔽了红色的刺激。如今你已经长大了，你有能力应对，不需要再通过屏蔽来保护自己了。”

从此之后，他潜意识的开关打开了，他又恢复了意外来临前的感知能力，这时再看眼前的世界，他才会发出一声惊呼：“原来世界是如此多姿多彩，原来我以前看到的世界都是假的。”

这样的案例在我的课程中数不胜数，其背后都有一个简单的原理，只要你懂得了这个创伤的基本原理，你就能够面对和疗愈自己和他人的创伤，甚至是改变自己的下半生。

治疗是改变过去，而教练是创造未来。一般情况下，我们可以不去碰触“原因”框架，因为那需要一定的心理咨询能力，你不一定要做一名心理咨询师，但你绝对可以做一名教练。

上面这些框架的组合，就是SCORE模式。你会发现，这个模式很像是出租车司机出发前的询问。在还没有打车软件的时候，出租车司机接到乘客前，首先会问“你在哪里”，他问的就是现状。你上车后，司机会问“你要去哪里”，他问的是目标。在路上，有些司机会随口搭讪一句：“你去干什么？开会，面试，还是谈一笔大生意？”这就是影响。半路上，遇到了堵车，司机会做一个选择：“或许绕一下路，能更快地到达目的地。”他做的是寻找新的资源。

天地万物皆吾师，工作和生活中留心一下，你的聊天也可以很有价值。

7. 强有力的问题发生器：改变格局和高度的语言模式

酒桌上，有朋友开玩笑：从猿进化到人要几百万年，而从人变成猿只需要一瓶酒。虽然是一句玩笑话，我却觉得很有深意。

对于人来说，改变有时候很难，可是有时候也很容易。世界上最难动摇的就是对方根深蒂固的认知逻辑。一个人深深的固执里，藏着他过往的人生和对世界的理解，短时间内很难修改。可是，如果你掌握了其中的方法，有时候轻轻的几句话，你就能改变一个人。

这就是设框的魅力所在，你不需要与对方唇枪舌剑，你只需要设定一些框架，让对方在你设定的框架内思考。下面跟大家分享三个设框技巧，这三个技巧的组合，我们称其为“强有力的问题发生器”，也可以称为“思想健身室”，光看这些名字，你都能感受到它们的威力。

（1）位置感知法：位置决定视角，视角影响观点

春秋时期，齐国君主齐景公有个特别的喜好——养鸟。他为了照顾好他的鸟，专门设了一个官——鸟官。鸟官的名字叫烛邹。有一次齐景公得到了一只漂亮的鸟，他非常喜欢，可是几天后，那只鸟飞跑了。齐景公气坏了，要杀烛邹。

因为一只鸟而砍杀一个人，大家都知道齐景公这么做过分了，但都不太敢站出来劝他，并且在君主大发雷霆的情况下，劝他是一件很可能掉脑袋的行为。“陛下不能为一只鸟而杀一个人，你这样的君主叫无良……”如果有人敢说出这样的话，十有八九会被拉出去一起砍了。

烛邹很幸运，他有一个智慧的同事叫晏子。众人都沉默的时候，晏子站了出来，他对齐景公请求道：“恳请陛下让我指出烛邹的罪状，然后您再杀了他，让他死得明白。”齐景公答应了。

晏子板着脸，严厉地对被捆绑起来的烛邹说：“你犯了死罪，罪状有三条：大王叫你养鸟，你不留心让鸟飞了，这是第一条。你让咱们英明的君主，因为一只鸟而杀了一个人，这是第二条。全国的老百姓都会知道，咱们英明的君主，因为一只鸟儿而杀了一个人，老百姓会怎么议论我们的君主？他们会说我们的君主是重小鸟而轻士人的君主，你给咱们英明的君主戴上这样的污名，你的确该死，这是第三条。”说完，晏子回身对齐景公说，“陛下，您可以杀他了。”

听了晏子的一番话，齐景公明白了晏子的意思。他干咳了一声，说：“算了，把他放了吧。”接着，走到晏子面前，拱手说，“若不是您的开导，我险些犯了大错误呀！”

晏子这番话高明不高明？晏子并没有劝说齐景公改变主意，更没有跟他争论，可是，他轻松地让齐景公改变了主意。这实在是高明！可是高在哪里？他列举的三条罪名，表达的其实是同一件事情，只不过用了三种完全不同的角度：第一个角度是鸟官本身，第二个角度是君主，第三个角度是老百姓。这种引导一个人从不同的角度来看清楚同一件事情的方法，就叫“位置感知法”。位置感知法有三个位置，如图 2-2：

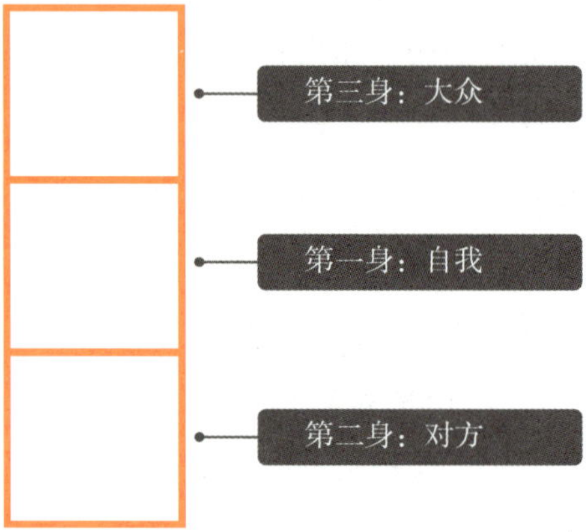

图 2-2

位置感知法通过设定“自我”、“对方”和“大众”三个框架，让当事人从三个不同的框架看问题，通过这三个框架，不断拉宽对方的视野，让其切换到更大维度去看问题，从而达到让对方自我觉察的效果。

位置感知法在说服别人时很有效。比如，你的朋友遇到困难，自暴自弃，你要直接给他讲大道理，他肯定不听，这时，你可以先站在他的角度，给他分析问题；接着进一步问他“如果马云碰到类似的困难，马云会怎么想呢”“如果国家领导人遇到同样的困难，他会怎么想呢”。最后再扎心地追问一句，“你的孩子看到爸爸是这样，你觉得你的孩子会有什么感受呢？孩子会从你身上学到什么？”三个角度问完，他一般都会幡然醒悟。

同样道理，你如果看到一个员工比较懒散，与其骂他，倒不如问他：“兄弟，你祖先在天之灵看到你这样工作，你觉得你祖先在天堂会怎样想？”或者问他，“你这样的工作态度，你妈知道吗？”

位置感知法的原理就是从现有的位置挪开，让对方从别的位置来看清楚现状。每一个人站在自己的位置看问题，都会觉得自己是对的。这个时候不要急于跟他争对错，而是要通过设框让他抽离出来，换个位置重新审视自己。

位置决定视角，视角影响观点，位置改变了，观点自然就会改变。

（2）时间线：从过去学习，从未来拿资源

我有一位学员，因为经济案件被判了一年徒刑。出狱的那天，他第一个电话打给我，他说：“我很难过，我不知道该怎么办，我没有勇气面对我的家人，我没有勇气面对我的孩子。我现在离开监狱了，可是我不太敢回家，我第一个电话打给你，因为你是我最信得过的人。”

这种情况下，我该说什么呢？如果安慰他：“没事了。勇敢点，你可是男子汉！”有用吗？你会发现，在重大创伤面前，这种安慰式的语言显得特别苍白无力。那应该怎么做呢？

我当时问了他两个问题，第一个问题是：“兄弟，事情已经发生了，重要的是你从过去这一年的生活中，有没有学到一些有用的东西？”这个问题抛出来，他立马从难过的情绪状态中抽离，开始给我讲述监狱生活的体验和感悟。

接着，我又问了他第二个问题：“我相信以你的聪明程度，未来一定会出一本回忆录的。如果未来你要写一本回忆录，你会怎么写这段经历？”这个问题把朋友彻底从消极悲伤中拉了出来，他开始正面审视这段特殊经历对他人生的价值。

在这个案例中，我运用的是时间线设框法：把对方从当下拉

离，把他的时间框放到过去和未来，让他从过去学习，从未来拿资源。时间线有三个框架，如图 2-3：

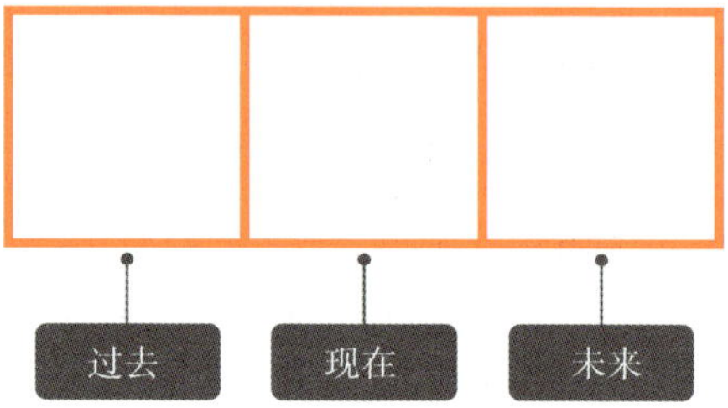

图 2–3

心理学研究发现，一个人陷入困境时，他的焦点通常在“过去失去”的事情上，这个时候，最好的脱困方法就是通过设框的手法，转换他的时间框架，把他的焦点转移到“未来得到”的事情上，他的困境自然就轻松化解了。

也许你还记得，过去某天你曾遇到过一个不小的困难，当时的你崩溃了，以为天要塌下来了，有些人或许还动过放弃生命的念头。可是，现在回看那一段经历，你是不是觉得不过如此？同样，你今天遇到的困难，在今天这个时间框架来看，确实是个困难。可是如果你从未来的角度来看呢？也许同样是不过如此。这就是时间线的威力，也是最好的助人脱困的妙法。

下面这些是利用未来框架屡试不爽的金句：

“未来十年的你，会怎么看待今天这个决定？”

“未来的你要给今天的你一个建议，他会对你说什么？”

“你今天这个样子，未来的你会满意吗？”

“你今天的行为，未来的你会为此付出什么代价？”

……

站在现在看未来，叫规划；站在未来看现在，叫境界。问题本身不是问题，关键是现在的你把它当作问题了。站在未来看现在，一切都不是问题。

（3）位置感知法与时间线的组合：格局有多大，事业就有多大

我们把上两节内容组合起来，就变成如图 2-4 的九宫格：

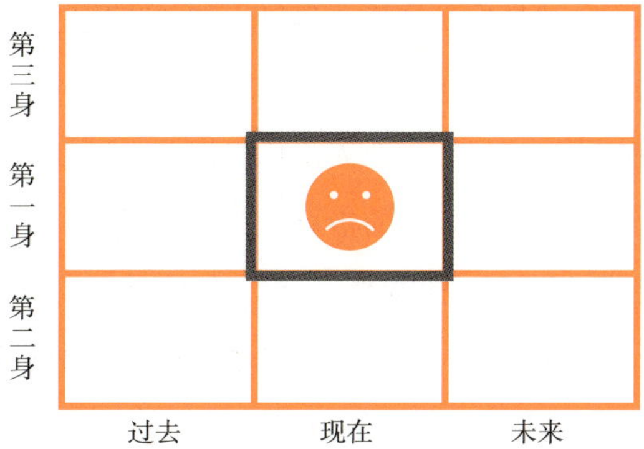

图 2-4

从图 2-4 我们可以看出，一般的人只会站在中间那个框架思考问题，只活在那个有限的时空范畴里面，他的世界只有方寸之大，又怎能成就伟大的事业呢？

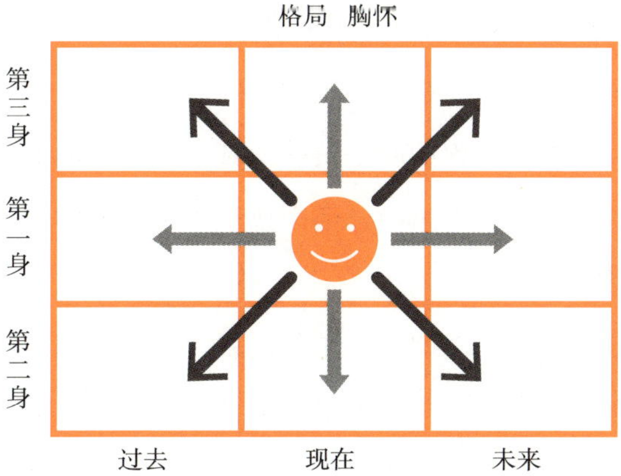

图 2-5

有格局的人，他们的框架是如图 2-5 所示，遍布上面九格的，他不仅考虑自己，还把他人、大众都纳入思考范围；他不仅仅思考现在，过去和未来都在他的思考范围之中。一个人心中能容纳多少人，他就能做多大的事。一个心中有爱，目中有人的人，又怎能不成就大事业呢？

当然，并不是每个人天生都是大格局之人，比如我，我是通过不断的学习和被教练，格局才得以一点点拓展的。如何才能拓展一个人的格局？通过问话的方式，设定上面图中的 9 个框架，通过你的设框，就可以把一个人从他习惯的小框架里拉出来，长此以往，被你教练的人，他的格局自然会有所扩大。

我们通过一个案例来演练一下。张三和李四结婚 10 年了，有两个孩子，一男一女，随着时间推移，张三和李四的感情出了问题，两人每天争吵。张三先生很困扰要不要离婚，他来找到你，希望你来为他指点迷津，你该怎么帮他呢？

根据上面的九宫格，我们来看竖坐标，这个案例中第一身、第二身、第三身分别是谁？第一身毫无疑问是张三，第二身是李四，第三身是孩子和其他家人。根据这张图，你可以随意设定框架，让张三在不同的位置上思考问题：

第一身，现在：此刻你是怎么想的？

第三身，现在：你的两个孩子此刻是怎么想的？

第三身，未来：离婚后，两个孩子未来会怎样？孩子未来会受到什么影响？

第二身，过去：李四当年是怎么跟你走到一起的？她当时为什么会选择嫁给你呢？在过去这十年里，你太太过得开心吗？

第二身，现在：你的妻子现在怎么看待你们两人的关系呢？

在你太太眼中，你是一个怎样的人？你太太对你现在的婚姻还满意吗？

第二身，未来：如果离婚的话，你的妻子未来会怎样生活呢？她会找到一个怎样的男人结婚呢？她以后会怎么对待你们的孩子？

第一身，过去：在过去的婚姻中，你对自己的表现还满意吗？刚结婚的时候，你是怎么跟你太太相处的？在这段婚姻中有没有一些值得你怀念的呢？

第一身，未来：你有自信以后能找到一个比现在的太太更好的妻子吗？离婚之后你怎么面对你的孩子？

第一身，现在：假如这段婚姻还有希望的话，你现在可以做点什么呢？你觉得现在做些什么可以减少对孩子未来的影响？

在第三身这块，我们可以继续挖掘，第三身除了子女外，还可以是朋友、父母、下属，我们可以问："有没有跟你的好朋友聊过，他们曾经给过你什么建议？"这是第三身的过去。"现在，你的父母同意你们离婚吗？"这是第三身的现在。"离婚后，你的员工会怎么看待你呢？"这是第三身的未来。

这就是设框，这是教练的基本功。通过这一系列问题，你可以带领当事人站到不同的位置思考问题，拓宽他的视野，打开他的认知，从而扩大他的格局。我的格局就是这样随着不断的学习，慢慢被扩大的。

我之前出了本书叫《圈层突破》，其中一部分的内容就取自于这个框架。通过这样的引导，我们可以实现圈层突破里的"圈"的突破。下面，我们来看一下圈层突破的"层"在哪里。

（4）理解层次：提升你人生层次的语言模式

爱因斯坦说过，人类的困境源于人们往往在制造问题的层面解决问题。也就是说，如果你在工作或生活中遇到困难，可以尝试从更高的层面去解决。

如何才能从更高的层面去解决问题呢？什么是更高的层次呢？要回答这些问题，让我们先来了解一下“理解层次”。

理解层次是由美国神经语言程序学大学执行长罗伯特·迪尔茨，在英国人类学家贝特森的一个研究上发展出来的一个工具。

简单来说，就是他发现人类的思考有 6 个层次，分别是环境、行为、能力、信念、身份和灵性。下面分别向大家详细介绍：

环境

环境就是在哪里。

你们现在在哪里看这本书？是在家里还是书店？这就是环境。

行为

行为就是做什么。

你正在看书，对吧？看书就是一种行为。

能力

能力就是怎么做，用什么方法做，你拥有什么才华。

去哪里？做什么？怎么做？这是一般人都会考虑的问题。再往上就不是一般人会考虑的问题层次了。

信念

信念就是那些你会赖以行动的想法，是行为的指南针，是一个人的行为准则。

思考信念层面的问题通常会问："为什么？为什么要这样做？"当你问一个人为什么要做一件事时，得到的答案通常就是信念。

比如，你问一个人为什么学习？他的答案可以是"学习能改变命运"、"学习能提升自己水平"和"学习会让人生变得更好"，这些都是信念。要影响一个人，仅仅停留在行为层面是远远不够的，最好的方法是进入信念层面。那些伟大的思想家、作家、政治家都是在信念层面影响人的人。

一家伟大的企业也一样，必须拥有共同的信念和价值观，才会有超强的战斗力。社会上有两个行业，他们的员工战斗力是非常强的，一个是保险业，一个是直销业。这两个行业的战斗力为什么那么强？因为这两个行业的从业人员几乎天天开会、培训，领导者每天都在员工的信念层面做工作。

身份

所谓身份就是"你是谁"。

当你听到这个问题，你有什么想法？你会怎么回答？这就是你的身份。

一个人的身份是随时都在变化的，比如，你在孩子面前是父母，在父母面前是孩子，在公司则是职员或者老板。

一个人有很多身份，当你处于某一身份时，你只会思考这个身份的问题，这就叫作"屁股决定脑袋"。举个例子，你想在家里当老板，"老婆帮我倒杯水，我给你发工资"，你这样说的话，你老婆很可能会把你一脚踢出门。在家里就做家里的事情，你的身份决定了你的信念，你的信念决定了你的行为。

要影响一个人，我们在身份层面给他设定一个框架，比在行为层面去约束他会容易得多。

比如，在孩子教育上，我们从小帮他树立一个目标，当孩子有了自己认定的目标时，他自然会约束自己的行为，如此，在行为层面，我们就不用操心了。

公司经营也是一样，我认识一位 90 后创业者，他的企业非常特别，没有办公场地，不用上班，每个员工都在家里工作，一个只有十多人的企业，一年的营业额居然超过一个亿。我问他是怎么做到的，他告诉我，他们公司的每一位员工都是老板，所以，根本就不用管理。

灵性

灵性就是“为了谁”。是一个人与他人及世界的联系方式。这个层面不太好理解，请容许我分享一个故事。

小女孩爱丽丝和爷爷住在海边的小木屋里，爷爷是个艺术家，曾经走遍天南海北，去过很多地方，他每天晚上都会给爱丽丝说旅行中的趣闻。小爱丽丝听了，对外面的世界很向往，她告诉爷爷自己长大后要做两件事：一是到世界各地旅游，去看世界的奇妙；二是回到爷爷海边的小木屋，幸福地生活。爷爷听了笑着对爱丽丝说，还有第三件事是她必须去做的——做一件让这个世界变得更美丽的事情，爱丽丝懵懵懂懂地答应了，但她不知道怎样做才能让世界更美丽。

长大后爱丽丝按照儿时的规划，去了很多地方，阅尽人间美景后又回到了海边的小木屋，她生活得很快乐，但唯一遗憾的是她仍不知道怎么做第三件事。冬去春来，有一天她发现窗外的花园里开出了美丽的鲁冰花，红的、粉的、蓝的，一簇簇盛开在碧绿的山坡上，她心里暗暗地做了一个决定。那年夏天，她买了一包又一包鲁冰花种子，每天散步时就随手撒在小镇的每个角落。第二年春天，整个小镇都开满了美丽的鲁冰花，一年年过去了，小镇上的鲁冰花越来越多，仿佛给村庄披上了一件件彩色的外衣，人们的笑声回荡在花海里，从此镇上的人都尊称她为“花婆婆”。

说完这个故事，我想大家已经知道什么是“灵性”层面了。所谓“灵性”层面，要回答的是一个“为了谁”的问题，找到一个人与他人、与世界的连接方式。我们看到很多伟大的人，比如说德兰修女，她能够终其一生去做回馈社会的事情，我以前不了解缘由，现在我才渐渐明白，一个人心里面装的人越多，他的胸怀就越大，他的人生也会越广阔，他的能量也越大。

那些大成就者，不管是企业家、政治家，还是宗教领袖，全都是在灵性层面有高修为的人，如图 2-6 所示。

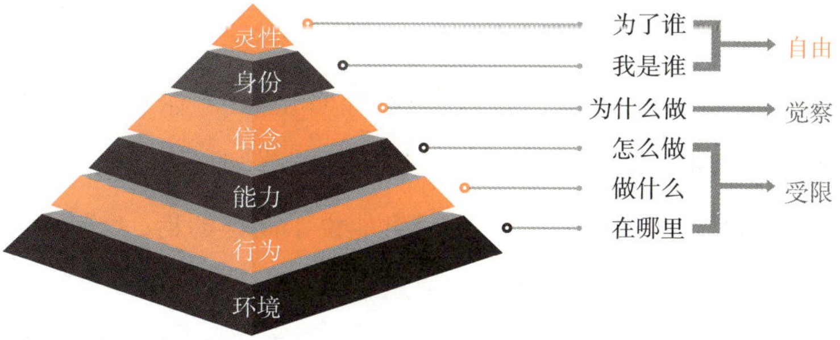

图 2-6

说完这 6 个层次，我们再来看一个经典故事。

故事的主人公是两个年轻人，一个叫约翰，一个叫哈里。他俩同时进入一家蔬菜贸易公司上班，半年后，约翰升任主管，而哈里依然是普通员工。

对此，哈里很不高兴，他向总经理抱怨："我和约翰是同时进公司的，现在他升职了。而我每天勤勤恳恳地工作，为什么不能升职呢？"

总经理听后，说："这样吧，公司现在打算订一批土豆，你去看一下哪里有卖的，回来我再回答你的问题。"

半小时后，哈里急匆匆地回来汇报："20 公里外的市场有卖土豆的。"

总经理听后问："一共有几家卖的？"哈里挠了挠头说："我刚才只是看到有卖的，没注意有几家，您稍等一会儿，我再去看一下！"

说完，他又急匆匆跑出去了，20 分钟后，他喘着粗气再次跑回来汇报："一共有三家卖土豆的。"

总经理又问他："土豆的价格是多少？三家的价格都一样吗？"哈里愣了一下，又挠了挠头说："您再等一会儿，我再去问一下。"

说完就要往外跑，这时，总经理叫住他："你不用再去了，帮我把约翰叫来吧。"

三分钟后，约翰来了，经理对他说了同样的话："公司打算订一批土豆，你去看一下哪里有卖的。"

40 分钟后约翰回来了，向总经理汇报："20 公里外的集农蔬菜批发中心有三家卖土豆的，其中两家卖 0.9 美元一斤，只有一位老人卖的是 0.8 美元一斤。"他停了停接着说，"我看了一下他们的土豆，发现老人卖的质量最好，也最便宜，如果需求量大的话，价格还可以更优惠些，并且他家有货车，可以免费送货上门。”

约翰停顿了一下又说，“为了让经理您看看他家的土豆质量，我带回来了土豆的样品，并且我还把那老人带来了，就在公司大厅里等着呢，要不要让他进来，具体洽谈一下？”

各位读者，如果你是总经理，你会给谁升职呢？为什么呢？

用理解层次的框架一比照，你就会一目了然了。哈里一直活在“行为”层次，领导让他做什么，他就做什么，领导没说的事，他就不知道主动去做。而约翰呢，他的框架是上面三层，领导让他去看哪里有卖土豆的，他会考虑“领导为什么要我做这件事？”（*信念层次*）、“如果我是领导，我还需要了解什么信息？”（*身份层次*）、“我需要为领导做什么？”（*灵性层次*）。

我们再来看看生活中常见的现象。

比如，有人说“今年经济不好，生意难做”，这个人在什么框架？

对，他在环境框架。如果你是他的领导，或者教练，你可以怎么帮助他？根据爱因斯坦先生那句话的原理，如果在同一层次解决问题，就会陷入困境，所以，我们可以从更高的层次帮助他解决问题，只要你设定一个更高的框架，让他在更高层面的框架思考问题就可以了。

我们可以从不同层次进行设框：

“你需要提升什么能力，在经济不好的年份也可以把生意做好？”（*能力层次*）

“当你这样想的时候，对做好生意有帮助吗？如果没有，能否换一种想法呢？”（信念层次）

“什么样的人才能在经济不好的时候把生意做好？”（身份层次）

“你要做什么样的人？你想成为一个知难而退的人，还是一个勇于挑战的人？”（身份层次）

“为了你的家人，为了你的团队，在经济不好的情况下，你需要怎么做？”（灵性层次）

这样的答案还有很多，上面的例句仅仅是抛砖引玉，请聪明的读者朋友们继续发挥，写出更多精彩的设框问句。

很多人受苦，其实都是因为在环境、行为、能力这三个层次里面挣扎。如果我们能够让自己的层次拔高一些，去思考“我为什么这样做？我是谁？我究竟为了谁”的时候，你会发现许多问题其实并不存在。

也许你在下雨天坐过飞机。飞机起飞前，你从窗口望出去，乌云密布。可是当你的飞机穿越云层后，你会发现，云端之上，晴空万里。

向上的路从来不拥挤，如果你觉得拥挤，也许是因为你所在的层次太低。一个人往更高层级上升的过程，其实是一个心灵成长的过程，只有你的内心越来越富足，你才能站得更高，才能获得真正的自由。

庄子说过：“井蛙不可以语于海者，拘于虚也；夏虫不可以语于冰者，笃于时也；曲士不可以语于道者，束于教也。”意思是说，不要对井里的青蛙谈论关于海的事情，因为它的眼界受到狭小居处的限制；不要和生长在夏天的虫谈论冬天的冰，因为它的眼界受时令的制约；不要对见识浅陋的人谈论大道理，因为他的眼界受着所受教育的束缚。

一个人之所以受限，很大可能是他受到了内在思维框架的约束。只要打开他的框架，给他设定其他他原来从没去过的框架，让他站在新的框架里思考、生活，他就能拥有新的人生。

（5）强有力问题发生器：三维空间组合

我们这节讲了"理解层次"，再加上前面的"位置感知"和"时间线"，一共是三个维度，把它们结合在一起，就变成了一个立体的三维空间，里面一共有 54 个框架，如图 2-7 所示：

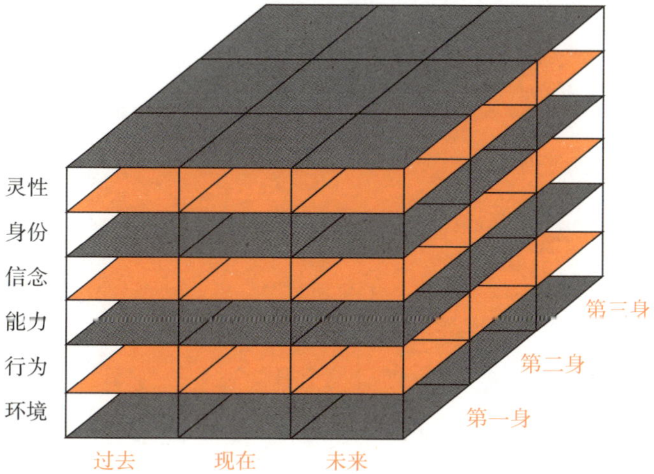

图 2-7

当你能够熟练地掌握三维设框技巧后，也许有一天，你会游刃有余地把它们组合起来使用。

第三章

换框和破框：如何跳出囚禁你的牢笼？

- 如果我们能够看见框架，我们就可以重新选择框架。
- 环境发生了变化，意义也会发生变化。
- 随着意义的改变，我们的感受和行动也会跟着改变，进而结果也会跟着改变。
- 一念天堂，一念地狱，一念之转，我们的整个人生就会变得不一样。
- 破除内在框架，意味着跨越式的成长，意味着更好的重生。

1. 环境换框：改变场景，改变价值

宋代著名诗人苏轼有一句诗，我们都很熟悉——“不识庐山真面目，只缘身在此山中”。鱼在水中，并不知道被水环绕，很多时候，人也一样，我们活在框架里，可是并不知道有框的存在。如果我们能够看见框架，我们就可以重新选择框架，这就是我们这一节要学习的方法：换框法。

我们先来看这样一个常见的家庭场景。父亲正在电脑前写方案，孩子在一旁大声读书，孩子的声音让父亲感到烦躁，在忍无可忍的情况下，父亲大声呵斥孩子，孩子感到很委屈，找妈妈申诉，妈妈一听火冒三丈，马上把老公臭骂一顿：“孩子读书多好啊，你为什么要骂孩子？”……于是一个温暖的家瞬间变成了战场。

究竟谁错了？单从每个行为来看，你会发现谁都没有错。比如，孩子读书，这是一个多好的行为啊，可是这个行为放在父亲正在写方案这个环境下，就有些不妥当了。

我们再看，一个人蹲下来绑鞋带有问题吗？好像没有。可是如果这个人在别人的瓜田里绑鞋带呢？难免会让人产生误会。

从中我们可以看出，行为没有意义，行为加上环境范畴才有意义，请看图 3-1：

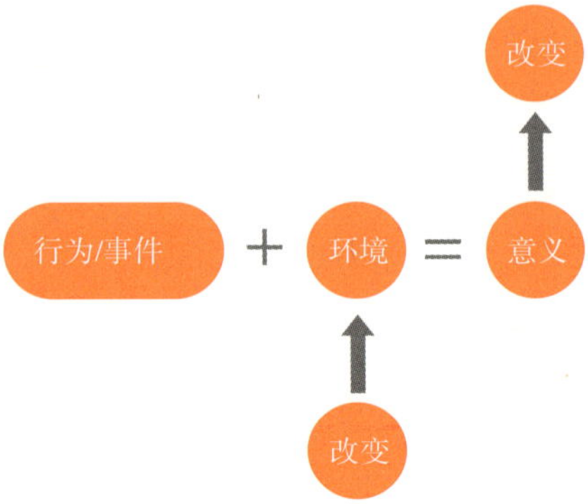

图 3-1

环境发生了变化，意义也会发生变化，这种通过改变环境范畴从而改变意义的方法，叫作环境换框。环境换框可以分为四种：重定环境、重定时间、重定立场、重定因果。

（1）重定环境

一瓶依云的330ml的纯净水，超市里卖6元左右，同样的水在五星级酒店能卖到20多元，在沙漠，对于饥渴难耐的人来说，这样的一瓶水是无价的，那么在法国的依云小镇呢？这样的水，任你装，白喝不用花钱。同样的水，价格为什么差别那么大？因为环境变了，它的价值也就变了。这就是重定环境。很多事重定环境后会发生神奇的转变。

一个胆小的人上了战场，肯定当逃兵，可在现实生活中，胆小的人在遇到危险时，更懂得保护自己，胆小就成了一种优势。

一个懒惰的人平时动都不想动一下，好多事都干不成。可如果让他去看大门，这种人就会格外受欢迎，因为他能牢牢地守在门口，不会乱跑。

一个盲人在日常生活中有很多不方便，可让他去冲洗胶卷的暗室工作，他反而能比正常人更好地适应环境。

很多人遇到挫折时，会怀疑自己的能力不行，其实很多时候，我们遭遇失败，不是能力不行，而是站错了位置而已。德国管理界有一句名言叫作“垃圾是放错位置的人才”，意思是我们每个人都能成为人才，只要我们找到适合我们的位置。

许多寺庙一进庙门，首先是弥勒佛笑脸迎客，而在他的北面，则是黑口黑脸的韦陀。相传在很久以前，他们并不在同一个庙里被供奉，而是分别掌管不同的庙。弥勒佛热情快乐，所以来拜谒他的人非常多，但他什么都不在乎，丢三落四，没有好好管理账务，寺庙虽然香火旺却依然入不敷出。而韦陀虽然管账是一把好手，但成天阴着个脸，太过严肃，搞得拜谒他的人越来越少，最后香火断绝。佛祖在查香火的时候发现了这个问题，就将他们俩放在了同一个庙里，由弥勒佛负责笑迎八方客，于是香火大旺，而韦陀铁面无私、锱铢必较，财务则让他负责、严格把关。这样一改变，两人都发挥出了自己的价值，寺庙香火鼎盛起来。

这就是重定环境的魅力，它能让我们更好地认识自己的价值，能让我们更有自信迎接未来的挑战。

当你明白了这个道理，下次遇到那些你无法接受的行为时，记得把行为和环境两者分开，换个环境，你很可能会十分欣赏对方的行为。比如，上面例子中的父亲，你无法接受孩子的吵闹，是因为你需要一个安静的环境。你可以对孩子说：“勤奋读书这个行为非常好，不过爸爸需要安静写个方案，你能不能到另一个房间读书？”或者你自己换个环境，问题将不复存在。

（2）重定时间

不知你是否还记得，你以前曾经遇到过一些很大的困难，在当时看来，这些困难好像根本无法解决，我相信有人甚至因此产生过轻生的念头。可是，站在现在的时间点回看当时的困难，你是不是觉得小菜一碟？同样，你今天的困难之所以是困难，是因为你是站在今天的立场来看的，如果你从未来的角度来看呢？我想同样是小菜一碟。

这就是重定时间的魅力。所谓重定时间，顾名思义，就是换一个时间的框架看问题。这个基本原理在“时间线”设框中已经跟大家分享过。

在一个人遇到困难时，我们可以转到未来的框架问他：

“10年之后，你会怎么看这件事呢？”

当一个人目标不坚定时，我们可以带他回到过去：

“你还记得你小时候的梦想吗？你今天的生活是你过去希望的样子吗？”

想到小时候的梦想，再看看当下渐行渐远的生活，我们就可以汲取更多能量和动力。

我经常跟我们导师团分享这样一句话：

你今天遇到的困难，都会成为你未来的案例，你以后准备在课程中如何跟你的学生分享今天的困难？

这里用到的就是“重定时间”，我引导大家把视线放在未来，从一个未来成功的自己的角度来看今天，这样可以帮助一个人超越今天的局限。

有一句话说：“过去是已经完成的现在，而未来是现在的延续。”审视过去，展望未来，如此，我们就能更好地过好现在。

（3）重定立场

所谓“重定立场”，就是换一个位置，让对方或自己在新的位置上重新感受和思考。这个在前面“位置感知法”设框中已经讲述过，我们再从换框的角度重温一下。

曾经看到过这样一个小笑话。

第一天，小白兔去河边钓鱼，一无所获。第二天，它又去钓鱼，还是一无所获。第三天它刚到河边，一条鱼从河里跳出来大叫：“小白兔，你再敢用胡萝卜当鱼饵忽悠我，我就拍死你。”小白兔为什么钓不到鱼？原来，它以为胡萝卜是世间美味，就想当然地认为鱼也会受胡萝卜的诱惑。它只是站在了自己的角度上考虑问题，而没有考虑别人的想法。我也曾犯过跟小白兔一样的错误。

四年前，一个澳大利亚的朋友知道我从没去过澳大利亚，就邀请我过去玩。8 月的时候，他邀请我去滑雪，12 月的时候，邀请我去游泳，当时，我的反应是，这个朋友真是傻里傻气的，怎么会给我发出这种反季节的邀请。后来，我去了才反应过来，澳大利亚位于南半球，北半球的夏天正好是那里的冬天，不是朋友傻，是我没意识到我们的立场是不同的。

“家务应该是男人做还是女人做？”面对这个问题，你的答案是“男人”，那你很大可能是女人，你的答案是“女人”，那你很大可能是男人。立场不同，答案也就不同。

明白了这一点，以后与人产生矛盾时，你不妨自己换个角度，站在对方的立场看看，或者邀请对方站在你的角度看看。

“如果你是我，你会如何处理这个问题？”

我经常会把这个游戏用到我的管理工作中，记得以前我有一位目光非常锐利的同事，其他同事都很怕他，因为他总是能够找到他人的漏洞，然后发起攻击，就算我是他的老板，也不可避免。后来我学乖了，每当他攻击我方案的漏洞时，我就会请他坐到我的位置上，问他：

“那你觉得如何调整才好呢？”

这样一换，他就不再是我的敌人了，立马成了我的军师。

（4）重定因果

生活中经常看到这样的新闻：老人走路时不小心摔倒了，老人身边的好心人第一时间过去扶起老人，不料，这个老人的第一反应是质问对方，并很肯定地说是对方把自己撞倒了。为什么会出现这种问题呢？是老人存心碰瓷，坏心眼吗？真相未必是这样的。

心理学研究发现，当一个人陷入痛苦的处境时，通常不愿意面对痛苦，这个时候，往往会从外面找到一个攻击的对象，把责任推给这个对象，这样自己就无须独自面对痛苦了，这种行为就是指责。很多老人冤枉好人其实就是这样一种心理使然。

推卸责任是一个人的天性，当然也有后天教育的“功劳”。

我们经常会看到这样一种场景。小孩子走路不小心跌倒了，痛得哇哇大哭时，身边的老人为了安慰孩子，这时就会去骂那块石头：“死石头、臭石头，你怎么这样坏？让我家宝宝跌倒了。”还一边骂，一边打那块石头，这时孩子就会破涕为笑。

这样教育出来的孩子永远都长不大，也许那些冤枉好人的老人就是当年这些孩子。

美国著名的家庭治疗师萨提亚有这样一个观点，她认为人有三次出生：第一次出生是精子与卵子结合，生命已经形成；第二次出生是身体从子宫里产出，这是传统意义上的出生；第三次出生是我们为自己的人生负起责任。前两次的出生，人还不能称之为人，只能够叫动物，直到第三次出生，当我们开始为自己的人生承担起责任的那一刻起，我们才真正地成为大写的人了。有些人一辈子都没能成为“人”，他们逃避责任，遵从动物本能，无法掌控自己的行为。

所谓“重定因果”，就是通过语言，把一个人重新放到责任者的位置，让他开始为自己的行为负责任，帮助他完成第三次出生。

我们来看看以下这些语言：

“经济不好，生意难做。”

“因为堵车，所以我迟到了。”

“因为可恶的小偷，所以我的手机被偷了。”

“因为客户难缠，所以我的项目失败了。”

这些话很熟悉对吗？说这些话的人，根据萨提亚的观点，都是没长大的孩子。为什么？因为他们都没有为自己的人生负责任。那怎么帮助他们长大呢？

我们认真地看一下这些语言，你会发现，在推卸责任时，都会有一个看起来无懈可击的因果关系，有因就有果，这个逻辑关系如此清晰，所以责任都不在自己，都可以推给别人。可事实上，“因”的前面还有一个前因。

经济不好，生意难做，前因是你能力不够；堵车迟到，前因是你出门的时间不够早，没有把堵车的时间算进去；小偷偷了你的手机，前因是你没有把手机收好，只是随手放到了口袋里，给了小偷可乘之机；客户难缠所以项目失败，前因是你的努力还不够，没能满足客户的需求，没能打动客户的心。“我是一切因的前因”，当我们这样看待事情的时候，就能够为自己的人生负起责任。

当我们能够意识到我们在因的前面还有一个前因，那我们就拿回了生命的主导权，这就叫作“重定因果”的换框。

以后有人跟你说“经济不好，生意不好做”时，你可以怎样重定因果？

你可以这样问他：“什么样的人在经济不好的时候，生意也做得很好呢？”又或者这样问，“你应该怎样做才能够在经济不好的情况下，让你的生意红火起来呢？”

一句话就能让对方把关注点转移到自己身上，让对方意识到外界环境是不可控的。而自己是可以控制的，如此，事情不再是绝路，而是出现了很多转机。

同样，前面举例中的那几种情况，我们可以这样应对：

“在堵车的情况下，你可以怎样避免迟到？”

“在不安全的环境中，如何才能保护好你的手机？”

“你需要提升什么能力，才可以应对那些不好打交道的顾客？”

这些例句都有一个要点，就是把当事人放到因的前因位置，让他为自己的人生负起责任，从而完成第三次出生，成为一个大写的人。

正所谓世人重果，菩萨重因。“重果”是一种受害者的模式，而“重因”才是回到主导。重定因果，就能让一个人重新回到一个自我主导的位置。

这就是环境换框，它能帮助我们从“当局者迷”中走出来，从多个维度重新审视事件的价值。

2. 意义换框：如何改变人的感受和行动

（1）重定意义：改写人生

我上过一个即兴表演培训班，上课过程中做过一个很有趣的游戏，游戏规则是，不管你的对手说什么，你只能说 yes，不能说 no，但是你可以在 yes 之后补充一句话，让事情变得合理。

我们来模拟一下。

对方说："你就像一坨大便。"我会回答："yes，我就像大便那样在滋养万物。"

对方又说："你就像一条狗。"我会回答："yes，我像狗那样对人忠诚。"

对方说："你就是一只蟑螂。"我会回答："yes，我像蟑螂一样拥有顽强的生命力，在任何地方都能够生存。"

对方又说："你就是一个贼。"我会回答："yes，我像贼一样偷走了世间的智慧。"

在这样的对话中，你发现了什么没有？

同一个事物，一定有很多种不同的意义。当别人用恶毒的语言咒骂我们时，我们可以把它转换为另外一种意义，这时，对方语言的攻击性就烟消云散了。

上一节我们讲了环境换框，它可以避免“当局者迷”，上面这个游戏用到的是另一个换框技巧——意义换框。**所谓的意义换框就是重新定义一件事情的意义，随着意义的改变，我们的感受和行动也会跟着改变，进而结果也会跟着改变。**意义换框能帮助我们感悟人生智慧。

莎士比亚有一句名言：世事本无好坏，皆因思想使然。

你怎么看下雨这件事？我相信，肯定有人会说：“下雨的时候，我的心情总会很郁闷。”还有人会说：“下雨的时候，我的心情总会很欣喜。”同样是下雨天，为什么会有两极分化的感受呢？

美国心理学家艾利斯提出的“ABC 理论”认为，不同的人对于同一事件会有不同的情绪和行为反应。并非事件本身引起了这种反应，而是人对这个事件的不同看法导致了不同的反应，看法在这个理论中被称为“信念”。

A（activating event）是指诱发性事件；B(belief) 是指个体在遇到诱发性事件后产生的信念，即他对这一事件的看法、解释和评价，也就是本节所说的意义；C（consequence）是指特定情境下个体的情绪及行为的后果。

很多人认为，是事件引发了一个人的情绪和行为，但是 ABC 理论认为，**事件只是激发了我们的信念系统，让它发挥作用，由于人对各种事件的看法不同，才会出现各种不同的情绪和行为。**也就是说，你赋予一件事情的意义，会影响你对这件事情的感受和行动。这个理论也可以解释，为什么面对同样一件事情，有些人表现出一种行为，另一些人表现出另一种行为。真正起作用的就是 B，你的信念。

信念是思想里最关键的元素，它决定了一个人的行动方向，不同的行动会导致完全不同的结果，如此，信念也间接决定了一个人活着的状态，如图 3-2 所示。

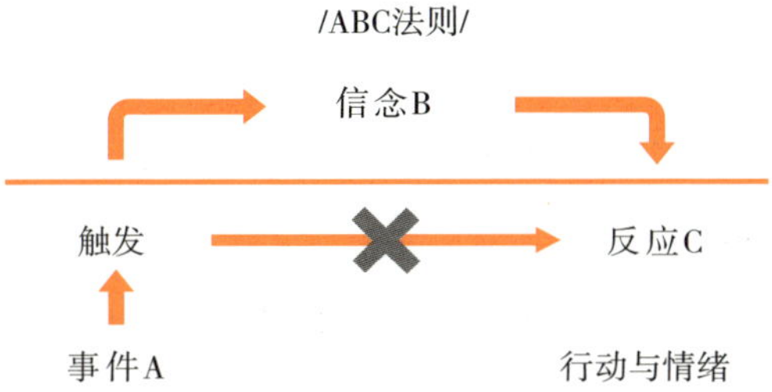

图 3-2

正所谓一念天堂，一念地狱，一念之转，我们的整个人生就会变得不一样。

苏格拉底是古希腊著名的思想家、哲学家，前面我们讲了他辩论的故事，跟在辩论时针锋相对的形象不同，在家里的苏格拉底完全是另一种面目。他本身相貌非常丑陋，却娶了一个漂亮泼辣的女人。有一天，苏格拉底在客厅里跟一帮朋友高谈阔论，聊着聊着忘了时间，忘了完成老婆交代他的一件事，这时，他老婆气呼呼地走了过来，把苏格拉底叱骂了一番，然后当着所有朋友的面，端起一盘脏水，淋了苏格拉底一身。在场的学生们都以为苏格拉底会暴跳如雷，可出乎意料的是，苏格拉底只是拍了拍浑身湿透的衣服，然后风趣地说：“我知道，打雷以后，必定会下大雨的。”有人大胆地问苏格拉底：“为什么要娶这样一个老婆？”苏格拉底回答：“擅长马术的人总要挑烈马骑，骑惯了烈马，驾驭其他的马就不在话下。我如果能忍受得了这样的女人，恐怕天下就再也没有难相处的人了。”现在知道为什么苏格拉底会成为哲学家了吧？因为他能自如地换框看待任何问题，在他眼里，家里有一个脾气暴躁的老婆成了一种最好的修炼。无论身处何种境地，换一种想法看世界，世界就会变得更美好。

面对别人的批评和指责，你会是什么反应呢？生气？那你的人生不就被别人控制了吗？就好像你生命的遥控器被别人拿在手上，只要有人按了某一个按钮，你就生起气来。这样的人生是主动的还是被动的？

要想真正掌握自己的人生，就要学会意义换框。

如果身材样貌是影响我们生命的硬件的话，那信念就是影响我们生命的软件。一个人每天都会碰到各种各样的信息，这个信息进入我们的大脑，经过我们大脑里信念的运算，会输出一个行动，这个行动会产生一个结果，结果的累积就构成了我们的人生。因此，**我们的人生不是由外在的事情决定的，而是由我们的信念决定的，至少大多数是由信念决定。**而意义换框就是改变我们的信念，让我们的信念不断地更新，我们的人生进而会越来越好（见图 3-3）。

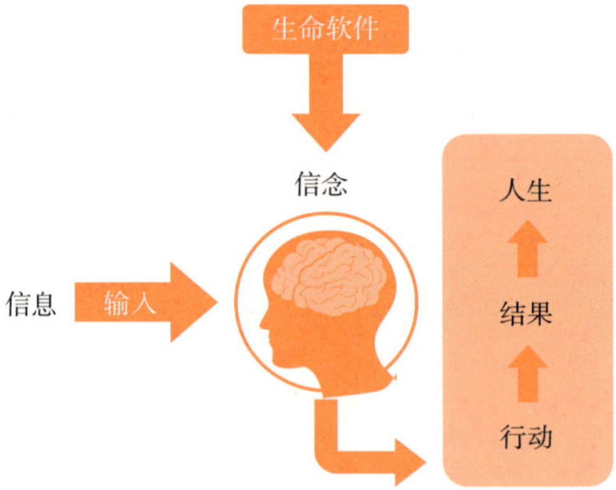

图 3-3

读到这里，也许有人会说了，你费了这么多笔墨，意义换框不就是阿Q精神吗？鲁迅老先生一百年前就说明白了。

我们来看看这两者的区别。

什么是阿Q精神？阿Q精神是一种自我安慰的精神，是使用精神胜利法进行自我安慰，或者即刻忘却。在鲁迅先生笔下，阿Q最擅长的就是在假想中克敌制胜，比如有一次，阿Q在与人打架时吃了亏，他心里想："我总算被儿子打了，现在世界真不像样……"分明挨了打，他却想"这是儿子打老子"。所以，阿Q精神其实就是一种酸葡萄式的自我安慰，是失败者的借口，是逃避者的麻醉剂。

意义换框跟阿Q精神是有着明显不同的，我的导师张国维博士为意义换框总结了一个名为"LOVER"的原则，LOVER原则由五个英文单词首字母组成：

- Learning：学习，不管发生什么事情，是成功还是挫败，只要我们抱着学习的心态，你一定能从中学到什么，当你保持学习，能力自然会越来越高。
- Outcomes：效果，张国维博士说过，一艘没有目标的船，海上吹什么风都不是顺风，只要你知道你要的效果，设定你人生的方向，不管吹什么风，你自然会调整你的风帆，让四面来风为你助力。
- Value：价值，任何物品都有其价值，一切行为背后必有其正面动机，事情的发生总有它有价值的一面，一块石头是绊脚石还是垫脚石，全看你把它放在什么位置和如何使用它。意之所在，能量随来，只要你心中有价值，你一定能从外在发现万物万事的价值。

- Ecology：整体平衡，任何事情必须是在你好、我好、大家好的整体平衡状态下才能够长远发展，只要有一方的利益没有顾及，一定会招致某些力量的对抗、攻击或破坏，因为大自然会有一股无形的力量让事情回归平衡状态。
- Responsibility：责任，人们总是习惯于把责任推给他人或环境，一辈子活在被动的状态中。只有主动为自己的人生负起责任，人才能走向成熟。当一个人开始为自己负起责任，他就拿回了人生的主导权，生活自然会越来越好。

阿Q自我安慰后，睡了个好觉，除此之外，他的人生没有进步，下次遇到同样的情况，还是会挨揍，他仍旧处于受害者的位置，他仍旧无法为自己的人生负责。

意义换框则完全不一样，我们无法改变事件本身，但我们可以改变对这件事的看法，从而采取更积极主动的态度，从中学习，找寻事件中对自己有利的价值，负起责任，在整体平衡的前提下，让一切转化为实现目标的资源。

意义换框法就像是风帆航海年代的船长，一旦确定了目标，不管海上风向如何转变，他都能够调整风帆，让东西南北风都成为其到达目的地的动力。

（2）重定身份：从自信到自尊，让坏习惯连根拔起

在过去的23年，我之所以能够坚持传播心理学，是因为我在课堂上见证了太多太多生命的改变，这些活生生的案例给了我

无限的动力，让我的生命同样得到滋养。

记得有一年我在新疆讲公益课，那是一个容纳了两三百人的课堂。我在台上讲课的时候，有很多义工戴着绶带站在门口服务。有一个十七八岁的小女孩引起了我的好奇，明明是读书的年龄，怎么会来这里做义工？

下课休息的时候，我就跟她聊天，问她其中缘由。小姑娘说：“我在英国读大学，现在放暑假回来了。我是慕名而来的。您可以说是我的救命恩人。”我一听吓了一跳，我说：“我们都不认识，怎么能说我是救命恩人？”

小姑娘说：“我是一个单亲家庭的孩子，妈妈跟爸爸离婚了，我跟妈妈生活。妈妈对我非常严厉，她在家里准备了一根棍子专门对付我，我经常离家出走，曾经有三年没跟妈妈说话。后来，妈妈去广州上了你们的课，回来之后就把家里那根棍子扔了，对我的态度发生了很大改变，我们的关系亲近了很多。如果妈妈不改变，我也不知道我是否能活到今天，所以，在我心里，您就是我的救命恩人。这次听说您来了，我特地来看看您究竟用什么改变了我妈妈。”

这个故事让我很感动，因为我的工作不仅仅改变了我的学生，而且还改变了他们的孩子。千万不要以为我有什么超能力，也不要以为我功力深厚，之所以能够做到这点，是因为我学会了语言的某些技巧。这些技巧我能学会，你也同样可以学会，如果你愿意按照这本书的方法去练习，我相信，你也会跟我一样，成为一位助人工作者。

我用什么语言技巧改变了这位妈妈呢？那就是下面要跟大家分享的内容：重定身份。

从上面的故事中大家可以感受到，父母的一言一行都在影响着孩子的命运。我们先从一些简单的例子说起。日常生活中，不少父母会这样跟孩子说：“宝贝，好好读书，将来找份好工作。”这句话有问题吗？听起来好像没什么问题，对吗？

但是，如果换一种说法呢？“宝贝，好好读书，将来会有很多人靠你吃饭的。”

这两种说法有什么不一样？我想聪明的读者已经发现其中的秘密了：身份的定位完全不同。前者假设了自己的孩子是一名打工仔，而后者则暗示孩子未来是一位领导人、企业家。

“王侯将相，宁有种乎？”陈胜吴广起义的时候，喊出的这个口号之所以流传千古、振聋发聩，是因为它引发了平民共鸣：我们的身份与命运，是由天定的吗？追问的多了，越来越多的人就会意识到“我命由我不由天”。

我命一开始就由我吗？一个绕不开的事实是，你是一个什么样的人，或者你将来会成为一个怎样的人，一开始是由你的父母潜移默化来决定的。也就是说，你对身份的概念，最早来自父母。如果父母在教育过程中不注意，就会从小给孩子灌输一个不良的身份定位。

“我是谁？”这是一个哲学问题，也是对身份认知的问题。这个问题的答案，直接决定了你会拥有怎样的人生。为什么这样说呢？

我们先来看看社会上那些大成就者有什么特质。他们并不是一生好运，他们的人生同样会遇到各种各样的挫折，他们跟失败者最大的不同是，他们遭遇挫折时，会勇于面对，他们自信而有力量地战胜了一次又一次的困难，最终站上了人生一个又一个高峰。

而失败者呢？不用说人生有重大的挫折了，别人简单的一两句话，就足以把他送进深渊，他们仿佛有着一颗玻璃做的心，脆弱、易碎，经不起一丝波澜。

用一个心理学的名词来诠释这两者的不同，那就是“抗挫折能力”。什么叫抗挫折能力？我们先来了解两个心理学名词：“自信”与“自尊”。

自信，是一种通俗的说法，心理学上的精确表述是**“自信心”，指的是个体对自身成功应对特定情景的能力的评估。**从这个定义中我们可以看到，大多数人对“自信”的理解都是偏颇的，因为我们经常忽略“特定情境”这一具体范畴。

在课程中经常有学员问我：“我不够自信怎么办？”

遇到这种情况，我会反问他：“你真的不够自信吗？”

学员：“我真的不自信！”

我：“你好像对你不自信这件事很自信啊？”

这时候，学员会一脸茫然，愣在当场，我继续问他：“你吃饭的时候自信吗？”

学员：“这个当然自信。”

我：“你走路的时候自信吗？”

学员：“自信。”

我：“那你又说你不自信？你的意思是做某些事情的时候不自信，对吧？那么，你具体做什么事情不自信？”

学员：“对，比如，我上台演讲的时候就很不自信。”

……

从上面的对话中我想大家已经明白了，自信是有“特定情景”的，跟一个人完成某件事情的能力有关，如果你具备了这种能力，你就有信心完成这件事情。当你缺乏某种能力时，你就没有信心。人并不是什么都会的，所以，当一个人对做某件事情没有自信时，是可以理解的，并且是正常的。所以，千万不要再去苛求别人自信了，特别是对自己的孩子，要允许孩子有不自信的时候。

也许你会说，有些人做任何事情都前怕狼后怕虎，畏首畏尾、退缩、懦弱，这样的人不就是缺乏自信的人吗？对，人们通常都会这样理解，但正确的表述是，这样的人是低自尊。

什么叫自尊？**自尊，即自我尊重，是个体对其社会角色进行自我评价的结果，即自我价值感，它是对自己综合价值的肯定。**

能分辨出来吗？自信是在特定情景下自己对完成某件事的信心；而自尊则是对自己整个人的综合价值的主观评价，也就是对自己这个人的信心。你可以对完成某件事情没信心，因为你暂时还没有具备完成这件事情的能力。但你不能对你这个人没信心，因为人是活的，是变化的，今天你不会，只要你愿意学习，你明天也许就会了。当一个人不会因为某件事情而影响对自己的评价时，我们把这样的人称为高自尊的人。

自尊源自自我价值，自我价值是一个人对自己价值的主观评价。理论很抽象对吧？我的天赋是善于把一些抽象的、复杂的东西简单化、实用化。为了让大家更直观地理解“自我价值”的含义，借用我在《升级生命软件》课程里用过的一个演示，大家很容易就能明白这个抽象的概念。

课堂上，我问其中一位学员：“你的手机，你知道它的价值吗？”

学员：“知道，当时买的时候花了5000多元。”

我：“不光是钱的问题了，你知道这个手机能给你带来很多的便利吗？”

学员：“对。可以打电话，视频沟通，发微信，拍照还有学习。”

我：“我们想象一下，假设在亚马孙丛林还有最后一个野人，他一直生活在丛林里面，不知道手机的存在，当他看到你整天拿着手机时，他可能会笑话你，‘你为什么整天拿这个破玩意儿？这多蠢啊？’你会跟他计较吗？你的心情会受到影响吗？”

学员：“不会。”

我：“为什么？”

学员：“因为他跟我不是同一个世界的人，他根本不懂手机的价值。”

我：“所以，你只会带着怜悯心看他。心里在想着，‘这么好的东西你都不懂，好可怜！’为什么你这么淡定呢？因为你对自己手机的价值有200%的信心和把握。”

学员：“对。”

我：“现在假设你是一个古董爱好者，你花了80万元从古董商那里买了一串手链，据说是清朝慈禧太后戴过的，价值3000万元。你虽然花了80万元买到，但心里始终有点忐忑，为什么？因为你不知道它的真假，你心里没底。当你把它拿给一位鉴宝专家，他拿着手链左看右看的时候，你的心情会怎么样？”

学员：“很复杂。”

我：“因为你没底，所以很在乎专家说的话。如果专家说是真品，你仿佛上了天堂；如果他说是假货，你又瞬间下了地狱。

别人一句话可以让你上天堂，或者让你下地狱，是因为你对这件古董的价值没底。如果你对这件古董的价值十分确定，你还会在意专家说的话吗？”

学员：“不会。”

我：“同样的道理，如果你对自己的价值不确定，你就会在乎他人的评价；相反，如果你对自己的价值非常确定，有人说你不够优秀时，你会心里暗笑，你这个亚马孙丛林的野人，哪里懂得我的价值？”

我用这个演示是想告诉大家，物品的价值如此，人的价值也是一样的，如果你对自己的价值有一个十分确定的认知，你清楚地知道自己的价值，你就不会在乎别人对你的评价，你的喜怒哀乐就不会受控于人，你人生的主导权就会牢牢地掌握在自己手上，这样的人我们认为有较高的自我价值。相反，有较低的自我价值的人很容易受到别人评价的影响，他们的情绪完全受控于外人或外在的环境，别人小小的一句话、一个举动，就会刺激到他，并让他感到自己受到了莫大的伤害，他们之所以会这样，是因为他们就像那件价值不确定的古董一样，对自己的价值完全没底，心中没数，因此只能靠外界的评价或自己所做事情的价值来获得自我价值的认知，他们把自己价值的决定权拱手让给了别人，在这样做的同时，他们也就把人生的遥控器交到了别人手上，允许他人来掌控自己的人生。

既然自我价值对我们的人生有如此大的影响，那么我们该如何提升自我价值呢？要回答这个问题，我们首先来看看自我价值是从何而来的。

自我价值的建立通常取决于小时候父母的教育方式以及周围的成长环境，包括学校的教育和社会的文化影响等综合因素。我们从自我价值的定义中可知，自我价值是一个人对自己价值的主观评判。一个小孩刚来到这个世界，他对自己价值的评价只能来自他身边的重要他人，而父母是所有重要他人中占有最重要位置的人物，所以父母的教育方式直接影响着孩子的自我价值，通常以下三个方面对孩子的自我价值影响较大：

第一，父母的爱与接纳是否是无条件的。一个孩子在成长的过程中，能从父母那感受到“无论我怎样表现，他们都爱我”，这个孩子的内心就会形成“我是有价值的、我是值得被爱的”这样的信念，这是自我价值形成的基石。

第二，在情绪上是否得到足够关注。小孩子在还没学会言语表达之前，是用情绪来表达的，当一个孩子的情绪没得到充分的关注，他就会认为“我不够好，我是不值得别人关注的，我是没有价值的”。

第三，父母是否习惯于用孩子所做的事情来衡量孩子的价值。绝大多数没学过心理学的父母都会犯这个错误，就是当孩子有好的表现时，就会给予肯定、表扬或者物质上的奖励，而当孩子遇到挫折，或做某件事情失败后，父母就对孩子进行全盘否定，这样孩子的潜意识就会收到这样的信息，“我的价值取决于我所做的事，当我暂时不能做成某些有价值的事情时，我就毫无价值”。

原理讲到这里，我们回到前面的那个故事，为什么那位妈妈上完一个课程回去之后就改变了对女儿的教育方式？因为她明白了，孩子的叛逆，根本原因在于孩子的低自尊。由于低自尊，所以总想证明自己，于是总喜欢跟母亲作对。为了管教孩子，母亲采取了强硬的方法，为了让孩子听话，甚至不惜使用武力。这样的结果，只会更加摧毁孩子的自尊，于是孩子变本加厉，离家出走……陷入了一个常见的死循环。

上完课的母亲开始明白，孩子的低自尊是自己以及自己与前夫的关系造成的。因为婚姻的破裂，她心情不好，总拿孩子出气，没想到这样的结果深深伤害了孩子的自尊。当她明白了这点，回去之后重定身份，也就是重新建立孩子对自己的评价，孩子原来那些坏毛病就连根拔起了，因为孩子不再需要通过叛逆来证明自己的价值了。

（3）重定身份：提升自我价值

前面我们讲了，一个人能否对自己的价值有十分确定的认知，决定了他能否将人生的主导权牢牢地掌握在自己手上，那具体可以怎么做呢？如何才能重定身份，重新帮助一个人建立自尊？

自我价值基本上来自成长过程中的重要他人，是一种主观的感觉。当我们明白了这一点，那么提升自我价值就有路可走了。作为孩子重要他人的父母，需要经常对孩子说以下五句话，重塑孩子的自我价值，重定身份。

第一句话：“我注意你了。”

人总喜欢被别人注意，因为当一个人被注意的时候，他才有存在感。人们为什么喜欢发朋友圈？发朋友圈被很多人点赞，你是不是很开心？为什么？因为你被注意了。当一个人发觉自己被关注了，就会感觉到自己是有价值的。

当然，我们不能直接对别人说：“我注意你了。”这样会显得很怪异。我们可以换一种说法，比如：

“从朋友圈中看到你去欧洲旅游了，真羡慕你啊，可以周游世界！”

“哇，你今天发型很漂亮！”

“哇，你换了新衣服！”

“你最近进步不少哦！”

为什么人人都喜欢听这种话？因为他被看到了！

第二句话：“你是有价值的。”

每一个人都需要被别人肯定，当一个人感觉有价值的时候，他就会觉得活得很有意义，孩子尤其如此。当孩子做了一些好的行为能够得到重要亲人的及时肯定的时候，他会觉得自己很有价值。相反，如果做了好事跟没做一样，完全被忽略了，这样的结果会让人毫无价值感。

第三句话：“你是独一无二的。”

我们要让孩子明白，你虽然不是完美的，但至少是这个世界上独一无二的。全世界 70 多亿人中只有一个你，所以要懂得欣赏自己的优点。你有你的特质，你有你独特的地方，尽管你不是聪明过人，也不是颜值惊人，但你始终是世界的唯一。

第四句话：“你是有贡献的。”

很多现代家庭把孩子当成掌上明珠，什么都不用孩子做，这样的结果是慢慢地把孩子养成了废物。而一些聪明的父母会让孩子从小为家里做些力所能及的事情，并及时地赞美孩子的贡献，这样成长的孩子，他从小就知道付出，这对形成孩子的价值感非常重要。

第五句话：“你是属于这里的，我们这里需要你。”

一个飞机少了一个零件，是飞不起来的，是会有危险的。在一个组织里面，不管是扫地的阿姨，还是运营全盘的 CEO，他们在公司里面、组织里面都发挥着独有的价值。同样道理，让家庭里的每一个成员都对家庭有归属感，这个很重要。父母对孩子最大的伤害是，让孩子觉得他在这个家是多余的。这一点在一些重男轻女的家庭中长大的女孩子身上最明显，这些女孩子从小都不被重视，长大之后往往都有一段很长的自我疗愈的路要走。

经常对孩子说这五句话，一定能够提升他的自尊。而如果你想培养一个有自我价值感、有自尊的孩子，我建议你把这五句话打印出来，挂在你家墙上，变成一个家庭装饰品。

当然，一个人永远都给不了别人自己没有的东西，如果父母本身也是低自我价值的人，很难培养出一个高自我价值的孩子。那如果从这部分的内容里你觉察到自己就是一个低自我价值的人，怎么办？

最好的办法当然是找一位专业的心理咨询师疗愈自己。我经常呼吁大家，心理有病跟身体有病是一样的，并不丢人，只要你愿意找专业人士，就像你身体生病了找医生一样，你很快就会恢复到健康的状态。

在你去找心理咨询师之前，可以跟我做一个小练习：

找一个舒服的位置坐好，轻轻地闭上你的眼睛，背部靠着椅背，双脚放到地板上，双手放到大腿上，深深地吸一口气，缓缓地吐出来。再深深地吸一口气，缓缓地吐出来……

在这个过程中，大脑把注意力放到你的童年，想想小时候，父母是怎么评价你的。他们说过一些什么话，也许曾经伤害过你，或是你运气比较好，能得到很多的鼓励和爱。不管是什么，请重温一下，然后深深吸一口气，把从父母那里得到的好的评价吸进身体，把父母的差评随着呼气呼出体外，默默地在心里跟父母说一声："爸爸妈妈，我知道你们对我的评价低，仅仅是因为你们对我有更高的期待而已。"

是的，没有父母不希望自己的孩子卓越，父母为什么会给孩子一个差评？是因为在父母心目中，你还可以变得更好。知道这一点很重要，因为当你明白了这一点，你就知道了，你并不是不够好，而是还可以变得更好。

接下去，你要做的是，把当年父母对你的差评默默还给他们，在心里再说一句话："爸爸妈妈，我不是你们说的那个样子，我收到你们对我的期待了，我要重新评价我自己。"

然后，用你的手抱抱你的肩膀，仿佛抱着一个孩子，重新做自己的父母，默默跟这个孩子说："宝贝，虽然你还不是完美的，但是在我心中，你是独特的，我喜欢你，我知道你会越来越好，我爱你。"

很多父母没学过心理学，他们不懂，所以他们的语言有意无意中会伤害到孩子，虽然那不是他们真正的意思。我们今天已经是成年人了，当年父母做不到的，我们可以自己来完成，我们可以给自己一份肯定、一份认可、一份欣赏、一份鼓励。如果连自己都不愿意肯定自己，你还能指望这个世界谁可以肯定你呢？从现在开始，请做一个决定，好好重新评价你自己。

最后，请记住：我们的自尊，就是我们对自己的价值评价。而所有的评价都是主观的，没有一个统一的标准，你认为自己值十分，你就是十分，你认为自己零分，你就是零分，你的信念决定你的世界。爱自己，现在就给自己一个重新评价的机会，给自己一个好评！而如果你想改变一个人，最好的方法就是，通过你的语言，重新改变他的自我评价。

3. 破框：
人在框内，叫囚；人在框外，就是自由

前面我们讲了什么是框架，怎么设框，怎么换框，这一节内容，我们要讲破框。

为什么要破框？因为人生有很多的困局，都源自我们被某种框架困住了。

为什么我的钱总是不够花？！这是很多人共同的困惑，网络上有一个段子：高中是钱够花，觉不够睡。大学是觉够睡，钱不够花。现在上班了，钱不够花，觉也不够睡。为什么累死累活，钱还是不够花？

钱不够花时，人们会自然而然地做出一个决定：省钱，不敢花钱买书，不舍得花钱报课，连中午跟朋友一起吃饭也不舍得，自己找个借口躲在房间里吃泡面。这样的人会有进步吗？没有进步能够赚到更多的钱吗？自然是不能，于是，越省钱就越没钱，越没钱就越省钱，人生陷入一个死循环（如图 3-4）。

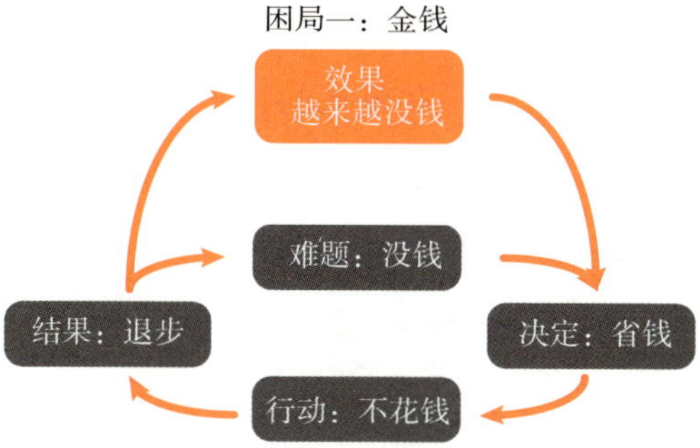

图 3-4

钱的困局让很多人痛苦不堪。夫妻关系困局，又是什么滋味呢？

当夫妻有矛盾的时候，我们总想去改变对方。我们想改变对方，就会对对方提要求，我们越是对对方提要求，对方越要反抗，结果矛盾没能解决，反而被强化了。“为什么对方就是不肯改变呢？”在这样的思想下，很多婚姻关系陷入了困局（如图 3-5）。

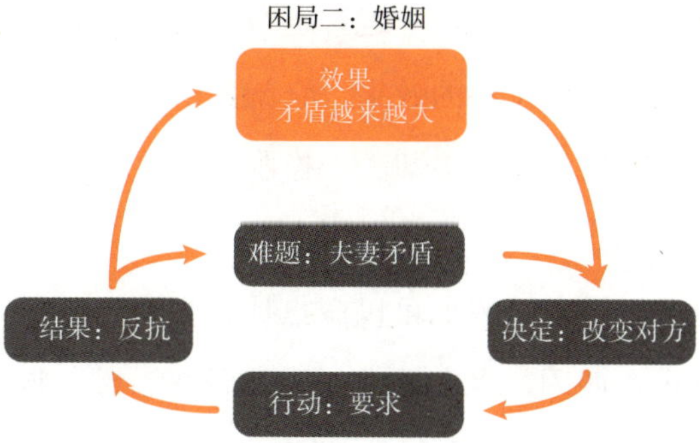

图 3-5

除了夫妻关系外，在孩子教育问题上，很多在外面叱咤风云的人物也遭遇了滑铁卢。当孩子身上出现一些偏差行为，比如打游戏、不做作业、拖拉、懒惰、打架、网恋等，很多父母想改变孩子，会下意识地采取控制手段，比如不给零花钱、语言上唠叨不停甚至动手打孩子。可控制带来的结果是什么呢？哪里有压迫哪里就有反抗，控制只会引发孩子的对抗，他们会愈加强化自己的偏差行为，到最后，越控制问题越大，亲子关系也就陷入了困局中（如图 3-6）。

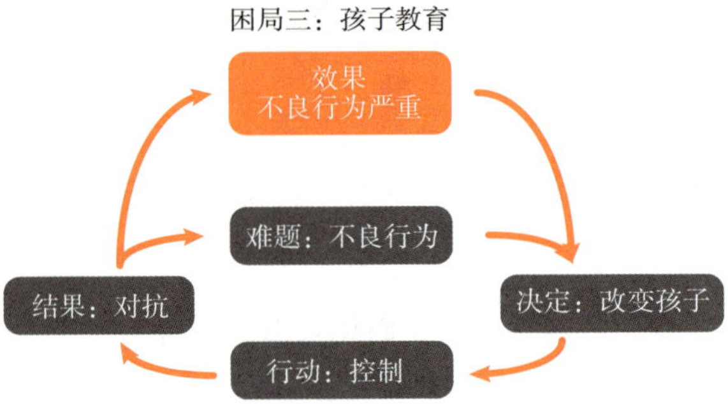

图 3-6

几乎所有中年人都会遇到这三大困局：钱越省越少、对另一半越是提要求矛盾越大、孩子越管越叛逆。身处困局中，我们越是努力，越是得不到想要的效果，它就像一个旋涡，把人吸在里面不停地旋转，人身处其中却无力挣脱，显得特别渺小、无力又无助。

面对这种种困局，我们可以做点什么呢？

人在框内，叫囚，身在框中，四处碰壁，人会非常痛苦（如图 3-7）；人在框外，就是自由，跳出框外，世界无限大，人就会快乐起来（如图 3-8）。破框的前提是我们能够看得见这个框架。前面我们讲了所有的框架都是一个信念、一个想法，因此，**所谓的破框，就是改变固有的信念，如此，我们就能从牢笼中走出来。**

图 3–7

图 3–8

泰戈尔说:“信念是鸟,它在黎明仍然黑暗之际,感觉到了光明,唱出了歌。”“一念天堂,一念地狱。”很多时候我们只需要以一种正确的信念看问题,一念之转,无须努力,效果就会很惊人。

下面我们就来看看一念之转的威力。

困局一,因为没钱,所以要省钱,这里有一个隐藏的信念:钱是省来的(如图 3-9 所示)。当我们有这个想法的时候,我们就会拼命省钱,想要破框,就要去挑战这个隐藏的信念。

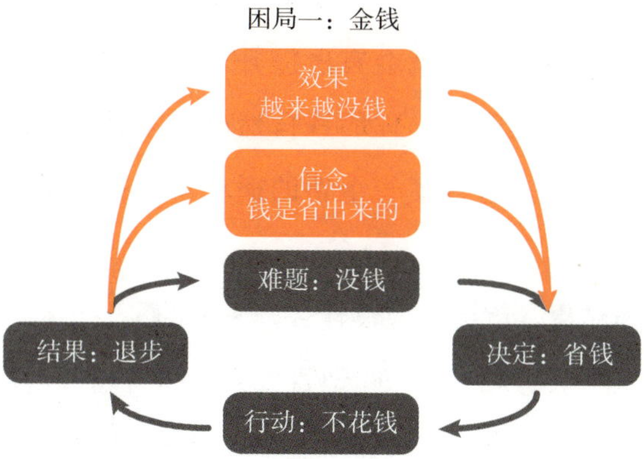

图 3–9

钱真的是省出来的吗？

有人买一双品牌鞋花了500元，穿了5年。另外一个人花了100元买了一双地摊鞋，看似是省钱了，可是他的鞋子穿了不到半年就坏了，又要去买一双新鞋。他这笔支出是多了还是少了？

有人想方设法省钱，除了必要的衣食住行花销外，一分钱也不肯多花。有人在满足日常衣食住行花销外，还每个月拿出一笔钱买书、买线上线下的课程，通过学习，个人能力越来越强。10年之后，这两个人谁会更有钱？

有人对漂亮的衣服、高端的消费敬而远之，每天宅在家里不出门，能不花钱就不花钱。有人会穿上一件高档衣服，办一个俱乐部的卡，去一些高档场所结交朋友、交流信息。10年后，这两个人谁更有钱？

为了省钱，放弃了进步的机会，我们就会越来越没钱，越没钱就越要省钱，越不肯花钱就越赚不到钱。很多人陷在这样的恶性循环里，把日子过得越来越差。正确的做法是怎样的呢？

金融大鳄乔治·索罗斯说："赚钱，一个乞丐就可以做到；用钱，十个哲学家都难以做好。"因此，赚钱的关键点不在于如何省钱，而在于如何花钱。如果你能把有限的钱花在提升自己上面，这样你的能力就会有所提升，当你的能力提升了，你的赚钱能力也就提升了，你的钱自然会越来越多。这样你就打破了原有的困局，进入了一个新的循环，原来的框架就被你破掉了。

省钱的结果，就会变成没什么好失去的了。**钱根本不是省来的，而是靠能力挣来的。**一味地省钱只会越省越穷，把钱投在自己身上，把自身变成一个转化器，经过对知识的发酵，我们就能越来越有能力，就能创造出无限的可能（如图 3-10 所示）。

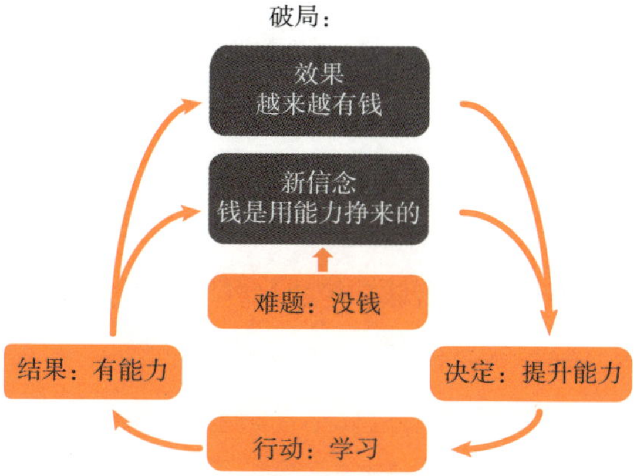

图 3-10

困局二，所有婚姻出现问题的家庭，都有一个隐藏的信念：婚姻出错的所有责任都是对方的。有一句话是这样说的：成功的事业易得，而幸福的婚姻难求。为什么？因为在很多人的观念里，事业的成功是自己的功劳，而婚姻的失败都是对方的责任（如图 3-11 所示）。

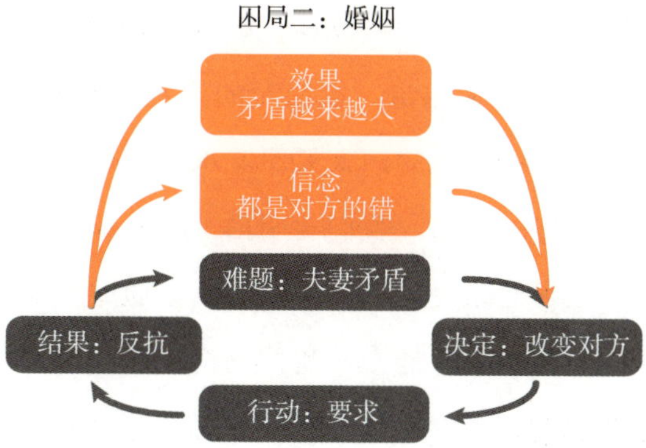

图 3-11

真的都是对方的责任吗？

格式塔心理学又叫完形心理学，是西方现代心理学的主要学派之一，这个学派曾经用一首小诗来描述婚姻：

让我们坠入爱河吧！

不过。

你先来。

在婚姻关系里，我们总在等待另外一个人先来，到最后，谁也没有挪步，关系就僵住了。

小时候我们都看过《两只小羊过独木桥》的寓言故事。小白羊从西往东走，小黑羊从东往西走，两只小羊在独木桥上遇到了，小白羊说："我先上来的，你退回去让我先过。"小黑羊说："是我先上来的，你该退回去。"两只小羊互不相让，最后双双掉进了河里。这个故事我们最熟悉不过，但仍深陷跟两只小羊同样的困局中，如何才能破局呢？

婚姻困局中谁先退第一步？我们要转变信念，不是谁先退，就说明谁输了，而是谁先退，说明谁的水平高，谁有拯救婚姻的方法，谁就先行动起来。甚至对方有错在先，我们也是有方法的，首先，我们要把对方摆在对的位置。前面我们讲过，你把对方摆在错的位置，他会越来越错，摆在对的位置，他才能变得更好。没有人愿意承认自己是错的，人只愿意承认自己是对的，进而他才有可能做得更好。另外，我们要明白，改变夫妻关系是从改变自己开始的。当我们改变自己时，我们就会通过行动来不断提升自己的能力；当我们有了能力，我们的沟通就会越来越好；当我们的沟通越来越好，夫妻间就会越来越恩爱，我们就更加强化了这个信念：**我是有方法的。**如此，我们就更愿意去改变自己。于是，在改变自己的过程中，我们的人生就会越来越好（如图 3-12 所示）。

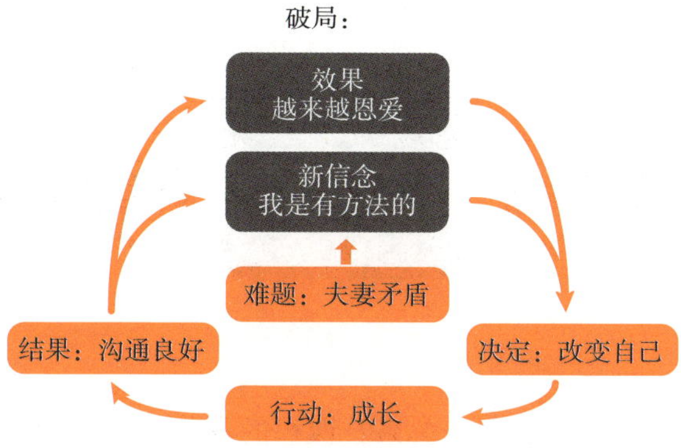

图 3-12

困局三，糟糕的亲子关系背后有什么隐藏的信念呢？

我这辈子听过很多演讲，其中星云大师的一次演讲最让我震撼。我记得很清楚，那是几年前，在广州中山纪念堂，在互动环节，一位家长问星云大师一个问题："我的儿子现在是叛逆期，念初中，他现在有好多问题，打架、不做作业、不愿意回学校上学，大师，我该怎么办呢？"星云大师回答说："这位施主，你复印过文件吗？如果你发现复印件有错误的时候，请问你改复印件还是改原件呢？"

什么意思？每个孩子都是父母的复印件，而父母才是原件。父母盯着孩子的不良行为，希望他做出改变，殊不知，最应该改变的是自己。

糟糕的亲子关系背后都有一个隐藏的信念：听话才是好孩子，叛逆的孩子不是好孩子，只有等孩子可爱了，我们才会去爱孩子。这样的逻辑合理吗（如图 3-13 所示）？

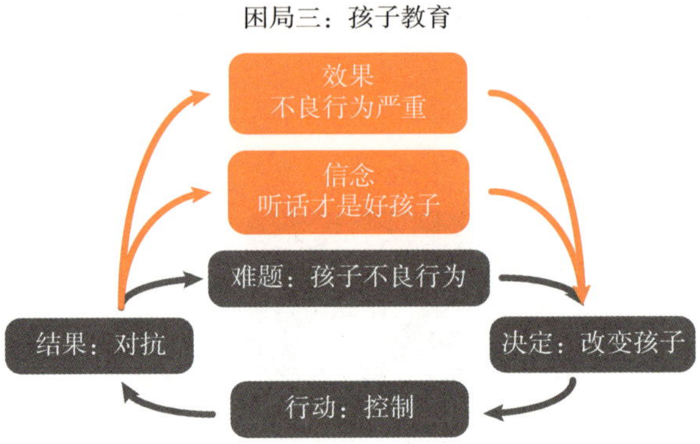

图 3-13

我们《萨提亚的亲子关系》课程的导师林文采博士，是著名的亲子婚恋专家，她发明了一个伟大的词：心理营养。什么叫心理营养？我们身体长大，要吸收营养，比如，脂肪、糖、蛋白质、矿物质，等等。同理，我们的心理长大也需要营养的支撑，如果身体长大了，心理没长大，那这种人就成了著名心理学作家武志红老师口中的“巨婴”。心理没长大的原因是心理营养不够，林文采博士对心理营养做了详细的阐述，它包括爱、赞美、肯定、认可、表扬，等等。在一个人的成长过程中，如果他得不到这些营养，他的心理就会饥饿，一个心理饥饿的人，他就会向外求，拼命抓取外在的东西，并且抓到多少都不满足。孩子之所以会出现不良行为，很大一个原因就是心理营养不足。他的心理一直处于饥饿状态，他就会做出各种不良行为，希望能得到父母的关注。

对此，美国正面管教体系创始人简·尼尔森在《正面管教》一书中做了详细的阐述，她认为，当孩子小的时候，他们在原生家庭中“寻找归属感”和“确定自己重要性”需求的时候，如果没有被家长满足的话，孩子们就会出现一些偏差行为，这些偏差行为一般有四个阶段。

第一个阶段：引起注意。

孩子的脑门上就像是写了三个字：关注我。他们一心希望自己得到父母的关注。学习好的孩子，他会拼命读书，因为考出好成绩就能得到父母的肯定。学习不好的孩子，他会出现各种调皮捣蛋的行为，比如，在家里打烂东西、做事磨磨蹭蹭、早上赖床晚上不睡，所有这些调皮捣蛋的行为，都是为了抓住父母的注意力。

不仅仅是调皮捣蛋，有时候孩子还会用一些更奇怪的方法。跟大家分享一个真实的案例。

故事的主人公是我公司的一位前同事，一个很优秀的小女孩，各方面的能力都很突出，但是每隔三个月，她就会大病一场，都要请一个礼拜左右的长假。等她回来上班，同事们关心地问她："你得的是什么病啊？"她总会说："医生也查不出来，反正就是浑身不舒服。"后来，在一次聊天中，我发现了她生病的真相：这个女孩有一个哥哥，是位天生的残疾人。一个是健康的孩子，一个是残疾的孩子，父母的关注点自然全都放在了哥哥身上，她心里很难过，总觉得父母不爱她，直到有一天，她偶然生病了，父母全都紧张地关心她、关注她，这场病让她觉得特别幸福。自此之后，每当她想妈妈了，她的身体就会配合她，大病一场，每当这时妈妈都会过来看望她，妈妈来了，她的病很快就好了。三个月后，她又想妈妈了，就又病了，如此反复。就连她自己也没意识到，她在用生病来吸引妈妈关注。

第二个阶段：寻求权利。

孩子会不断挑战父母权威："我不想做，你不要逼我！"因此，早上你让孩子拿雨伞，他偏不拿；你让孩子多穿一件衣服，他偏不穿；你让孩子别吃垃圾食品，他偏要吃。他通过一切途径跟家长抗衡，他只是想告诉家长：你不关注我，所以我就不听你的。

第三个阶段：报复。

孩子通过各种努力仍旧没能得到父母的关注，他觉得自己被父母深深地伤害了，他会反过来报复父母。在这种心理下，他会通过各种手段让父母难堪，比如，偷东西、打架、考倒数第一名，等等。

第四个阶段：自我放弃。

很多父母以为孩子乖是件好事，可真相是，所谓的乖孩子就是自我放弃的孩子，他们经过反抗后发现，自己根本没有力量跟父母抗衡，这个时候，他就会完全放弃自己人生的主导权，变得没有主见、唯唯诺诺，这样的孩子，你觉得是好孩子吗？

如果你的孩子现在有一些东西还不能让你满意，那恭喜你，你的孩子还没到最坏的阶段，现在一切还来得及，你只要给孩子补充心理营养，就能让孩子变得更好。当孩子有了足够的心理营养之后，他就会表现出爱和关怀的行为，他就会变得更优秀和卓越，进而，你会给孩子提供更多的爱和关怀，如此，我们的亲子关系就成功破框，进入另外一种良性循环（如图 3-14 所示）。

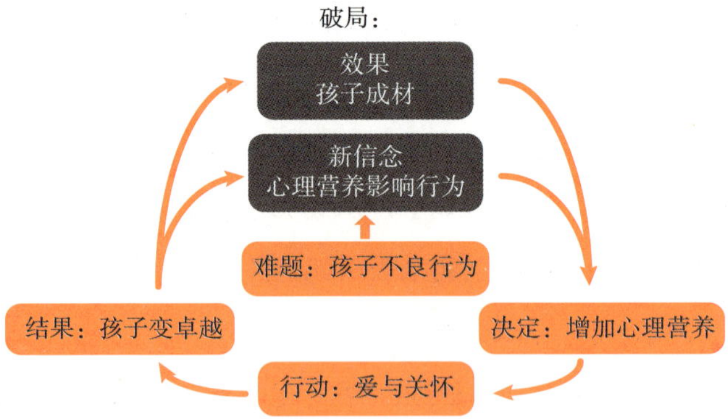

图 3-14

从上面三个案例中可以看出，所谓破框，就是看见原有信念对人生的局限，挑战原有的限制性信念，换一种强而有力的信念，这样，人生中的很多困局就会迎刃而解。

一念之转，我们就能从框架中走出来。破框最大的难点是，我们身处困局中，却总想证明自己是对的，我们想尽办法证明：钱就是省出来的，婚姻中的问题都是对方的错，听话的才是好孩子。当我们努力证明自己是对的，我们的道理正让我们陷入困局。

人类最大的悲剧，就是脑子里有错误的想法，而自己又意识不到。无论别人说什么，自己都会坚守着自以为正确的道理，对别人验证过的道理视而不见。身在框中，却固执于自以为是的道理中，自然就只能被困框中了。

有位华人企业家说过这样一句话："鸡蛋，从外打破是食物，从内打破是生命。"**从内打破的力量是巨大的，对人生而言，破除内在框架，意味着跨越式的成长，意味着更好的重生。**可人类的信念像金刚石一样坚固，改变信念是世界上最难的事情，如何才能改变信念呢？我们在后面的章节详细跟大家分享。

第四章

语言归类法：智慧语言模式

- 我们有很多执着的念头，像金刚石一样坚固。
- 只要掌握了恰当的语言技巧，我们就能改变最顽固的人类执念。
- 只要你需要跟别人达成共识，避免跟别人对立，或者需要得到别人的信任和支持时，都可以使用上归类语言。
- 下归类的语言技巧可以帮助我们对整件事情有更清晰明确的认识，找寻具体细节、数据。
- 横归类可以容许我们将两样看起来毫不相干的事物自由连接，同时可以让我们跳出原有的框架，发现无限的可能性。

1. 语言是一种能够改写历史的力量

我们先来看一个故事。

春秋时期，宋国最后一任国君宋康王，穷兵黩武、暴虐无道，是个典型的好战分子，他四处发动战争，侵略邻国。而战争非常耗费国力，连年征战使得整个国家民不聊生。于是，宋国的忠臣们纷纷劝谏宋康王停止战争，休养生息。可宋康王不仅听不进去，还以动摇军心为由杀了几个大臣。这时，宋国的口才大师惠盎出场了，惠盎是儒家传人，主张仁义治国，他准备用仁义之道去劝谏宋康王，朋友知道后，劝他："宋康王是个荒淫暴虐的昏君，有人劝谏他，都被杀了，人们都称呼他'桀宋'，你用仁义之道去劝谏他，肯定会被砍头的。"

惠盎不听，他义无反顾地来到朝廷，拜见康王。刚一见面，康王就毫不客气地大声说："我只喜欢那些勇武有力的男子汉，不喜欢那些满嘴仁义道德的谦谦君子。你来见我，有何见教啊？"

对康王这毫无礼貌的举止言谈，惠盎毫不介意，他诚恳地说："大王，我知道你希望勇武的男子汉来保护您、保护我们国家。我有一个这样的道术，可以让再勇武的人都不敢挥刀刺您、不敢伤害我们国家，大王，您愿意听一听吗？"康王的态度一下就和缓了，他说："好，我很想知道。"

惠盎又说："那些人虽然不敢刺您、不敢伤害我们国家，但是保不准他们有这样的想法。我有一种道术，可以彻底打消人们敌对的想法，您愿意听一听吗？"康王越听越高兴了，他急切地说："好，这正是我所希望的。"

惠盎又说："那些人虽然没有敌对的想法，但是不见得有爱戴您的忠心。我有一种道术，让天下所有男子女子都爱戴您。大王您难道无意于这种道术吗？"康王两眼放光，更兴奋了，他说："快说，这正是我想要得到的。"

惠盎说："孔丘、墨翟就能做到这点。他们没有领土，却能像君主一样得到尊荣；没有官职，却能像官长一样受到尊敬。天下的男子女子无不伸长脖子，抬着脚跟盼望他们。大王您现在是拥有万辆兵车的大国君主，若真有这样的志向，百姓对您的爱戴肯定能远远超过孔丘、墨翟。"惠盎说完，便快步离开了。康王呆愣了很久才长叹一口气，对身边的人感叹说："真是善辩啊！他只用这么几句话就说服了我。"

这个故事里，惠盎用简单的几句话说服了一个暴虐无道的君主。他是如何做到的呢？

佛经中的《金刚经》，全名叫《金刚般若波罗蜜经》，意思是我们有很多执着的念头，像金刚石一样坚固，《金刚经》引导人们破除一切执念，排除妄想。语言有着像《金刚经》一样强大的力量，**只要掌握了恰当的语言技巧，我们就能改变最顽固的人类执念。**

2. 上归类：
与持不同观点的人达成共识

天地万物皆为吾师，我们这里跟算命先生学习一下。

我猜，不少人都被别人算过命，不管是用生辰八字、手相还是星座，也许你还觉得算得挺准，对吗？其实，算命先生的语言是有技巧的，如果你掌握了这些技巧，你也可以帮别人算一算，而且还挺准的。

这是一种怎样的语言技巧呢？我们来看一下这种常见的场景。

某天你走在大街上，有人从背后叫住你说："我看你印堂发亮，你最近一定有些好事正在发生，对吧？"对于一个现代人来说，每天都会发生很多事情，在那么多的事情里面，总会有一两件可以称之为好事的吧？于是，你会觉得算命先生说得真对。取得了你的信任之后，他就要开始赚你的钱了，接着说："我看你走路的样子，你好像有些心事，这些心事可大可小啊！如果不及时解决，会有严重后果。"又被说中了对不对？于是你马上就想到了最近一直困扰你的问题，心里暗暗惊叹：这算命先生怎么这么厉害？我的问题被他一眼就看出来了。

你曾有过类似的经历吗？有的人跟算命先生一样，他好像能读懂你的心，你的很多心事好像都被他看穿了。其实，没有你想象的那么神奇，他们只不过运用了一种语言技巧而已，这种技巧叫作“上归类”。

所谓上归类，就是扩大语言的范畴，由细节上移到大画面、由个别例子扩展至一般事件。因为范畴足够大，所以，你内心所思所想都在语言的范畴之内。这就像如来佛的手掌心，任凭孙悟空有七十二变，都跳不出来。

以上面的算命先生为例，他说的“有好事发生”、“有些心事”等，都是范畴很大的语言，至于什么好事、什么心事，他并不知道。如果他说的词语范畴很小，就很难猜中。

我们来看看下面这几个词：

奔驰、轿车、车、交通工具、工具。

它们的范畴一个比一个大，如果你是算命先生，你对顾客说：

“我知道你是坐奔驰来的。”

这么说出错的概率就非常大，但如果你说：

“我知道你是借助交通工具来到这里的。”

那准确概率就一下子高很多了。这种把语言上升到一个更大的范畴，让词语涵盖更多内容的语言技巧，叫作“上归类”。

有形物品的上归类很容易理解，就是把物品上升到一个更大的范畴。比如手表，它的上归类就是生活用品；苹果的上归类是水果；牛肉的上归类是食物等。下面我想跟大家分享行为的上归类。

比如，你们现在正在做的行为“读书”，它的上归类应该是什么呢？

每一个行为的背后都有一个正面动机，也就是这个行为的意义和好处。行为也许有错，但动机总不会有错。以小偷为例，小偷偷东西这个行为肯定不对，但他为什么要偷东西呢？他的正面动机也许是为了让自己生活得更好，你能够说“让自己生活得更好”这个动机是错的吗？

行为背后的正面动机就是行为的上归类。读书的正面动机是学习和成长，成长就是读书的意义。为什么说成长是读书这个行为的上归类呢？因为成长除了读书之外，还可以通过其他方式达到，比如上课、旅游、交朋友等，也就是说，成长涵盖了读书、上课、旅游、交朋友等这些行为方式，它的覆盖范围比单个行为更广。

当然，上归类语言并不是只有算命先生会用，只要你需要跟别人达成共识，避免跟别人对立，或者需要得到别人的信任和支持时，都可以使用上归类语言。政治家的演讲中随处可见这样的例子，比如马丁·路德·金的著名演说《我有一个梦想》、贝拉克·奥巴马的演讲《我们需要改变》等。他们为什么能引起很多人的共鸣，因为但凡有上进心的人都会有梦想，都会想着改变，这是一个大范畴的语言，它展现了大多数选民的内心世界，所以，能够获得选民的支持。

在社交场合，陌生人第一次见面，双方互不了解，第一句话说什么呢？“今天天气不错”、“你今天看起来很精神”、“一看就知道你是一个追求生活品质的人”……这些话一定是对的（假如真的是好天气的话），因为这些话的归类范畴都很大。它们听起来是废话，却能有效地拉近双方的距离，打破彼此的隔阂，这就叫“废话不废”。

在 Yes Set 章节，我们讲过，要想说服别人，为了打消对方的抵触心理，一个有效的方法是引导对方说“yes”，他连续说了几个“yes”后，我们再提出我们的建议，他很容易就能接受。可怎样才能让对方连续说“yes”呢？这里就需要用到上归类法，你提出的问题的范畴足够大，他就不得不说“yes”。

引导一个人上归类的问话方式有：

“更大的范畴是什么？”

“这对你有什么意义 / 好处？”

“这会带给你什么？”

只要你说的范畴足够大，就很容易跟对方达成共识，迅速拉近彼此的关系，这就是上归类法的魅力。

3. 下归类：
找出问题症结，让问题迎刃而解

说完了上归类，我们来看看语言的另一个方向：下归类。

在工作和生活中，我们经常会听到下方这样的对话：

员工向老板汇报工作：“老板，出事了。”老板一听，心里咯噔一下：“又有麻烦了，怎么办？”

伴侣之间，一方跟另一方说：“我们的关系最近出问题了。”另一方一听，马上就紧张起来。

孩子跟父母说：“老师讲的我听不懂，我不想上学了。”父母一听，不知如何是好。

心理咨询师也经常遇到顾客说：“我的人生遇到一个很大的坎，我不想活了。”缺乏经验的咨询师，不知下一步如何进行……

聪明的读者朋友，我相信你一下子看明白了，这不就是上归类的语言吗？“出事了”“出问题了”“老师讲的”“很大的坎”这些词都是归类范畴很大的词。

任何事情都有它的两面性，上归类也一样。上一节我们讲了上归类的好处是可以和不同观点的人达成共识，构建和谐关系。另一面从上面这些例子中可以看出来，上归类会放大问题，让人们不知不觉间被问题所笼罩。那怎么办呢？

以第一个例子为例，聪明的老板会问："出什么问题了？"

员工："有顾客投诉我们。"

老板："有多少个顾客投诉？"

员工："只有一个。"

老板："投诉什么产品？"

员工："某某产品。"

老板："这种产品占我们公司产品的比重多少？"

员工："大概千分之一。"

对话进行到这里，你是不是可以长长地舒一口气了？因为出问题的仅仅是你众多产品中的极小部分，只要迅速把这小部分产品进行革新，问题就会迎刃而解。

这种通过发问，不断把语言的范畴缩小的过程叫作"下归类"。下归类是由一般事件到特定事件，从整体到部分，从宏观到微观。下归类的语言技巧可以帮助我们对整件事情有更清晰明确的认识，找寻具体细节、数据。在沟通中，下归类可以找出问题的症结，让问题迎刃而解。

下归类的通常问话方式如下：

"具体是什么？"

"什么时间、地点、人物？"

"怎么做？做什么？"

"细节是什么？"

掌握了下归类，下次有人对你感叹"这份工作，我真的不行"，时你可以用下归类的语言一直往下问："你哪里不行？是团队关系方面不行，还是业务能力方面不行？你一天 8 小时的工作时间，有多长时间是不行的？多长时间是行的？”在你的引导下，他或许就会意识到：哦，我的业务能力还行，就是团队关系不行，80% 的工作我能处理好，有 20% 的工作没处理好，如果这就放弃，还为时尚早。

4. 横归类：提升自己的创意能力

这个世界是一个矛盾体，每年都有大量的人找不到工作，可是做老板的人都知道，要找到一个能用的人才是多么困难，特别是那些有创意的人才。为什么会这样的呢？我们从中国父母对孩子的教育方式上也许能看到一些端倪。

我从事心理教育工作 20 多年，也涉及亲子教育的部分内容，在讲亲子教育类的课程时，经常被家长问到这样一个问题："孩子不听话怎么办？"从这个问题可知，在大多数家长的心目中，听话的才是好孩子。可是听话的结果是什么呢？下面给大家分享一位美国艺术家的观点。

我儿子是学艺术的，大一那年我去美国看他。他的一位艺术老师听说我们来了，想见一见我们，于是邀请我们一家到她家里做客。在和老师聊天的时候，老师当着我儿子的面批评我儿子，说我儿子学习不用功，画画基本功不够扎实。正当我们一家人感到没面子的时候，老师话题一转，开始表扬我的儿子，说："这孩子的画风非常自由，没有束缚，我教过不少中国学生，他们往往基本功很扎实，但可惜的是画风基本固化了，只会按照一些套路去画画。你的孩子仍然保持自由奔放的画风，这实在难得。基本功任何时候学都来得及，但画风一旦固化了，艺术生涯基本就结束了。”

多么有见地的观点！我想，这番话不仅适用于画画，同样适用于人的一生：任何时候学知识、提升能力都来得及，但一个人的思维模式一旦形成，他的一生基本上就被框定了。

听话的结果很可能就是放弃自己的主见，牺牲创意，只会按照父母或者权威的要求做事，这样的人，就算努力学得了一身好本领，人生也没有什么大作为，因为他只会重复别人曾经走过的路。

那怎样才能让孩子有创意呢？这就需要学习横归类的语言技巧了。

所谓横归类，就是在同一个组别中，由一个组别移向另一个组别。横归类可以容许我们将两样看起来毫不相干的事物自由连接，同时可以让我们跳出原有的框架，发现无限的可能性。

很多在家里负责买菜的朋友都会很为难，因为不知道今天该做什么菜。但你用横归类的方法试试，你会发现你有无穷无尽的选择。我们先从炒这个组别开始，炒可以用肉和蔬菜两个类别进行组合，常用的肉类有猪肉、牛肉、羊肉、鸡肉、鸭肉、鹅肉、兔肉等；蔬菜类有白菜、菜心、空心菜、娃娃菜、豆瓣菜、香菜等。于是这两者一组合就有了：猪肉炒白菜、猪肉炒菜心、猪肉炒空心菜、猪肉炒娃娃菜……我想我不用写下去了，学过数学的朋友都知道，单这两样的组合就好几十种，如果三样进行组合，那是几何级数的增加，而且，这仅仅是炒这一个类别，再加上炸、煎、烧、焖、烩、熏、炖、煮、蒸……这岂不就是无穷无尽了？

还记得前面讲框架那一章提到的无望框架和破除方法吗？一

个人之所以没有创意，是因为被某个“无望”的框架给困住了，所以，想不到其他的可能性。横归类就是让你从一个框架中走出来，进入同一层次的另外的无限可能性中。

那如何才能让一个人进行横归类式思考呢？下面几句话就是经典的问句，我把它称为“潜能开发问句”：

“你说呢？”

“还有呢？”

“除了……之外，还有呢？”

“假如有的话，是什么呢？”

比如，你的孩子问你：“爸爸/妈妈，人类从哪里来的？”如果你简单地把你从书本里看到的所谓知识告诉他：“人是猴子进化来的。”这样你的孩子只有这一个答案，这个答案也未必是正确的。更要命的是，当他有一个答案之后，他就停止了探索。但如果你不是简单地塞一个答案给他，而是反问他：

“你说呢？”

孩子会问你这个问题，他一定是经过思考的，他会有他自己的答案，只是他不确定而已，经你这样一问，他也许会说：

“书里说是猴子变的。”

当他有了一个答案之后，你接着问他：

“还有其他可能性吗？”

这时，他就会开始思考，把他以前知道的说出来：

“听同学说，是上帝创造的。”

你不要停止，接下来继续问：

“除了是猴子变的和上帝创造的这两个可能性之外，还有呢？”

这时候，他就会思考，源源不断地说出各种他知道的可能性，直到他说“没有了”，你依然不要放过他，继续追问一句：

“假设还有的话，是什么呢？”

这个时候，他很可能就会陷入沉思，经过深思之后说出来的，很可能就是他自己的创意了。

你试想一下，如果是在这样的对话中长大的孩子，他未来会是一个怎样的人呢？

5. 智慧语言模式：高情商的语言技巧

如果对上归类、下归类和横归类进行比喻：上归类就像一只鹰，它飞得高，看得广；下归类就像一只老鼠，虽说鼠目寸光只看得到眼前，但它胜在能将眼前的事物看得一清二楚；横归类则是这个比喻本身，它能让你跳出原有的框架，找到更多的可能性。

我们以车为例，图 4-1 所示就是它的三种归类：

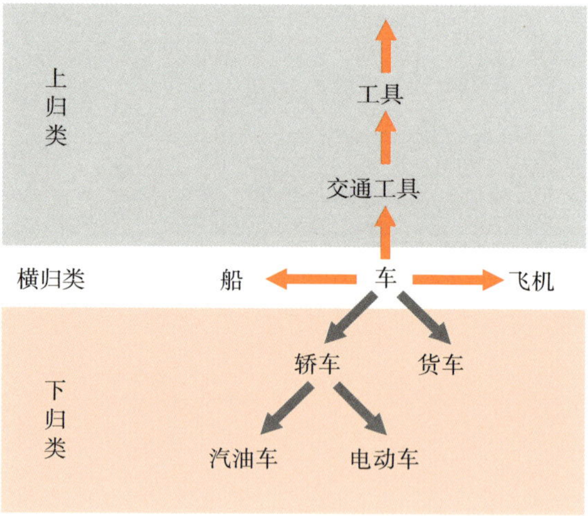

图 4-1

归类法还可以用摄影来做比喻，上归类就像广角镜，它可以将更大的视野收入照片中；下归类就像长焦，就算是远距离的景物，也能够将细节拍得清清楚楚；横归类就是手拿相机的这个人，他可以选择将镜头对准哪里。

上归类，就是将事物上升到更大的范畴，或者找出当事人行为的内在推动机制。下归类，就是拿到了解事情真相所需要的具体资料。横归类，就是让当事人看到更多的可能性，如图4-2所示：

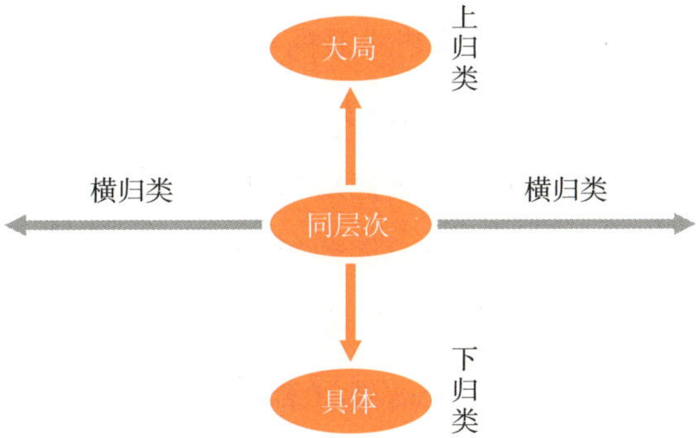

图 4–2

如果用一句话来概括归类法，它就是**“上归类求共识，下归类更清晰，横归类多选择”**。

下归类除了会让你看得更清晰之外，也会带来一个副作用，会引发分歧。比如，夫妻俩在商量买车，老婆说：“老公，咱们买辆车好不好？”老公说：“好啊。”在这个层面，两人达成了一致意见，再往下进行下归类，麻烦就出现了。老公说：“买什么车？”老婆说：“买宝马。”老公说：“不行，买大众。”争吵就此开始了，这就是下归类会产生分歧的原因。那怎么办呢？这时，只要话题往上走，上归类求共识，争吵很容易就平息了。老婆说：

“老公，不就是买车吗？我们都是为了生活的方便，对不对？”

老公肯定会点头：“对，老婆说得有道理。”

从这个案例中可以看出，如果双方有分歧，只要一方把话锋往上归类方向一转，双方马上就可以达成共识。那些高情商的人之所以会受人欢迎，就是因为他们善于在观点不一致时，先从上归类开始。

我们回头再来看看惠盎说宋康王的故事，面对宋康王的讥讽，惠盎说：“我知道你希望勇武的男子汉来保护您、保护我们国家。”他将宋康王喜欢勇武的男子汉这件事上升到了意义层面，这是上归类，通过上归类，惠盎跟宋康王达成了共识，两人站在了同一条战线上，消除了彼此间的抵触。接下来，惠盎提出了几个选择：“让再勇武的人都不敢挥刀刺您”、“彻底打消人们敌对的想法”和“让天下所有男子女子都爱戴您”。他让宋康王看到了多种可能性，给了几个高下立判的选择，这属于横归类。最后惠盎说出了自己的答案：“像孔丘、墨翟一样走仁义之道，就能得到天下的爱戴。”这里给出了解决问题的行动方案，属于下归类。惠盎通过上归类、横归类、下归类这三招，把宋康王从固执的思维框架里带了出来。

我们经常会羡慕某些高人，但如果仅仅停留在羡慕阶段，对我们毫无意义。我们不仅要知其然，还要知其所以然，才能从中受益。通过对惠盎说宋康王故事的剖析，我想大家已经看出惠盎这位智者的语言模式了，他的语言模式其实就是“上归类—横归类—下归类”的组合，我把这种组合方式命名为“智慧语言模式”，如图 4-3 所示：

智慧语言模式：先跟后带

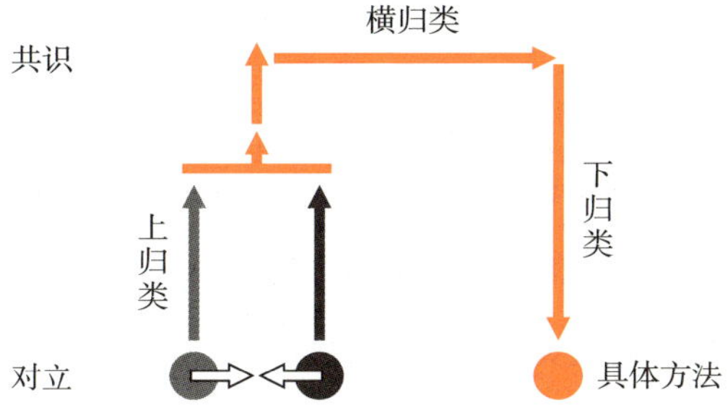

图 4-3

我们再来看一个简单的、更容易理解的案例。我儿子东东上小学的时候，有一天突然跟我说：“爸，我不想在家吃饭了，我要吃麦当劳。”在我的观念里，麦当劳是垃圾食品，小孩不能吃，可如果我直接拒绝的话，我们的父子关系立马就会对立起来。于是，我用了一个上归类的方法，我说：“东东，你不想在家吃饭，想到外面吃顿好的，对吗？”我把吃麦当劳上归类到吃顿好的，这跟他达成了共识，他说：“是啊，家里的饭我吃腻了，我想吃顿好的。”我说：“吃顿好的可以啊，爸爸陪你，但是我不喜欢麦当劳，还有别的选择吗？”我引导他进行横归类，他说：“肯德基也行啊！”我摇摇头：“不都是汉堡加薯条吗？再换一个。”他说：“那就必胜客吧！”我勉强接受必胜客，就继续进行下归类：“我们到哪里吃啊？”他说：“到天河城，吃完之后我们一起看电影。”我同意他看电影的要求，然后引导他：“我也很想跟你看电影，不过你作业做完了没有啊？你做完作业再来找我，好不好？”儿子听完，高高兴兴地做作业去了。我们的谈话主题本来是要不要吃麦当劳的，最后被我带到了做作业。这个叫作先跟后带，我们做任何一个事情，总会有一些动机的，我们把它上升到动机之后，就能够转化这个力量，让它变得为我所用。

从上面两个例子中，大家已经充分体会了三种归类方法整合起来的威力，我们在某一个层面，会跟对方有一些冲突，处于两个对立的层面，这个时候，我们可以先上归类求共识，再横归类增加选择，最后下归类找到具体的行动方案，这是一套非常有用的智慧语言模式，它能有效解决分歧，把对方从固有思维中带出来，引到我们需要他去的地方。

前面提到语言与刀剑一样具有力量，也跟刀剑一样会伤人。

现代社会，城市就像是巨大的钢铁丛林，人们虽然不会再像战争年代那样随时有可能被刀剑所伤，但人的语言冷嘲热讽，也让你防不胜防。

“你怎么这么笨？”

“你脑子进水了？”

“你这衣服也太难看了吧？”

“你怎么又肥了呢？”

……

类似的话语是不是很熟悉，这些话语让我们的心被深深刺痛了，我们受到了深深的伤害，怎么办？脾气差的人就直接拳脚相向了，脾气好点的，一股气憋在肚子里，能憋出内伤。总之，面对别人的言语攻击，不伤人则伤己。

在百度上搜索关键词“言语不合杀人”，相关结果有三千多万个，语言攻击显然已经成了一个影响很大的社会不和谐因子。怎么破解这个难题呢？用智慧语言模式就可以了。

比如，下次再有人说你的衣服很难看，你可以马上上归类：

“谢谢你这么关心我的形象。”你从对方的攻击性语言中，先看到他的正面动机——只有关心你形象的人才会在意你的衣服，难道不是吗？然后横归类：

“那你有什么好的建议吗？我穿什么衣服才好看呢？”如果他说出了其中一种方式，你接着横归类：

“还有吗？”

“除了这些，还有吗？”

这时候，你会发现，对方已经变成了你的服装顾问了，当你从他众多的回答中找到一个你也认同的，你就可以下归类了：

“到哪里能够买到你所说的衣服？你能带我去买吗？”

你看，本来是攻击你的人，被你这样一跟一带，突然就为你所用了。

当然，也许有读者会说：“如果对方说，你穿什么都不会好看。”这该怎么办？冰冻三尺非一日之寒，对方有这样的反应，很可能是你平时树敌太多的结果，对方内心明显积压了很多对你的负面情绪。

日本有一种跟中国太极非常相像的功夫叫作合气道，合气道不主张主动攻击，但当别人攻击我的时候，我可以把对方的力量转化成我的能量，因此，对方的力量越强，我借用他的力量就越多。智慧语言模式有着跟合气道同样的原理，我们可以把对方的任何攻击接下来，一上一横一下，通过这样的转化，把别人的攻击转化成自己的能量。

《三国演义》中有一个经典的故事——诸葛亮草船借箭。曹营的箭是用来攻击诸葛亮的，可诸葛亮却巧妙地用草人把这些箭借了过来，转化成了自己的资源，然后敲锣打鼓地让士兵大声地喊“谢丞相送箭”。攻击性的语言跟箭一样，可以伤你，也可以为你所用，全凭你的应对方式。就像美国心理学家萨提亚女士说的那样：“问题不是问题，如何应对问题才是问题。”

我非常喜欢看《三国演义》，苏轼的《念奴娇·赤壁怀古》里有一句话形容周瑜：“谈笑间，樯橹灰飞烟灭。”让我对周瑜佩服得五体投地。当然，现在是和平年代，我们不需要让敌国的樯橹灰飞烟灭，但每个人内心都有各种各样的心魔，所以，我有一个理想：谈笑间，心魔灰飞烟灭。我相信，只要能熟练地运用这些语言方法，总有一天，你就能够做到，让心魔在谈笑间灰飞烟灭。

第五章

催眠语法：绕过你的防卫，给潜意识下指令

- 对于不确定的事情，大脑总想得到一个确定的答案。对于未完成的事情，大脑总有一种要去完成它的冲动。
- 运用大脑的这种特性，我们人为地创造一种空白，让你的大脑通过想象去填满它，这就是催眠。
- 很多时候，我们的未来并不是由意识决定，而是由潜意识决定。
- 催眠就是作用于人的潜意识，它可以绕过我们意识的防卫，直接对潜意识下指令，进而让人活得更加清醒。

1. 一句话足以改变一个人的命运

先来看两个小故事。

1919 年，在美国的一个小农场里，一个 17 岁少年被凶猛的脊髓灰质炎（俗称小儿麻痹症）袭击了，他全身陷入了瘫痪，除了说话和转动眼球外，不能做任何事情。男孩的妈妈请来了三位医生，他们做出了同样的诊断：“你的儿子活不到明天了。”对于一个母亲来说，这话实在是太残忍了，躺在床上的男孩虽然不能动，可他的意识是清醒的，看着伤心的母亲，他在心里默默对自己说：“我一定不能让医生们的断言实现。”第二天，男孩的妈妈再次请来了医生，医生看到男孩不仅活着，而且精神更好了，感到非常惊讶，可他一直信奉的医学常识还是促使他再一次对男孩的妈妈做了一个残忍的断言：“你的儿子就算能活下来，也永远站不起来了，他会终生瘫痪。”男孩听到这话，又在心里默默地对自己说：“我一定不能让医生的断言实现。”结果如何呢？几年后，这个男孩成功站了起来，直到 80 多岁才去世。

这个男孩就是著名心理治疗师米尔顿·艾瑞克森，他是医疗催眠、家庭治疗及短期策略心理治疗的权威，又被誉为“现代催眠之父”。小时候的这段经历让他发现语言有激发人类潜能的力量，它能帮助人类战胜身体的疾病，还能帮助人们走出心理上的误区，改变人类的命运。后来，他用一句话改变了一个孤苦的老妇人的人生。这就是我们的第二个故事。

当时，艾瑞克森到美国中南部的一个小镇讲学，他的一个学生就在这个小镇里，听说老师来了，他专门找到艾瑞克森请他帮忙。他说：“我的姑母独自居住在一间古老的大屋里，无亲无故，她患有重度的抑郁症，过得很不开心，可她特别倔强，不肯改变生活方式，你看有没有办法帮助她？”艾瑞克森是一个特别善良的人，听学生说后，他特意抽出时间去拜访了这个老妇人。

到了之后，艾瑞克森发现，在这栋又老又旧又大的房子里面住着一个了无生气、满脸愁容的老妇人，双方简单介绍后，艾瑞克森和善地对老妇人说：“我能参观一下你的房子吗？”于是，老妇人带着艾瑞克森一间房一间房地参观。艾瑞克森真的想参观这栋老屋吗？不是，他是在找一样东西！他想在这老妇人毫无生气的生活环境里，找寻一样有生命气息的东西。终于，在一间房间的窗台上，他找到了几盆小小的非洲紫罗兰——屋内唯一有活力的植物。艾瑞克森由衷赞叹道：“这几盆小花真漂亮。”老妇人听了这话，有点动容，她说：“我在家没事做，就喜欢打理这几盆小东西，这一盆还开花了。”这时，艾瑞克森说了一句话，就是这句话，改变了老妇人未来的人生，他说：“如果你的邻居或者朋友们在他们人生的特别日子里，比如结婚、生子或生日的时候，能收到这么漂亮的花，你想，他们该有多开心啊！”

艾瑞克森留下了这句话，就告别离开了。在以后的日子里，老妇人开始大量种植非洲紫罗兰，她开始留意邻居近期特别的日子，到了这一天，她会从花圃里挑选一束最漂亮的小花送给他们。几年过去了，小镇的人虽然忘记了老妇人的名字，但他们都称呼她“非洲紫罗兰皇后”。有一天，小镇当地报纸的头版头条变黑了，上面大大的标题写着：今天，我们痛失了非洲紫罗兰皇后。原来这位老妇人过世了。在老妇人的葬礼上，这个不到三万人的小镇，有好几千人出来为老妇人送行。由送葬的场面，我们就能感受到老妇人的晚年一定很幸福。

从这两个故事中，我想大家已经领略到了催眠的威力，不管是对自己，还是对他人，有时候一句话足以改变一个人的命运。那什么是催眠呢？

一讲到催眠，很多人会不由自主地联想到睡眠，因为都有一个“眠”字。又或者因为电影中的一些情节，以为催眠会让人丧失理智，任人操控。所以，一般人听到催眠都会害怕，从而敬而远之。其实，这些都是对催眠的误解。

催眠的英文叫“trance”，中文又翻译为“入神”。大家有没有这样的经验：在你专注于某件事情的时候，突然间就进入了某种状态，让你完全忘记了时间。比如说，看书的时候忘记了飞机起飞的时间；看电影的时候，两个小时一眨眼就过去了，这种状态就叫入神。入神就是一种催眠状态，这种状态的一个显著特点就是注意力由外在转移到了内在。

心理学上有一个“完形效应”，我们看图 5-1：

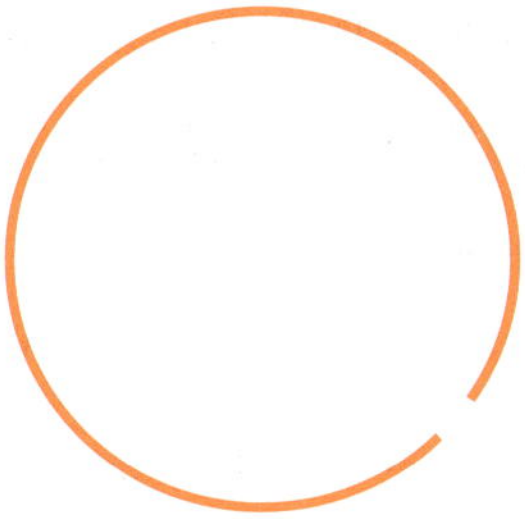

图 5−1

这是什么？绝大多数人都会说这是一个圆。这真的是一个圆吗？显然不是！这是一条曲线而已，两端并未交接，怎么会是一个圆呢？可是为什么大家都会认为这是一个圆呢？这就是“完形效应”在作怪。人的大脑有一种习惯，会把那些没有完成的事情，透过想象去完成，这种现象俗称为“脑补”。

很多女士都有这样的体验，这天，老公下班回到家，你闻到他身上有一股陌生的香水味，这时，你控制不住自己的脑袋，脑海里开始涌现出很多的信息：老公是不是跟哪个女人亲密接触了，他是不是出轨了，他最近还有一些举动好像也反常……这就是入神状态，注意力从外在进入了内在，大脑自动去补充一些信息，让整件事变得合理。

对于不确定的事情，大脑总想得到一个确定的答案；对于未完成的事情，大脑总有一种要去完成它的冲动。**运用大脑的这种特性，我们人为地创造一种空白，让你的大脑通过想象去填满它，这就是催眠。**艾瑞克森帮助老人走出抑郁，对老人说的那番话，就用到了这个原理，还记得他是怎么说的吗？他说：“如果你的邻居或者朋友们在他们人生的特别日子里，比如结婚、生子或生日的时候，能收到这么漂亮的花，你想，他们该有多开心啊？”

这句话创造了一个未来的空白场景，由老人未来用行动去填充，这样老人就会按催眠师所设定的范畴行动，从而轻易走出原来的抑郁状态，这就是催眠。

催眠有两个流派，一种叫作传统派，一种叫作策略派。传统派的催眠是让你掌握一种工具去帮助别人，帮别人做心理治疗。

策略派的催眠也可以帮助别人，但是它更多发生在生活里。也就是说，策略派的催眠并不一定需要什么复杂的场景。坐在舒服的椅子上，拿一块怀表在你眼前晃来晃去，旁边有一个时钟在嘀嗒嘀嗒……这是传统派催眠的做法；策略派催眠可能是很随意的一句话，但是它能在无形中影响到别人，甚至改变别人的一生。

米尔顿·艾瑞克森创立的催眠方式就是策略派催眠。他对催眠做了这样的解释：催眠不是将一个“暗示”植入被动接收器的过程，而是来访者的意识被暂时搁置起来的过程，以便无意识产生有意义的转变经验。这句话很抽象，简单来说，艾瑞克森认为：人的意识很聪明，但人的潜意识更有智慧。很多时候，我们的未来并不是由意识决定，而是由潜意识决定，也就是说，我们未来想怎样，我们自己说了不算，我们的潜意识才是真正的主人。催眠就是作用于人的潜意识，它可以绕过我们意识的防卫，直接对潜意识下指令，进而让人活得更加清醒。

读到这里，也许有部分聪明的读者已经反应过来了，这不就是前面讲过的“设框”和“上归类”吗？对了！催眠其实就是设一个上归类的框，让当事人在无意识的状态下，在设定的框架内做选择。

前面设框那一节中很多例子都使用了催眠的语法，比如，餐厅服务员问：“先生，喝什么茶？”服务员在这里设定了一个“茶”的框架，我们在无意识的状态下只能在茶的框架里做选择，看似是自由的，是我们自己在做决定，其实不管我们做任何选择，都没能跳出对方的框架，不知不觉间，已经被催眠了，你根本不需要闭上眼睛，所以，这种催眠方法也称为“睁眼催眠法”。

这样的例子还有很多，我们对孩子说：“宝贝，你是搞卫生还是做作业？”领导对员工说：“小强，你是现在交报告给我，还是下班之前交给我？”这里运用的是同样的催眠技巧，催眠者下指令的时候，给当事人创造了一个空白，让当事人自行填补，创造了一个看似可以让他自由做决定的机会。其实在这个看起来自由的空白外面，有催眠师设定的范畴，但奇妙的是，这个范畴并不容易被当事人的意识觉察。所以，催眠师的指令就能够轻易地绕过当事人的意识防卫，直接进入潜意识。

简单的一句话，足以改变人的一生，试想一下，如果每个人都能成为这样的催眠大师，这个世界是不是将会更加美好！

2. 猜臆：读心术的秘密

催眠语言法一共有 18 种，我们先来介绍第一种：猜臆法。

这是算命先生常用的手法，他声称知道你的一些事情，你对他所说的感到十分神奇，因为他说得真的很准。他是怎么做到的呢？这个我们在“上归类”那一节已经交代过了，算命先生之所以会说得准，只不过是他的用词范围足够大罢了。

在“我知道”的后面，加上一些范畴足够大的上归类词语，你也能够让别人觉得神奇，因为他们会以为你懂读心术，他们心底的秘密好像全都被你知道了似的。我们来看看下面这些句子：

“我知道你希望生活得更好。”

“我知道你有你的梦想。”

“我知道你会继续学习的。”

“我知道你是善良的人。”

“我知道你会越来越好的。”

当我说出“我知道你希望生活得更好”的时候，对方的大脑就会自动展开想象，去补充空白，这时，对方可能会说“是的，你怎么知道我想换个新发型”，“生活得更好”是“新发型”的上归类，当我声称“我知道”的时候，就是给了对方一个暗示，让对方在这个范畴里展开想象。

同样道理，当我说出“我知道你有你的梦想”时，对方会又惊讶又惊喜地说：“您怎么猜到我想去创业？”我猜到了吗？没有，我只是给出了一个大的框架，引导对方用一个具体的词去弥补我的框架。实际上，我并不知道，可我却声称“我知道”，**引导对方去填满我留下的空白，这就是猜臆。**在这样的催眠语言下，对方会很轻易地按我们设定的正面框架去行动。

学会了猜臆这种催眠语言后，我们督促孩子写作业时，应该怎么说？如果我们直接命令说：“宝贝，赶快做作业。”这时，孩子没有选择权，懂得心理学的人都知道，人对于自己选择的事情会安心接受，对于别人给的指令会抗拒，因此，如果你直接下指令，让孩子去做作业，他一般会抗拒地说“我一会儿再写”或者“我不想写”。但如果我们换一种说法：“宝贝，我知道你会用你自己的方式完成你的功课，对吗？”这句猜臆式的催眠语言，听起来是废话，但是孩子一听，他会做出反应：“是的，妈妈，我有我的方式完成我的作业，我现在去做，做完就可以玩一会儿了。”效果立竿见影。

前面我们讲过人的潜意识是无法处理否定词的，我们让对方不要想“白猫”，他的大脑却会直接出现白猫的图像。因为潜意识的这种特征，我们把猜臆和否定词配合起来使用，就会发生神奇的作用。

比如，面对一个艰巨的工作任务，我们对下属说：“我不知道你会想出什么解决办法，但我会在这里等你的好消息。”下属听了这话，就会积极地想解决办法，会积极地去完成任务，因为他的潜意识已经接收了一个指令：你一定能想出解决办法的。

跟声称“我知道”一样，声称“我不知道”也是一种猜臆，加上否定词，有时会让当事人的意识更加毫无察觉，让当事人更容易被催眠。

读到这里，我知道你对催眠已经产生了兴趣，如果你想学习更多的催眠方法，请你继续往下读，后面还有 17 种催眠语法在等你。

3. 因果：
给对方一个帮你的理由

在讲什么是因果法之前，我想先跟大家分享一个实验。

实验发生在 20 世纪 70 年代的美国。那时候，复印机是很稀缺的商品，很多公司都没有配置复印机，要复印文件的话，人们需要到办公大楼的一楼大堂的公共复印机上去复印，用复印机的人多的话，经常会出现排长队的现象。哈佛大学的社会心理学家艾伦·兰格看到这个现象，就开始思考：有没有办法插队呢？

第一次，他拿着文件跑到前面，对队伍前面的人说："先生，能让我复印一下吗？"对方果断拒绝了，他又试了几次，仍旧没能成功。显然，直截了当地提出请求是行不通的。后来，兰格换了一种思路，他拿着文件到前面说："先生，能让我复印一下吗？因为我真的很急。""先生，能让我复印一下吗？因为我肚子很痛。""先生，能让我复印一下吗？因为我家的猫生小猫了。"兰格给插队找了一个理由，这个理由越说越荒唐，可不管他给出什么理由，很多人都会同意："好吧，你先来。"他做了一个统计，给出理由后，插队成功的概率提升到了 80%。

这就是艾伦·兰格的插队实验，通过这个实验，他发现，当我们需要别人帮忙时，只要给出一个理由，成功率就会高出很多，因为人们就是单纯地喜欢做事有个理由。

兰格特意做了这样的对比，第一次，他先是说："先生，我有几张文件需要打印一下，可以先用一下复印机吗？"结果，只有 60% 的人愿意让他插队。后来，他把这句话调整了一下："先生，我可以先用一下复印机吗？因为我有几张文件需要打印一下。"结果，有 93% 的人同意了他的请求。第二种表达方式比第一种表达方式，更加强调了理由的存在，成功率就提升了很多。也就是说，人们面对没有缘由的事情时，他们会说不，但是当有一个缘由时，哪怕这个缘由是毫无根据的，哪怕是荒唐的，他们都愿意接受。

一个理由，为什么能如此重要呢？

中国语言博大精深，有一个词语叫"借坡下驴"，又叫"顺坡下驴"，人们骑在驴子上，驴子比较高，直接跳下驴的话，容易摔倒，这时，最好先找个陡坡，让驴子停在低处，人从驴子身上往高的这边下，就比较容易，还不至于摔跤。我们给对方一个台阶，或者一个理由，有了这个理由后，对方就会自动接受由这个理由推断出来的结果。

X 导致了 Y，如果对方接受了 X，他就会自动接受 Y。**这个逻辑就叫作因果，这就是我们要讲的第二种催眠语法，给对方一个理由，让他更容易接受我们的陈述或者指令。**

我们给孩子或者下属正向激励："你一定会很有前途的。"对方的大脑听到这句话，会产生怀疑："我真的会有前途吗？"这时，我们改变一下说法："这么好学，你一定会很有前途的。"前面给出了一个对方更容易接受的理由，他的意识就会放下防卫，我们的话就能够直接进入他的潜意识了。

感受一下这些催眠语言：

因为你认真，所以你一定能学好。

因为你戴着眼镜，所以你一定很有学问。

因为你坐在椅子上，所以你一定能感觉到越来越放松。

因为你认真练习了，所以你一定能掌握这种语言的技巧。

因为你是个好人，所以未来一定有好的生活。

在这个因果逻辑里，“因为”是真的，“结果”也就被潜意识认定是真的，我们给对方一个“因为”，他就更容易接收“结果”，哪怕两者的逻辑关系并不是非常严谨。

因果法在帮助那些自我价值低的人时特别有效，如果你赞美一个自我价值很低的人，他一定会认为你说的不是他，或者你在取笑他，但如果你能从他身上找到一点证据的话，他就无法拒绝了：

从你今天穿的衣服就可以知道，你的品位不错；

你看这件工作你都能轻松完成，你是一个很有潜力的人；

……

4. 复合等同：你是如何被广告影响的

在传统催眠方法里，有一句很常见的指令：感受一下你的右手大拇指，如果你的手指头都放松了，你的全身就都放松了。事实上，手指头放松跟全身放松没有直接关系，当把两者结合在一起时，就达到了催眠的效果。

在广告中，这种现象更多：

穿某某牌牛仔裤，真男人的象征。

穿某某牌子衣服的女人，是有品位的女人。

某某牌汽车，是最安全的汽车。

牛仔裤与真男人，这是毫不相干的两个概念，但被放到一起后，你却觉得毫无违和感，并且在不知不觉中就接受了，这又是什么催眠语法呢？

这种催眠语言跟因果有点类似。因果的逻辑是，因为 X 导致了 Y，当对方接受了 X，就会更容易接受 Y。这种催眠语言更加简单粗暴，它直接把 X 等同于 Y，也就是**把两个完全不相关的事情看成等同，这种语法叫作“复合等同”**。

复合等同用起来很简单，我们只需要把对方拥有的东西跟一些优秀的特质等同起来，就能起到正面催眠的作用，进而带给对方正向激励。比如：

戴眼镜的人都有学问。

喜欢学习的人都很善良。

会做菜的人都很幸福。

爱运动的人身体一定健康。

“戴眼镜”和“有学问”，“喜欢学习”和“善良”，“会做菜”和“幸福”，“爱运动”和“健康”并没有直接的、必然的联系，但是我们把它们等同起来，对方的潜意识就很难抗拒，在不知不觉中，我们的正向指令就进入了当事人的内在潜意识。

5. 预设：
无可反驳的隐藏指令

所谓的预设，就是在一句话中隐含了一个前提假设，这是我最喜欢的催眠语法之一，所以，我已在第三章将它单独讲述。在这里我们再从另外一个角度重温一下。

我们先回顾一下假设的逻辑概念：有 A 才会有 B，那么 A 就是 B 的必要条件。如果 B 成立了，也就是说 A 是必然成立的，A 就是语言中的假设。比如，如果你问“他该判几年”，这句问话就隐藏了一个假设：这个他，是有罪之人。因为只有“犯罪之人”才会被“判刑”，“犯罪”是“判刑”的必要条件，如果“判刑”成立，那这个人一定是“犯罪”的人，所以，“犯罪”就是这句问话隐含的假设。

在催眠时，催眠大师经常会把催眠指令隐藏在前提假设中：

“现在，请留意你的身体，感觉一下哪个部分开始放松了。”

这句话隐藏的假设就是，你的身体已经有一个部分放松了，现在你要做的是找出到底是哪一部分。当你听到这句话时，你会不由自主地去找出身体中最放松的部分：“对，我的脚已经放松了。”这就是预设。

所谓预设就是把一个正向的指令隐藏在前提假设中，让当

事人在没有觉察的情况下接受这一指令，从而让生活变得越来越好。

下面这些例子就是很好的预设：

读完这本书，请留意你的生活发生了哪些好的改变？

（隐藏的预设：你的生活一定会发生好的改变。）

读这本书之前，你知道会收获这么大吗？

（隐藏的预设：你一定会有所收获。）

你准备用什么方法解决你眼前的问题？

（隐藏的预设：你已经有了解决问题的方法。）

你打算用什么方式回报社会？

（隐藏的预设：你一定会回报社会。）

读到这里，请各位读者用预设的催眠语法催眠一下你的孩子和伴侣，看看你可以设计出怎样的催眠句子来。

6. 虚泛词：留白的艺术

虚泛词，是一种被名词化的过程用语，比如，“沟通”“理解”“感受”“允许”等。

我们前面说过，催眠实际上就是设一个上归类范畴比较大的框，留下一个空白，让当事人去填补这个空白。**虚泛词就是一个很好的空白，因为它把一个过程虚泛为一个名词，让当事人在这个被虚化的框架中自由填补与自己有关的内容。**

比如，催眠师说：“注意你的感受……”

他并没有说是什么感受，感受本来是一个过程，是一个动词，但这样被名词化之后就变成了一个框架，这时听到这句话的人就会把自己的感受填补进来。

当你要把当事人带到某个状态时，你可以说：

我知道你们之间会有很好的沟通……

读完这本书之后，请留意那些美好的感受……

请给自己一个允许……

如果你想拉近与人的距离，增加亲和感，你可以说：

我明白你的感受……

你对这件事情有很好的理解……

我们会有很好的合作……

7. 以偏概全：像乐观者一样思考

“盲人摸象”的故事，我们都很熟悉。

5 个盲人把大象说成了 5 种样子，各执己见，互不相让。到底谁是正确的？实际上，他们都只摸到了大象身体的一部分，把部分当成了整体，他们感知到的自然不是大象真正的样子。

盲人摸象这个故事很有寓意，它指出了人们看事情以偏概全的问题。生活中，很多耳聪目明的人同样会犯盲人摸象的错误。

心理学上有一个专属名词——刻板印象，人们会对某一类人或事物产生固定、概括而笼统的看法，当某个人或某件事触发了我们的这些固定看法时，人类的大脑不会详细探索下去，它会直接按照已形成的固定看法得出结论，做出以偏概全的判断。以偏概全的主观臆断会影响我们的判断与决策，让我们无法对人或事情有清晰、完整的认识。

从全面认识事物这个角度看，以偏概全的作用是消极的，不过，消极的东西换一个角度，也可以发挥出积极有益的作用。**在催眠语法中，我们可以利用以偏概全这一规律，把某个单一的正面事件一般化，从而强化当事人的正面行为，让当事人从这一单一事件开始，慢慢养成良好的习惯，最后真的改变人生。**

比如，孩子期末考试排名提高了两名，这时我们就可以夸奖孩子：“你总是这么优秀。”老公送给我们一个情人节礼物，这时我们就可以感谢老公：“谢谢老公，你永远不会忘了爱我。”

以偏概全催眠语法中经常用到的词有：总是、永远、所有、没有、一切等，我们可以这样说：

你总是那么好学。

一切爱学习的人都会越来越好的。

永远都存在着希望。

所有人都可以学会催眠。

没有人是没有资源的。

前面在讲“语言的焦点”时，讲过“乐观者”与“悲观者”，乐观者会把单一美好的事情以偏概全，而悲观者刚好相反，会把单一的坏事以偏概全。在运用“以偏概全”这一技巧时，要记住一个关键点，要像乐观者那样看待事情。如果你遇到一些悲观者式的以偏概全，我们要用另一种语言方式来反催眠，这个在后面的“后设语言模式”中详细讲述。

8. 可能性与必须性：把规则隐藏起来

前面我们讲过，人的大脑有两个特点：第一，人类的大脑会自动去补充一些空白的东西，它要自己去寻求未知中的确定性；第二，人喜欢自己做决定，不喜欢别人为自己的人生做决定。

如果我们直接给别人下指令，对方的意识就会马上警觉起来，进入防卫状态，你的指令就很难进入对方的潜意识了。那怎么才能有效地下达指令呢？我们来看看催眠师是怎么做的。

“如果你愿意，你可以闭上你的眼睛。”这句话是催眠中的常用语。有一些学艺不精的催眠师会说：“请闭上你的眼睛。”这有什么区别吗？区别很大。

当你直接下达指令“请闭上你的眼睛”时，当事人的意识就会问：“我凭什么要闭眼，我为什么要闭眼？”这句话会触发意识的防御功能。

“你可以闭上眼睛”这句话给了对方选择的空间，会让他觉得安全、确定，他会自然地做出决定：闭上眼睛，因为那是他自己的选择。

失之毫厘，谬以千里，看起来没什么区别的两句话，却能产生完全不同的结果。

2003 年，嘉士伯啤酒推出了它的新广告词：嘉士伯可能是世界上最好的啤酒。如果嘉士伯敢说自己是世界上最好的啤酒，一定会引来各种攻击，在这里，中间加了两个字“可能”，没人能再攻击，可很多人心理上却建立了嘉士伯就是世界上最好的啤酒的认知。

“可以闭上眼睛”、“可能是世界上最好的”，其中是什么在发挥作用呢？

前面讲过的预设，是把我们想要发生的事情用假设的方式隐藏在句子中，而“可以”、“可能”这些词语，同样是**把一个“可能性”的或“必须性”的规则隐藏在了句子里，让对方无法对抗和否定，这就是催眠的第七种语法：可能性与必须性。**

可能性与必须性催眠语法的一般用词有：可以、不可以、必须、应该、一定等。比如，下面这些句子：

你应该拥有更好的生活。

你可以变得更有钱。

你一定会感谢今天的决定。

你必须对自己好一点。

听到这些话的人，暗中被下了一个指令，这个指令，他感觉不到，也抓不住，但是内在却能全盘接受。

人与人之间关系的纽带，说到底就是沟通。懂点催眠技巧，一方面，可以降低我们的焦虑指数，让我们的内心更加平和宁静。另一方面，我们与他人的沟通会更为顺畅，能构建更加良好的人际关系。除此之外，我们还能更好地理解他人，释放并传递内在的正能量。掌握了这些语言技巧的你，一定能拥有更好的生活。

到现在我们讲完了 7 种催眠语法，后面还有 11 种，后文我们继续烧脑。

9. 遗失行动者：无画处皆成妙境

由罗大佑作词作曲，张艾嘉演唱的《童年》，相信很多人都很熟悉，“等待着下课，等待着放学，等待游戏的童年”。还有后面“总是要等到睡觉前，才知道功课只做了一点点，总是要等到考试后，才知道该念的书都没有念”。是谁在等待着放学、等待着游戏，又是谁到了睡觉前，功课只做了一点点呢？歌词里没有点名，可所有人都觉得歌中唱的就是自己的故事。随着旋律响起，人们的脑海中涌起的是自己童年时的点点滴滴，它能让我们被感动、被感染、被催眠。这里应用了什么催眠技巧呢？

在说某件事时，我们并不明确指出这是谁说的，或者是说谁的，而是把行动者隐去，对方会自动把自己往故事里套，感觉说的就是他，这是第八种催眠语法：遗失行动者。

为了鼓励身边的人，我经常会说这些话：

学习真的很重要。

新年抓住机会，再上一个台阶。

自从学了神经语言程序学之后，人生更自在了。

进入教室后，整个人感觉更有能量了。

自从学了心理学，人际关系好多了。

这里使用的就是遗失行动者语言，我并没有点出明确对象，可听众却会自动把自己代入进去，他们会思考：“是的，学习对我真的很重要”，“是的，我新的一年一定能再上一个台阶”，“是的，我的人际关系一定会越来越好”。用这个语言技巧，我们可以通过说某个人的故事，影响所有的人。

绘画中有一种技法叫“留白”，在构图时有意识地留出“空白”，就能达到“无画处皆成妙境”的艺术境界，给人无尽的想象空间。庄子也说过：“虚室生白，吉祥止止。”意思是如果房间堆满了东西，有光亮也透不出来，空的房间才显得敞亮，喜庆好事才会不断出现。

留白的技巧同样适用于语言中，说话七分满，三分情，言不在多，达意则灵。在合适的时候，适当留下空白反而能有更好的效果。在遗失行动者催眠语言中，我们把主语省略了，下面要讲的比较删减、动词不明确、说话者不明确都在某些地方使用了留白的语言技巧。

10. 比较删减：没有伤害的比较

我们先来看个小故事。

两个好朋友在森林中遇到了一头猛兽，其中一个立刻换上轻便的运动鞋，另一个跟他说，你换鞋也跑不过猛兽啊。那人回答，我只要跑得过你就可以了。

也许有人会说："这个人太阴险了，关键时刻不管好友的死活，自己先跑了。"在这里我们先不讨论道德问题，这个故事很好地说明了人们为什么总是会跟别人比较。

在求生存的环境下，比身边人优秀的人能够获得更多的生存机会。达尔文的物种进化论"优胜劣汰，适者生存"就很好地诠释了丛林法则的奥义。灾难来临时，什么人存活的概率更大？当然是"跑得快的人"。所以，"比较"是人类的天性，是为了满足自己生存的需要。从远古时代开始，人类为了求生而进行的比较就内置在我们的基因程序中，它让我们获得更多的生存机会，不管我们愿意或者不愿意，我们都会自觉或不自觉地跟别人比较，只有我们比身边的人优秀时，才会心安。

可是，很多时候，人比人气死人，因为一个人不可能处处都比别人优秀。那怎么办呢？催眠师发现了一种语法，把比较的对象删减掉，这种催眠语法叫“比较删减”。

所谓比较删减，就是进行比较时，没有比较的对象，让比较的对象留下空白。因为没有具体的比较对象，所以人们就不会在比较中受挫。所留下的空白让当事人自己去填充，这样就会起到一种正向的暗示作用。

比如，对女士，我们可以说：“你比较漂亮。”这是在跟谁比较？我们删减掉了，没有点出来，可对方听了却很开心，好像她赢了全世界。

对孩子，我们可以说：“你越来越有才华了。”这是在跟什么阶段比较？幼儿园，还是昨天？我们同样删减掉了，没有点出来，可对方却很高兴，他会悄悄给自己打气：“我一定要朝着更好的方向努力发展。”

比较删减还有很多，如下例句供大家参考：

你感觉越来越放松了。

你可以做得更好。

读完这本书，你的语言水平会更高。

你值得拥有更好的生活。

你的人生会越来越好。

11. 说话者不明确：让它像真理一样

危机危机，危中一定有机。

一利必有弊，凡事都有其两面性。

每个人都拥有成功的资源，就像每一颗种子都有成长的基因一样。

选择比努力更重要。

凡事都有三个以上的解决方案。

……

上面这些话听起来是不是很有道理？你会很容易认同它，可是这些话是谁说的呢？话中没有交代，给你留下了一个空白。

为什么留下空白之后你更能接受它呢？试想一下，如果这些话是某人说的，这个某人在你心目中并不是权威，不但不是权威，而且很可能你还看不上他，这时他说的话再有道理，你的内心也会产生抗拒，你的意识自然而然地就会冒出来这么一句话：凭什么？

因此，为了减轻当事人的防卫意识，让某些观点直达潜意识，催眠师刻意把说话者隐去，这种语法叫作“说话者不明确”。**所谓说话者不明确，就是引用某句话时，不说明是谁说的，让这**

句话仿佛是真理一样让人容易接受。

当然，很多时候说到哲理性的、思想性的、真理性的语言时，人们都习惯在前面加上“谁谁说”三个字，比如“鲁迅说”“卡耐基说”“洛克菲勒说”，这样更有说服力。这样做的前提是这个“谁谁”必须是个权威性的人物，这也是一种催眠语法，我们在后面“延伸引述”中会为大家介绍。

当你并不是权威人物，而你想表达的观点又不是出自某权威人物之口时，你可以采用这个方法：隐去说话者，让某个句子没有出处，可它却像真理一样让人没办法抗拒、没办法怀疑。

比如，下面这些话，你看是不是很有道理？

地图不是疆域。

没有两个人是一样的，所以要尊重别人的内心世界。

没有失败，只有回馈。

凡事必有三个以上解决方法。

别人做得到，我也做得到。

人会在每一刻做出自己认为最佳的选择。

没有难相处的人，只有不善变的沟通者。

人的行为不等于他的本质。

没有无资源的人，只有缺乏资源的状态。

身、心属于同一个系统。

沟通的意义在于你得到的回应。

意之所在，能量随来。

每个行为背后都有其正面动机。

若要求知，必须行动。

重复过去的行为，只能得到过去的结果。

……

以上这些是神经语言程序学这门学问的预设前提，是一些强而有力的信念，借此送给各位读者，我知道这些话语对你们的生活一定会有所帮助。

12. 动词不明确：把掌控权留给别人

“来，深深吸一口气，把你的注意力放到你的内在，去听……去看……去感觉……”

这是催眠师经常说的一句话，他下达指令，让你去听、去看、去感觉，可是听什么、看什么、感觉什么，他并没有交代，这又是一种留白的催眠技巧，叫作“动词不明确”。

所谓动词不明确就是动词后面没有明确的说明，开放空间让听者自行想象。

类似的语言还有：

我知道你知道……

觉察你能觉察到的……

只要你愿意去做……

如果你要提升自己，你需要学习……

这种语法在生活里可以怎么用呢？

我们鼓励伴侣时，可以这样说：“只要你愿意去做，你就能成为完美老公（老婆）。”让对方去做什么呢？这里留白，对方就会竭力去做一些让自己更加完美的事。

我们在鼓励孩子时，可以这样说：“只要你努力了，你就能越来越好。”努力什么呢？照旧留白，孩子就会在各方面去努力。

在空白的空间里，当事人感觉自己好像有话语权，好像掌控了自己的人生。虽然这实际上是催眠师设好的框架，但是这种框架能够帮助当事人变得更有力量。

13. 附加问句：让指令变得温和

我们设想一个场景：孩子放学回家，已经玩了很长时间了，还没做功课。家长群里老师又在催促家长要督促孩子做功课，说今天功课比较多，一定要在当天完成。这时，你会怎么做？

第一种做法，你黑着脸走过去把孩子大骂一顿，然后，强硬地说："赶紧去做功课，功课不完成，不准玩！"

第二种做法，你和颜悦色地对孩子说："宝贝，先把功课做完，这样就可以很轻松地玩了，怎么样？"

两种做法，结果会如何？我们要知道，当一个人受到他人的强迫时，心理上会很自然产生反抗，同样的事，自愿去做和受到强迫去做，效果相差很远。第一种做法，在家长的强势监督之下，孩子也许会听话，可是等你一走，他们很可能就又偷懒了，就算不偷懒，也会培养出一个逆来顺受的孩子。

第二种做法，在指令的后面，加上了一个附加问句，让孩子在接受指令时，会感觉自己是有选择权的，这样行动起来是主动的、积极的。

中国古代对君子的标准有"三和"：语柔和、身矮和、心平和。排在第一位的语柔和指的就是话语要温软如玉，在表达想法的同时，还要让对方心生欢喜，能让他情愿接受。那么，怎样才能做到语柔和呢？

在沟通中，当我们直接给对方一个指令时，会引发抗拒，这时，如果在指令语言后面，我们附加一个问句，对方就能很容易接受。比如：

你一定可以按时完成作业，不是吗？

你的工作可以做得更好的，对吧？

一个愿意学习的人会有好运气的，不是吗？

你值得拥有更好的生活，不是吗？

所谓附加问句就是依附在陈述句或祈使句的句尾，用以询问或征求对方同意的简短问句。

生活中，很多夫妻发生争吵就是因为语气问题，有些人会觉得，伴侣彼此间这么熟悉了，就用不着询问商量了。

于是，丈夫会对妻子说："去把我的衬衫洗了。"妻子很生气："我是你的用人吗？"

妻子会对丈夫说："下班早点回来。"丈夫也很生气："我是你的儿子吗？"

解决这个问题的办法很简单，不要觉得没必要，也不要怕麻烦，在你的话语后面加一个小尾巴——"去把我的衬衫洗了，可以吗"，"下班早点回来，好不好"，夫妻关系立刻会融洽很多。

当没有后面的附加问句，只有前面的指令性语言的句子时，这句话会显得很生硬、冷峻，给人一种我们在发号施令，对方不得不接受的感觉，对方内心很自然地就会出现抗拒——"凭什么？""为什么？""我偏偏不"。

而多加了一个简单的附加问句后，整个句子就有了双方处于平等地位、相互商量的感觉，对方的抗拒心理就会小很多。提问者的指令一下转变成了应答者的需求，对方很容易就接受了，这就是附加问句的魅力。

14. 同步现有经历：让人无法抗拒的指令

传统催眠中，催眠师经常会这样做，他先用一个无可否认的方式描述当事人现在正在经历的情境，然后带出一个催眠指令。比如，催眠师会说："你正坐在椅子上，你的背部靠着椅背，你的身体开始放松。""你正坐在椅子上，你的背部靠着椅背"，这是当事人正在经历的情境，是对方无法否定的，然后催眠师带出催眠指令"你的身体开始放松"，当事人很容易就接受了这个指令，并按照这个指令去做。这里用到的就是同步现有经历的语言技巧。

类似的还有：

"当你坐在椅子上时，身体开始放松。"前面一句是真实发生的，后面一句是说话者希望发生的，也就是指令。

"找一个舒适的坐姿坐下来，背部靠着椅背，双脚放到地板上，双手放到大腿上，深深吸一口气。"前面几句是真实发生的，最后一句"深深吸一口气"是催眠师给出的指令，在这样的语境中，对方会很自然地开始吸气。

那这种语法在现实生活中如何使用呢？请读一下下面这句话：

“当你读到这里时，你发现你的语言水平有了不少的提升。”

感觉怎么样？这是真的吧？这句话所用的就是“同步现有经历”的催眠技巧，前面一句是真实发生的，后面一句是指令。我们再看下面这些常用的开场白：

“我们认识了十多年，你会相信我的。”

“今天天气不错，咱们合作愉快。”

“好酒、好菜、好朋友。”

……

这些话之所以有效，是因为前面是真实发生的，后面是你希望发生的。

用一个无可否认的方法描述当事人现有经历，然后带出一个催眠指令，这种催眠语法就叫“同步现有经历”。

在同步现有经历语法中，前面的话很重要，它能让对方的潜意识感受到沟通双方的认知是一致的，也就能让潜意识把对方当成“自己人”。

人际交往中有一个“自己人效应”，自己人指的是那些与自己志向、价值观等相近，或者是处于同一地域、组织的人，人们更喜欢与“自己人”相处，面对自己人时，他们心理上会比较放松，没有压力，也不会有戒心，对对方说的话更容易相信。

利用这种原理，在与人沟通时，我们可以应用一个语言技巧：同步带领。先同步对方说的话，最好是能有两个同步，然后带领对方往我们想要的方向走，就能收到良好的沟通效果。

下面是我在课堂中与学员练习的一个例子。

我：你是哪里人？

学员：我来自广西南宁。

我：（你来自广西南宁，南宁可是个好地方，）你为什么来这里学习呢？

学员：因为我很崇拜团长，我希望能在您身上吸收到很多的能量和知识。

我：（原来你认为从别人身上吸收能量和知识对你来说很重要，那你一定是一个很爱学习的人，）你是做什么工作的？

学员：我是做金融的。

我：（原来你是做金融的，金融是一个很大的范畴，）你具体做些什么工作？

学员：我在一个外资保险公司做经理。

我：（原来你在保险公司做经理，保险对人是很重要的，）你喜欢你的工作吗？

……

在这个练习中，对方说出一句话后，我会同步他，重复他说的话，对方就会有遇到了知音的感觉，他会"知无不言，言之不尽"，跟我有很多话说。我们试着把上面对话中括号里面的同步的内容去掉，再看这个对话，感受一下学员的感受，是什么滋味呢？他会有一种被当成犯人审问的感觉，带着这种感觉，谈话能继续下去吗？很难。

学会了同步带领的语言技巧，如果有人跟我们诉苦，我们就会这样说："我知道你现在很伤心，这样的情况肯定会让你感到很难过，接下来你有什么计划呢？"前面两句是同步，后面一句是带领，这样的语言结构，一方面能让对方明白你非常理解他的感受，另一方面能够激发对方继续倾诉的欲望。感受一下，把前面两句同步去掉，我们直接说"接下来你有什么计划呢"，对方什么感觉？他或者觉得你在敷衍，或者觉得你难以共情，他倾诉的欲望一下就冷却了，用一个网络语言来说，就是“把天聊死了”。

在与人交谈的过程中，适当重复对方的话，能体现我们对对方的尊重，还可以对问题和结果进行强化，激发对方谈话的兴趣，加深朋友之间的交往。不过，要注意，重复也要恰到好处，过多的重复容易给人一种你的关注点没有在这里的感觉。

15. 双重约束：让人没有选择的选择

还记得前面我们讲过的一个例子吗？卖米粉的问："加一个鸡蛋还是两个鸡蛋？"顾客看起来可以选择一个或者两个，但是，不管如何选择，都必须加蛋。

这种让对方看起来有选择，其实不管如何选择，都在自己设定的框架之内的催眠语法叫"双重／多重约束"。这是前面讲过的"预设"催眠语法中一个更细的分类。

让当事人在两个选择中选择，叫双重约束；如果给出更大的选择范围，让当事人选择，叫作"多重约束"，比如：

你准备请我吃什么菜？是粤菜、川菜还是湘菜？

你打算什么时候开始运动？是今天，明天，还是后天？

在销售行业，销售员有一条公认的销售铁律：永远不要让顾客做问答题，而是做选择题。

什么是选择题，什么是问答题呢？

顾客来了，了解完需求后，销售员问顾客："这三套房子，你看中哪套？"这是给出了选择题，如果销售员问："您感觉这几套房子怎么样？"这就是问答题。两种询问方式，结果会截然不同。

在选择题的前面隐藏一个假设，这就是双重 / 多重约束，也就是让对方看起来有选择，但不管如何选择，对方都在我们设定的框架之内。

还有一种更隐蔽的双重约束，当事人根本意识不到这是一种选择，其实也是一种选择，比如：

“在读这本书之前，你知道自己原来还挺有语言天赋的吗？”

不管你的回答是“知道”还是“不知道”，“你是有语言天赋”的这个指令我已经植入你的潜意识了。

16. 延伸引述：故意让你听不明白的技巧

前面讲过的“说话者不明确”是隐去了说话者，现在我们要分享的这种催眠语法刚好相反，它格外强调说话者。

我们先看下面这段话：

“我的老师张国维博士曾经跟我说，他有一位得了不治之症的学生，因为学习战胜了疾病，重新活了过来，这位学生专程来告诉他学习真的可以改变命运。”

你看完这段话，对“学习真的可以改变命运”这个观点是不是更容易接受了？这种引述某人说的“某人说”语法，叫“延伸引述”。

所谓延伸引述就是引述某人说某人说过的话，这里两个某人不是重复了，他们指的是两个不同的人。这样做的好处是绕过当事人的意识防卫，减轻意识的抗拒。

前面说过，当某句话是权威人士说的时，一般人比较容易接受。但当说这句话的人并不权威，至少不是大众认可的权威时，可以隐去说话者，也可以用多个说话者的方式来强调这句话的可信性。

比如，我跟你们说：“有一次在一个社交的场合，我碰到一位陌生人，他说他太太上完我的课后告诉他，心理学是人生最值得学的学问。”在一个很随意的场合，听到这句话，什么信息会牢牢地进入你的头脑，肯定是“心理学是人生最值得学的学问”。

这样说话是不是让人听着很绕，这恰恰是延伸引述的魅力所在，前面一些绕弯的语言让对方意识迷糊，降低了他的防卫心理，这个时候，我们降低语速，强调后面正向暗示的内容，对方的潜意识就会全盘接受。

所以，学过催眠的朋友都知道，有时候说话的目的不是让你听懂，而是故意让你的意识迷糊，只有在你的意识迷糊的时候，关键的话才能有效地进入你的潜意识。延伸引述就是这样一种催眠语法。

17. 选择性违反限制：违反常理才符合常理

雍正八年（1730），翰林院士徐骏因为一首诗而被雍正所杀。这首诗叫《无题》：

莫道萤光小，犹怀照夜心。

清风不识字，何故乱翻书？

为什么这首诗会让徐骏送命呢？原来，徐骏自幼就有才子之名，他对清朝统治十分不满，经常借诗画表达对清朝统治的不满。这首诗就是借“萤光”“清风”来表达自己的思想和感受。

在中国古诗词里，这种借物抒怀的诗句比比皆是：

子规夜半犹啼血，不信东风唤不回。——王令《春晚》

郴江幸自绕郴山，为谁流下潇湘去。——秦观《踏莎行》

春花秋月何时了？往事知多少。——李煜《虞美人》

流莺枝上不曾啼，知君肠断时。——佟世南《阮郎归·杏花疏雨洒香堤》

这是一种违反常理的描述，将动物或没有生命的物品用拟人的手法赋予生命和感受，这种语法在催眠里叫“选择性违反限制”。

在人们的交往过程中，有时会出现这样的情况：有一些话语使人尴尬、惹人不快、招人厌恶，如果直接表达出来，就会让人觉得粗俗、生硬、刺耳、无礼，会得罪人，可不表达出来的话，我们又会觉得委屈，让自己生活得不开心。这时，你可以使用这一语法，这样既能让人接受，又不太伤对方面子，同时还带出幽默感。

比如，一个200多斤的顾客来餐厅就餐，餐厅服务员听到椅子被压得咯吱响，想给顾客换一个承重力更强的椅子，她直接说："你太重了，坐这个吧。"顾客很可能会恼羞成怒，这时，不如换一种说法："这张椅子想休息一会儿了，您坐这一张吧？"顾客会更容易接受。

孩子在摔打玩具，我们直接说："不要摔，会摔坏的。"这会激起孩子的逆反心理，我们越说，孩子越是忍不住要摔，我们态度会越强硬，亲子大战就又开始了。这时，不妨换一种说法："哎呀！好痛！玩具说它好痛，身上疼，头也疼，胳膊也疼。"用拟人的手法把玩具的感受表达出来了，孩子会更加感同身受，他会自发去约束自己的行为。

一个内向的男孩向心仪的女孩告白，动听的话，他不好意思说出来，这时，他就可以在女孩生日的时候送她一束火红的玫瑰，女孩立刻就能明白男孩的心意。女孩想拒绝男孩，又怕伤了男孩的心，她就可以把玫瑰推给男孩说："不好意思，我的猫不喜欢花。"事实上呢？女孩并没有养猫。"我的猫"指代的就是"我"，"不喜欢花"其实就是"不喜欢你"。

学会了选择性违反限制，你肯定能发现，很多时候，巧妙暗示胜过直接表达，婉转回旋的表达方式，温和却有力，用好了，自己和他人都能心情舒畅、愉快相处，取得事半功倍的效果。

18. 含糊：一语双关的催眠指令

据说有这样一个典故。一次，乾隆权臣和珅和编修纪晓岚在花园饮酒（当时和珅官居尚书，纪晓岚则为侍郎），忽然，一条狗从他们身旁经过，和珅借机捉弄纪晓岚，于是指着狗问纪晓岚："是狼（侍郎）是狗？"纪晓岚呢，不愧是个才子，他巧妙地回答："尾垂为狼，上竖（尚书）是狗。"

这是一则巧妙利用双关语骂人的故事。这种语法在催眠里也经常被采用，比如，我们都知道，一个人睡不着时，可以数绵羊。但大多数人不知道的是，数绵羊这个方法在中文语境下是没有效果的，因为这是一种在英文语境下的催眠方法。

绵羊的英文叫"sheep"，睡觉的英文是"sleep"，这两个词的发音类似，因此人在数绵羊时，虽然说的是"sheep"，但潜意识听到的是"sleep"，于是，在这种暗示下，很快就会进入睡眠状态。

那中国人睡不着时怎么办呢？可以数"水饺"，因为"水饺"与"睡觉"发音相似，当你"一个水饺、两个水饺、三个水饺……"这样数下去时，你的潜意识就会收到"睡觉"的暗示，在重复的暗示中，就会慢慢睡着。

2020年，全球新冠肺炎疫情暴发，按照中国的经验，隔离是最好的防治举措，可美国就隔离和人权问题纠结了很久。对此，网络上出现了这样的段子：

隔离，人权没了；

不隔离，人全没了。

后来，网民又对这个段子进行了升级：

隔离，I see you；

不隔离，ICU。

这里也用到了双关语。

这种语法在催眠中叫作"含糊"，就是一语双关，表面上在说一件事情，但是让对方的潜意识却能听到另外一个意思，这样，催眠师所发出的指令，当事人的意识来不及防卫就被潜意识接收了。

在中国的禅宗公案里，有大量利用这种语法让人开悟的故事。

《指月录》里记载了这样一个故事。德山宣鉴20岁出家，在佛理上颇有造诣，在四川经常跟人讲《金刚经》，人称"周金刚"①。他听说南方有禅宗可以直指人心，可以让人顿悟，感觉非常愤怒，他认为，出家人千年万劫地修行，还未必能成佛，现在居然有人说可以见性成佛，这简直是魔道。于是，他挑了担解说《金刚经》的《青龙疏钞》离开四川，准备到南方擒获那些走岔道的修行者。走到澧阳路上，见到一位老婆婆在卖点心，他肚子饿了，就放下担子，向婆婆买点心。

---

① 德山宣鉴，唐代高僧，俗姓周。——编者注

恰巧，这位婆婆就是一位禅宗高手，她指着担子问：

“担子里是什么？”

德山：“解读《金刚经》的《青龙疏钞》。”

婆婆：“我问你一个问题，如果你答得出来，这点心就送你，算是我供养有道之人，如果答不出，请你离开，我的点心不卖给你。”

德山心里想：《金刚经》我已经背得滚瓜烂熟了，还怕你问？于是接受了这个条件。

婆婆道：“《金刚经》说，‘过去心不可得，现在心不可得，未来心不可得’。现在你说要点心，请问你点的是哪个心？”

德山顿时被问住了，他完全没想到，佛法还有这样一片天地。

被婆婆点了心后，德山点心没吃成，腹中空空，但心中却生起了很多疑团，便急往龙潭寺求解。

这时，他没有忘记自己是为什么而来的，所以，见了崇信禅师后，德山高声喊道：“久闻龙潭大名，近日来到此地，为何潭又不见，龙又不现。”

面对这个外来和尚的挑衅，崇信欠身笑道：“你不是来了吗？”

宣鉴再一次愣住了。

是啊，自己已经到了龙潭，如果龙也不见，潭也不见，那自己是什么？

宣鉴禅宗被崇信的佛法迷住了，他在龙潭寺住了下来，潜心学习禅法，最后成了一代宗师，他所开创的流派被后人称为“德山禅”。

从这个故事中，我想大家已经体会到双关语的威力了。禅宗大师点悟弟子所用的语言叫“机锋”，所谓机锋就是在适当的时机下，用锋利的语言直指人心。直指人心用现代心理学的表述就是直接进入对方潜意识，这一点跟催眠很相似。一般的教学中，老师说一是一、说二是二。禅宗不一样，禅宗会用言外之意，去破掉一个人的“我执”，让人豁然开朗。所谓我执，就是一个人原有的信念系统。

催眠也一样，通过含糊这种语法，绕过一个人意识的防卫，直达其潜意识，避开他习惯的信念系统，在其潜意识中种下一颗新的种子，等到这颗种子长大后，被催眠的当事人就可以获得新的生命。

当然了，催眠中的含糊跟禅宗的机锋一样，是需要时机的，也需要大量的语言积累，才能在时机到来时一语中的。

在这套催眠语言里，只有这里的一语双关是需要很高的文采的，其他的语言技巧只要我们理解到了、感悟到了，然后勤加练习就能信手拈来、灵活应用。

19. 利用：
一切都可以成为资源

宋代文豪苏东坡不仅诗文卓绝，说话也很有机锋。一天，苏东坡和老友佛印对坐闲聊，突然来了灵感，想戏弄一下佛印，便说："我想起了两句诗，'鸟宿池边村，僧敲月下门'和'时闻啄木鸟，疑是叩门僧'，可见，和尚和鸟是一对儿。"

佛印听了略一思索，冷不丁地说："正是，就像贫僧跟学士您。"

苏东坡本想把佛印和鸟归在一类，嘲讽一番，不想佛印机敏过人，一句话便把苏东坡当成了"鸟"。苏东坡一时竟无言可对。

这就是利用。世上没有无资源的人，只有不会使用资源的人。如果你懂得利用，当下发生的一切，都可以成为你的资源。

《煮酒论英雄》是三国演义中一个非常著名的精彩片段。当时，曹操气势正盛，而刘备一无所有，只能韬光养晦，每天在地里种菜打发日子，生怕曹操发现自己有称霸一方的野心，提前把他灭了。

有一次，为了试探刘备，曹操邀请刘备来喝酒。酒席上，曹操突然说了一句话："天下英雄，只有你和我算得上。"刘备一听，以为曹操识破了他的伪装，大吃一惊，手中筷子啪嗒掉地上了。

如果曹操发现了刘备的心思，肯定会杀了他的，怎么办呢？恰好这个时候，天边响起了一串炸雷，刘备灵机一动，他从容地拾起筷子，说：“这个雷太响了，吓了我一跳。”刘备这一随机应变真是太漂亮了，不仅解释了自己为什么掉了筷子，还加深了自己一贯的胸无大志的形象，进一步迷惑了曹操。

刘备和佛印都是利用资源的高手，他们一个利用了天上的响雷，一个利用了对方嘲笑自己的诗句，把不利的形势扭转了过来，**这种把当时的环境变化都化成自己的可用资源的语法在催眠里叫作“利用”**。

一个好的催眠师，能够把课室里发生的任何事情都为己所用。假如在催眠时，催眠师正说到“闭上眼睛，深深地吸一口气，放松你的身体”时，外面“轰隆”一声打了个响雷，催眠师会怎么反应呢？他会把这个意外事件利用起来，适时补上一句：“刚才的一声响雷让你的每一个细胞都更加放松了。”

这种语言技巧在销售中也很好用。当我跟客户介绍产品时，客户敷衍我说：“你们的课程挺好，可我没有时间。”这时，我会说：“那就对了，我的课程就是专门针对您这种没时间的企业家设计的，我之所以会设计这个课程，是因为我看到大量的企业家忙于工作，没有时间享受生活，我感到痛心，所以，我设计了这个将心理学用于管理的课程，如果你掌握了这种‘教练式管理’方法，那您就有更多时间享受生活了。”总之，无论他说什么，我们都可以巧妙地把它变成为我所用的资源。

有些人很害怕突发的意外，害怕在自己掌控范围外的变化，今天，你学会了“利用”这种催眠语法后，就再也不怕任何变化和意外了，因为所有的变化和意外都成了你可以利用的资源。

20. 识别催眠十八法

好了，催眠十八法已经全部跟大家分享完毕了，最后留个小功课给大家，请大家阅读下面这段话，检测你能够识别出其中使用了多少种催眠语法。

亲爱的读者们，当你读到这里，这本书的内容已经过半了，我相信你的语言水平已经有了很大的进步，你的人际关系可能更好了。请你留意一下，在你的生活或工作中，发生了哪些好的变化?

我知道你是善良的人，因为善良的人会在意别人的感受，所以，为了你爱的人和爱你的人，你会继续提升语言水平的。善良的人都是好人，好人心地都善良，但是，光有善良是不够的，还需要有智慧，不是吗?如果你同意这一点，我想你会去练习。我不知道你会与你的家人练习，还是与你的朋友练习；我也不知道你是今天去做，还是明天开始做。不管是什么时候，如果你有进步了，我希望你能跟我分享你的喜悦。

你看我的这本书，我知道你是一个好学的人，好学的人都会有好的人生。我的一位 80 多岁的老师告诉我，她说她这辈子得到最好的忠告来自她的妈妈，她的妈妈告诉她："学习可以改变家族的命运。"我非常认可这句话，一个不断成长的人，小狗都会喜欢你，更不用说人了。

也许有读者会说，语言太难学了。正是因为语言不容易学，一旦你学好了，你就会更有优势。我们都知道，颜值很重要，“言值”同样很重要。只要你掌握了语言的技巧，你的“言值”就会大大地提升。

不管你今天过得如何，你都可以变得更好，因为，你值得拥有更好的人生。

第六章

反催眠：后设语言模式

- 负面语言的杀伤力是非常恐怖的，它的影响出现在社会生活的方方面面。
- 面对负面催眠时，如果可以退后一步，从一个抽离的位置来看待这些语言，就不会受到它们的影响。
- 后设模式就是站在一个超然的位置去看清楚语言中的模式，从而能跳出语言中的负面框架。
- 看到就能知道，当我们能看到的时候，问题也就不再是问题，负面框架也就无法束缚我们了。

1. 负面催眠正在吞噬你的人生

一个失落的孩子，拿着26分的考卷回到家，考这么差的成绩，本来已经十分难过，可是更惨烈的还在后头：

“你脑子让猪吃了吗？”

“考成这样，还有脸回家？”

孩子不小心弄碎了花瓶，低着头，不知所措，还没等开口认错，父母难听的话语便席卷而来：

“天天毛手毛脚，你上辈子是闯祸精啊？”

“家里有你，真倒大霉了！”

一个小孩抱着足球回家，他刚刚踢了一场超有趣的足球赛，兴奋地想跟父母分享，却被父母各种嫌弃：

“没见过这么脏的孩子。”

“你是从垃圾堆里拣出来的？”

上面是全球儿童安全组织Safekids发布过的海报的三个场景，这样的场景是不是很熟悉？

美国艾奥瓦大学的一项研究显示，每个孩子平均每天会从父母口中得到超过 400 条的负面评论，而正面评论却只有 30 多条。

“你怎么这么笨？”

“一点小事都做不好！”

“为什么别人能做到你就做不到！”

“你脑袋里装的是什么？”

“这么简单的题目都不会！”

“别哭了，再哭就不要你了。”

这样的话语是不是很熟悉？

世界上绝大多数父母都是真心爱孩子的，可很多时候，他们的爱却在不经意间造成了伤害。

美国著名儿童教育学家阿黛尔·法伯说过：“永远都不要低估你的话对孩子一生的影响力。”父母的语言里，藏着孩子的未来。父母的否定、打击、批判，会给孩子消极的心理暗示，并转化为孩子“内在的批判声音”，形成强大的“反自我”意识，这种意识，他很可能一辈子都摆脱不了。

有一份调查资料显示，40% 以上的青少年罪犯，都遭受过父母语言上的伤害。这些孩子的父母用一句句暴力语言将孩子的未来断送，也给其他人、其他家庭带来不可逆转的伤害。

俗话说，良言一句三冬暖，恶语伤人六月寒。负面语言的杀伤力是非常恐怖的，它的影响不仅仅局限于父母和孩子之间，而且出现在社会生活的方方面面。

著名笑星罗温·艾金森以“憨豆先生”这个经典形象将欢乐带给了全世界，谁能想到，他却是一名抑郁症患者。而他患上抑郁症的直接原因是影评家们的批评，当时他拍摄了电影《英国间谍约翰尼》，影评家们对他说了很多难听的话，在强大的心理压力下，他患上了抑郁症。

很多人不理解，一个那么欢乐的人怎么会因为别人的几句负面点评就得了抑郁症；一个能考上北大的聪明女生，怎么会因为别人说了几句歹毒的话，就真的放弃自己的生命？为什么呢？因为他（她）被负面语言催眠了。

前面我们学了很多催眠的技巧，我举的都是正面的例子，但千万不要以为所有的催眠都是好的。催眠仅仅是一种技术，就像一把刀一样，好人拿着可以帮人，坏人同样可以用来做坏事。当然，还有很多不明就里的人，他们在无意的状态下使用了负面催眠，更有甚者，他们带着爱的名义去伤害。因此，学会正面催眠还不够，我们还要懂得防范别人负面的催眠。

催眠就是设一个上归类的框，如果这个框是积极的、美好的，身边的人就能收到正向引导，人生都会变得越来越光明。可是，如果这个框是消极的、负面的呢？

比如有人会这样说话：

我没有希望。

我无能为力。

我不可以。

我就是一个穷人。

我有什么办法？

说这种话的人，他把自己的世界框在一个负面的框架中，自我设限、画地为牢，这叫自我负面催眠。

如果别人这样对你说：

你越来越蠢了。

你不可能成功的，别做梦了！

这么小的事都做不好，还做什么大事？

你让我丢脸！

你学历低，这工作不适合你！

……

这些话都很熟悉吧？这是别人正在给你下套，如果你相信了这些话，你的人生也就没什么希望了。可是这些话语在有意无意之中使用了催眠技巧，很容易进入你的潜意识，特别是说这些话的人是领导、权威或者你所信任的人时，你就更容易被影响了。

那么，遇到这些负面催眠时该怎么办呢？

催眠是一个上归类的框，只要我们能够看见这个框，就可以从这个框架中走出来，这叫作破框，这种技巧我们前面已经学习过了。本章重点介绍一种应对负面催眠的破框语言技巧，叫作“后设语言模式”。

后设语言模式从英文“meta-model”翻译过来，“meta”在英文中是“超然”的意思，**所谓后设模式就是站在一个超然的位置去看清楚语言中的模式，从而跳出语言中的负面框架。**

当局者迷，旁观者清。面对负面催眠时，如果可以退后一步，从一个抽离的位置来看待这些语言，就不会受到它的影响。这有点类似中文语境中的“反思”和“反省”，即从另一个角度去思考自己。

语言是有生命的，它同时具备创造和毁损的能力，有智慧的人都懂得从当前的状态中抽离出来，带着一份觉察，带着一份清楚的认知，退后一步，重新审视让自己迷惑的语言。这样一种让自己从某个框架中走出来的语言技巧，我们称为“后设语言模式”。

后设语言模式，让我们能对自己或别人的语言背后的含义有更好的洞察，能够迅速发现自己或对方的语言背后的深层含义，包括自己思维和逻辑上的缺陷。

神经语言程序学有个预设前提叫作“地图不是疆域，但是你的地图就是你的疆域”。意思是你看到的地图，它只是你理解这个世界的一种标记的方法，但是因为你就是凭这个地图来认识世界的，所以，你的地图往往会成为你的疆域。正所谓“存乎中，形于外”，我们内心的变化一定会在外部世界表现出来。我们想要改变外面的世界，最简单的方法就是改变内在的地图，因此，要破掉负面的框架，我们需要做的就是拓宽我们的内在地图，如此，就可以扩张我们外在的世界。后设语言模式能帮助我们站在局外审视自己的内在世界。看到就能知道，当我们能看到的时候，问题也就不再是问题，负面框架也就无法束缚我们了。

催眠语法是设一个上归类的框，后设语言正好相反，它是一套下归类的破框语言技巧，分为删减、扭曲和一般化三大类。

2. 删减：把缺失的内容找回来，就能看清真相

什么叫删减？我们先来看两个小故事。

美国知名主持人林克莱特在一次节目上采访了一个小男孩，他问：“你长大后想要当什么呀？”

男孩回答：“我要当飞机驾驶员！”

林克莱特接着问：“如果有一天，你的飞机飞到太平洋上空时，所有引擎都熄火了，你会怎么办？”

男孩想了想说：“我会先告诉坐在飞机上的人绑好安全带，然后我挂上我的降落伞跳出去。”

现场的观众听了这个答案，都笑得东倒西歪，他们认为孩子就是孩子，因此才会说出这么不负责任的话。在他们的理解里，男孩的意思是让飞机上的人绑好安全带等死，而自己却跳伞逃生。

在观众们的哄笑声中，林克莱特注意到，孩子眼里噙满了泪水，里面有着悲天悯人的充沛情感。林克莱特制止了在场观众的哄笑，他问男孩：“为什么要这么做？”

男孩大声地回答：“我要去拿燃料，我还要回来！”听到这番话，在场的观众都震惊了。

试想一下，如果林克莱特最后没有给男孩说话的机会，这将造成多大的误解。

在与人沟通时，语言很难表达全面内容，大多数信息都会在有意或无意中被删减掉，这些删减往往会让人得出完全相反的结论。

一位昆虫学家和他的商人朋友一起在公园里散步。忽然，他停住了脚步，好像听到了什么。

商人朋友不解地问："怎么啦？"

昆虫学家声音里满是惊喜："听到了吗？是一只蟋蟀的鸣叫。这绝对是一只上品大蟋蟀。"

商人朋友静下来，认真听，可还是什么都没听到，他怀疑地看着昆虫学家："我什么也没听到！"

"你等着。"昆虫学家一边说，一边向附近的树林跑了过去。不一会儿，他捉了一只蟋蟀回来，兴奋地说："看见没有？我没听错吧！这可是一只大将级的蟋蟀！"商人忍不住感叹昆虫学家的听力实在是太强。

两人边聊边走，突然，商人停住了脚步，他弯腰拾起了一枚掉在地上的硬币，这次轮到昆虫学家感叹商人的眼力太厉害了。

为什么昆虫学家能听到昆虫的鸣叫，而商人能看到地上的硬币呢？因为两人对世界的关注点不一样，这决定了他们眼中的世界也是不一样的。

第一个故事告诉我们，话语中信息的遗漏会给听者造成很大的理解偏差。第二个故事告诉我们，我们的大脑会根据自己的关注点不同，而遗漏一些信息，同时选择一些信息。

负面催眠会利用语言的删减原理，让当事人陷入困境。**删减类的后设语言模式，就是对这类的删减保持觉察，从负面催眠状态中抽离出来，站在超然的位置，通过下归类的语言模式，把被删减的内容找回来，从而跳出困境。**

删减类的语言有四种类型：简单删减、比较删减、主词不明确和动词不明确。

（1）简单删减

简单删减就是简单粗暴地删减了话语中的重要元素，从而使得句子不再完整，要想破解这种负面催眠，我们只需要把删减的信息补充完整。

比如，有些人自怨自艾“我不会做”，他用这样一个很含糊的话语把自己的潜能压下去，潜能只好躲在一个角落里面，不敢出来。我们要想破掉这样的框架，只需要追问一句：“你不会做什么？”通过下归类让他破框而出。

前面我们讲的那个例子，员工说：“老板，不好了，出问题了。”老板问一句：“出什么问题了，哪里出问题了？”这样就可以把信息补充完整。心情抑郁时，有些人会自我催眠：“我什么都做不成。”这时我们追问一句：“你做不成什么，能做成什么？”

面对这种类型的删减，只要往下归类，找出被删减的元素，就能从负面催眠中走出来了。

（2）比较删减

比较删减，就是删减了话语中的比较对象，这时我们找回衡量标准就能成功破框。

很多家长经常会问我一个问题："我的女儿原来是班上第一名的，现在考上高中之后变成了班上的第 55 名，她越来越差了，我该怎么办？"我会问他："你女儿上的是哪所高中？现在高中的第 55 名，有多少竞争对手，之前班里的第一名，有多少竞争对手？"很多家长就会领悟到："哦，我女儿现在进入了省内最好的高中，要和全省的人竞争，之前只要和一个区的孩子竞争，因此，现在的第 55 名，并不代表女儿越来越差了。"孩子家长找到了比较标准，对孩子的问题也就能看得更加清楚了，否则，不看比较标准，只是一味给孩子贴上"太差了""变笨了"的标签，孩子就太可怜了。

相信很多人都有这样的体验：当我们被人比较时，我们被贴上了负面的标签，自信心和存在感都会直线下跌，世界好像突然间变成了黑漆漆的一片。这时，只要我们找到衡量标准，就能撕破乌云，让阳光从一片漆黑中露出头来。

掌握了这个技巧，下次有人再说"你真笨"，我们就可以去找衡量标准。"跟谁比，你觉得我比较笨，是跟马云比，还是跟李嘉诚比？如果是跟这两个人比的话，我笨一点，人生同样可以很精彩。"

（3）主词不明确

主词不明确，就是一句话中主语含糊不清，常用词有"他们"、"人们"、"谁"等，这种现象在是非和流言中很常见，比如：

"他们都说你不好。"

"我们认为你信不过。"

"人们都不喜欢你。"

"顾客不喜欢我们的产品。"

"谁都会这样想啦。"

化解这类语言的方法就是找出主语具体指代的对象。

"他们是谁？"

"'我们'是谁？你和谁这样认为？"

"'人们'是谁？能具体告诉我吗？"

"有多少顾客不喜欢我们的产品？占总顾客比例多少？"

"你所说的'谁'究竟是谁？能具体告诉我吗？"

这些负面的催眠就像一片乌云，笼罩在我们的周围，让我们看不清事实的真相。破解的方法很简单，就是把目光聚集在细节上，当你看清楚这些被模糊的细节，催眠就不攻自破了。

（4）动词不明确

动词不明确，就是话语中动词所描述的行为不够清晰，化解这种负面催眠，我们需要找出动词的特定意义。

在亲密关系中，你是否曾经被伴侣抱怨过？

"你都不关心我。"

"你伤害了我。"

"我无法和你沟通。"

……

如果你的伴侣这样对你说，你是不是很难受，或者很委屈？因为你认为你并不是对方所说的那样。可是，沟通的意义在于对方的回应，这确实是对方的感觉，如果你只会跟对方争论，就算你证明对方是错的，你赢了争吵，却输掉了关系。那怎么办呢？

你是否发现，“关心”、“伤害”、“沟通”这些动词所指向的对象并不明确？只要你找回这些被删减的内容，你自然就能轻松应对。

比如，这时你追问一句：“亲爱的，你希望我怎样关心你？”

也许对方会说：“我换了发型你都没反应。”

这时，你心里就会松一口气，啊，原来这样。当你搞清楚了这些动词所指的对象后，你是不是就可以简单应对了？

类似的情况还有：

“他搞破坏。”

“他破坏了什么？损失多大？”

“这件事很难处理。”

“处理什么？希望达到什么效果？”

在与人沟通时，言简意赅很重要，但是言简意赅不代表可以把重要的信息删减掉，当有人想用这种办法迷惑我们的时候，我们及时把删减掉的信息补充完整就能避免负面催眠。

读到这里，你有没有发现，跟前面的催眠语法比较，后设语言模式要简单得多？这是因为它们是同一套东西的正反两面，我们学会了催眠，破除负面催眠就很容易了，把之前学到的技巧反过来用就可以了。

3. 扭曲：你认为的真实，只不过是你塑造出来的结果

看到过这样一则小笑话。课堂上，老师说："今天我们学习减法，比如，你哥哥有 5 块苹果，你从他那儿拿走了 3 个，结果怎样呢？"小明回答说："结果就是哥哥把我揍了一顿。"

老师口中的"结果"，意思是剩下多少苹果，小明却把他转化成了哥哥的反应，同样的用词，却有完全不同的意思。

在这个小笑话里，意思扭曲，只是引得大家发笑，并没有造成实质的伤害，但现实生活中沟通的语言被扭曲，很可能导致严重的后果。

有一个寓言故事叫《牛是怎么死的？》。在这个故事中，牛在辛勤劳作一天后，对狗抱怨："今天太累了，明天真想歇一天。"这句话经过狗的口传给了猫，猫又传给了羊，羊又传给了鸡，鸡又传给了猪，猪传给了妇人，妇人又传给了男主人，男主人从妇人嘴里听到的话是这样的："牛想背叛你，它想换一个主人。背叛是不可饶恕的，你得好好想想怎么处置它！"男主人听了这话，气得要死，对妇人说："对待背叛者，杀无赦！"然后他就把牛杀了。

有一个成语叫流言蜚语，意思是一些风传的、没有根据的话

说着说着就变味了，这就是扭曲。扭曲语言有五种类型：猜臆、因果、复合等同、预设、虚泛化。对于这种被扭曲的语法，如何化解呢？

（1）猜臆

猜臆就是声称自己知道对方的想法或感受，事实上只是主观猜臆。比如，下面这些对话：

“我知道你看不起我。”

“他不再爱我了。”

“他是有意针对我的。”

“我知道你讨厌我。”

……

我们很容易认出这类句子，因为他的判断是自己无法确定的。

如何打破这种负面催眠呢？我们需要挑战说话者判断的依据。

“你根据什么做出这样的判断？”

“你是怎么知道的？”

“是吗？你从哪里看出来的？”

……

用下归类语言，去寻找判断的依据，当对方找不到绝对的证据时，负面催眠也就破解了。

（2）因果

催眠部分，我们讲过艾伦·兰格的插队实验，知道了只要给出一个理由，插队的成功率就会高很多。运用这个原理，我们在给人正面暗示时，可以在指令前加上一个前因，这样当事人会更容易接受。

同样，有了一个似是而非的“因”，负面指令也很容易进入当事人的潜意识。

比如：

“今天天气不好，我心情很糟糕。”

“今天堵车，所以我才迟到了。”

“他不爱我了，我活着也没意思了。”

“经济不好，生意难做。”

……

这些话听起来很有道理，对吧？如果你这样认为，你已经被催眠了。这种催眠明显会局限你的人生，所以，我们必须破解它。

如何破呢？

你认真看看这些句子后会发现，它们有着共同特点，就是把两件本无必然关系的事情关联起来变成因果关系。

“天气不好”跟“心情糟糕”并无必然关系，天气不好时，有很多人的心情是可以很好的。如果把自己的心情好与坏的决定权交给了天气，就好像把自己人生的遥控器交给了别人一样，只能被动地活一生。

挑战这两者的因果关系，让当事人看到这两者并没有必然的因果关系，催眠就被破解了。

“你的心情是由天气决定的吗？天气跟你的心情没有什么直接关系吧？”

“堵车跟迟到有必然关系吗？有没有人堵车的时候也准

时到？”

“他没爱你之前，你不是活得挺好吗？”

“经济不好的时候，有没有人生意做得很好的呢？经济好的时候是不是所有生意都好做？”

当事人意识到这两者并没有因果关系时，就会醒悟过来：哦，这是一个很荒唐的想法。

（3）复合等同

在酒桌上，有朋友来敬酒：“感情深一口闷，感情浅舔一舔，不喝这杯就是不把我当朋友。”如果你是不喝酒的人，怎么办？

男人们回到家，老婆一脸哀怨：“你连我的生日都不记得了，肯定是不爱我了。”如果你真的是一时疏忽，如何化解老婆的怨气？

在争论时，你的朋友或同事跟你说：“你不支持我，就是我的敌人。”可你真的不认同他的观点，又不想成为他的敌人，怎么应对？

不知道你是否发现，上面这些句子具有很强的强制性，它把两件本无必然关系的事情等同起来，这种语言法叫“复合等同”。

要想破除这种负面催眠，就要挑战两者之间的必然联系，证实这两个事情是无法等同的。

再看上面的例子：

如果你不想喝酒，就要破掉“喝酒”与“朋友”之间的关系：“咱们的关系怎么能用酒来衡量呢？如果真要用某种东西来衡量我们的关系，那至少要贵重一点吧？酒值多少钱啊？”

如果老婆的生日你的确忘记了，你可以这样补救：“亲爱的，生日，一年中只有一天，我在这天表达对你的爱是远远不够的，我以后天天向你表达爱，好不好？”

如果有人对你说你不支持他就是他的敌人，你可以这样回应：“支持你往错误方向走的是敌人还是朋友？”

……

这些应对方法都是一样的，就是挑战复合等同中两者之间的关系，当等同关系不成立了，这种负面催眠也就化解了。

俗话说：“一种米养百种人。”人有千种，世有百态。在成长的过程中，人们往往会把自己的人生跟某些毫不相干的事情绑定在一起，让自己的人生动弹不得，毫无自由可言。如果你懂得运用这种后设语言模式，不仅可以帮助别人挣脱束缚，还可让自己破茧成蝶，重获自由。

（4）预设

预设是大家最熟悉的一种语言模式了，因为到目前为止，这本书已经是第三次谈预设了。前两次我们学习的是如何用预设去设一个框，去帮助别人唤醒内在资源，都是正向的应用。

这一节我们学习的是后设模式中的预设，就是如何去破除负面的预设框架。比如，前面我举过的一个例子：

“你最近还赌博吗？”

这就是一个预设了负面框架的问题，如果有人这样问你，你回答“有”或者“没有”，都中了对方的圈套。那该如何应对这种不良预设呢？

我们先回顾一下什么是预设。所谓预设，就是把一个不存在或不成立的假设隐藏在句子中。因此，破除这种框架最简单的方法就是找出那个隐藏的预设，并且挑战它。

以上面的句子为例，这句话隐藏的假设就是“你过去赌博”，所以，你可以这样回应对方：

“啊哈，你怎么会问这样的问题？难道你有赌博的习惯？”

这样一反问，你就把隐藏的预设破于无形。

我们再来看一个案例：

“请问你喝什么茶？”这是广东地区餐厅服务员经常问的一句话。这就是预设，里面藏着一个假设：你一定要喝茶。如果你不想喝茶，你可以反问：“我在这儿吃饭是不是一定要喝茶的？”这样，看见并挑战这个隐藏的预设，你就不需要多花冤枉钱。

同样，下面这些例子都隐藏了一个负面预设，各位聪明的读者，我相信你们很容易就能破掉它：

“你为什么不能多帮我一点？”（预设了你一定会帮助他）

“你怎么总是欺骗我？”（预设了你过去曾经欺骗过他）

“你什么时候才知道后悔？”（预设了你一定会后悔）

（5）虚泛词

催眠就是设一个上归类的框架，就像中国国画中的留白那样，让人有无限的想象。虚泛词就是一种很好的留白方式，因为虚泛词的归类层次相对比较高，范畴比较大。可是，当我们在一些带有负面暗示的对话中使用虚泛词时，会把人带到陷阱中，如果不觉察的话，会让人深陷其中，不能自拔。

比如：

“我最近遇到很大的问题。”

“跟你在一起，我没有自由。”

“你一点道德都没有。”

“我不会搞关系。”

……

“问题”“自由”“道德”“关系”，这些都是虚泛词，这些词范畴很大，以至于你根本无法确定它具体指的是什么，让你感觉被乌云笼罩般迷失方向。

虚泛词通常是一些抽象名词，“苹果”“房子”“电脑”这些词语，我们称为具体名词。“问题”“自由”“道德”“关系”这类词语，我们称为抽象名词。很多抽象名词本来是动词，在句子中做名词用，比如，“沟通”“伤害”“爱”等。

应对这类催眠最好的方法就是用下归类把词语具体化，或者把名词化的动词回归为一个过程：

“你遇到什么具体问题了？”

“你所指的自由是什么？能具体描述一下吗？”

“你如何定义道德？我的什么行为违背了你对道德的定义？”

“你不善于处理哪种关系？夫妻关系，亲子关系，朋友关系还是跟自己的关系？”

这样，只要你把虚泛词下归类，笼罩在你头顶的阴霾自然就烟消云散了。

在沟通中，信息之所以会经常被扭曲，很多时候都是归类层次太高的缘故，所以，面对扭曲类的后设模式，只要记住下归类就可以轻松化解。

4. 一般化：识破“盲人摸象”的局限

我有一个朋友身高一米八，180 多斤，又高又壮，看起来天不怕地不怕的样子，可他每次到我家，都会被吓得要死要活，他进门前都会很恐慌地说：“狗关起来了吗？关起来了我再进门。”我家养的是一只小小的博美犬，他就吓成了这样，这是为什么？原来他小时候被狗咬过。

小时候被狗咬过的人会怕狗。与之类似，有人小时候有从树上摔下来的经历，长大后就会恐高；有些女士小时候被同学拿着蟑螂吓唬，长大后，她会特别惧怕蟑螂一类的小昆虫。一次性的经历，成了他们一生的诅咒。

俗话说“一朝被蛇咬，十年怕井绳”，在遇到偶然间的伤害之后，一个人会选择逃避与之相关的所有事情，也就是说，**因为安全的需要，出于求生存的本能，人类遭遇偶然性的伤害后，会逃避整一类的事情，这种现象叫作“一般化”。**

如果这件事是正面的、积极的，通过这样的放大，我们就会有更多的收获。可如果把一些负面的、消极的事件一般化，就会局限我们的人生。

一般化分为“以偏概全”、“能力限制”和“遗失说话者”

三大类。

（1）以偏概全

以偏概全，就是把单一的事件一般化，就像盲人摸象故事中的盲人一样，把局部当成整体，话语中经常出现的用词是：总是、永不、每一个、没有人。

领导对下属说："你总是迟到。"也许这位员工迟到了几次，大多数时候是准时的，但领导把个别的迟到事件一般化，这样对员工来说，后果就很严重了。

对于这种一般化的催眠，我们该如何回应呢？

只要找出相反的例子，一般化就不成立，催眠自然就被破掉了。

"领导，对不起，我最近是有几次迟到，我以后一定努力准时。不过我大多数时候都是准时的啊。"

有些女性被一个男人伤害了，她就会说"男人没有一个好东西"，她把天下的男人全部都黑化了，这个时候怎么破？我们只需找出一个相反的例子就够了，比如："难道你爸爸也不是好人？"

有人曾经买了一个广告产品，结果被骗了，他就会说"所有的广告都是骗人的"，我们可以反问他："公益广告也是骗人的吗？"只要你找出一个不骗人的广告就可以破掉他的观念，让他从框架中走出来。

（2）能力限制

能力限制，就是在话语里有明显的限制性信念，让思想陷入困境之中，因而限制了行为的选择性。能力限制分为“可能性能力限制”和“必须性能力限制”两种。

可能性能力限制常用词有：不可能、不可以、不会等。比如：

“我们之间是不可能的。”

“你不可以创业，你创业是不会成功的。”

“我不可能成为有钱人。”

……

如何化解这些限制呢？只要你能找出限制的原因，并挑战它，你就能从限制的框架中跳出来。

“是什么让你这样想？你尝试过了吗？没试过你怎么知道不可能？”

“是什么让你认为我不可以创业？你认为创业有标准吗？”

“是什么限制了你成为有钱人？”

必须性能力限制原理跟上面差不多，只不过其限制更强一些。常用词有：必须、应该、一定等。比如：

“我也没办法，我必须12点后才睡得着。”

“男子汉应该坚强。”

“你一定要保持沉默。”

……

化解方法跟上面一样，找出限制的原因，并挑战它：

“是什么阻止了你？你试过12点前睡觉吗？”

“男人偶尔不坚强又会怎样？”

“什么东西限制了我说话？法律，还是道德？”

（3）遗失说话者

在前面催眠语法部分讲过，在做出价值判断时，有些话并没有说明谁说的，以及他为什么这么说，这些话会显得像真理一样不容怀疑。如果这种语言模式是正面的，当然是很好的催眠，可是如果这些话带有负面的暗示，那必须用后设模式破掉它。比如：

“男人有钱就变坏，女人变坏就有钱。”

“无商不奸。”

“有钱人都不是什么好人。”

“学历低的人做不成什么大事。”

这些话听起来很有道理，不知不觉中就会进入你的潜意识。如果你接受了这些语言，无形中你已经被套住了。要破掉这些催眠很简单，只要把被隐藏的说话者找出来，并挑战其权威性就可以了：

“这话是谁说的？在什么背景下说的？他说的就是对的吗？”

我们在环境换框法时学习过，任何一个行为和任何一个事件，只有加上环境才有它独特的意义，环境变了，它的意义也就改变了，原来的真理也就不再是真理了。这个时候，我们做的就是回归这句话出现的背景，挑战说话者，当这些理清楚了，这个负面框架也就破掉了。

这就是三类一般化语言：以偏概全、能力限制、遗失说话者。掌握了这种技巧，我们就不会犯“草木皆兵”“杯弓蛇影”“人云亦云”这类的错误，我们能更清醒、更理智地看待问题。

回过头来看催眠语言模式和后设语言模式，我们可以发现，两种模式的原理都是一样的，不一样的地方在于，前者旨在运用积极的、正面的语言，后者则旨在面对消极的、负面的语言。两种模式都是一种框架，不同的是，催眠是用一个正面的框把人唤醒；而后设模式是找到一个切口，把人从负面的框架里面拉出来。换一个角度看，催眠是一种上归类的语言技巧，让人进入入神状态；后设模式是下归类的语言技巧，能让人看清事情的真相。

催眠语言和后设模式都是框架的应用，一个把人框住，一个把人从框中拉出来。

5. 后设模式是防火墙，可以防止网络中的病毒

唐代有一个叫孙逖的，写出来的文章言简意深、凝练有力、构思精密，是个写作天才，工作是帮皇帝起草诏书。有一次，宰相张九龄看了他的文章，忍不住惊叹说："欲易一字，卒不能也。"意思是他想改一个字，都没法改。

由这个故事，诞生了一个成语"一字不易"，它指的是文字精醇，一个字也不能更改。

中国古代早期的部分文字是刻在竹简上，刻起来很艰难，存储、运输也很不容易，因此，古代的文章能流传开的几乎都是经典，都是智慧的结晶，这些文章都是非常有营养的。

时代发展到现在，文章的价值越来越不禁推敲了，尤其是在今天这个互联网时代。据统计，现在83%的人通过自媒体渠道来了解各类信息。可问题是，网络在提供我们方便的同时，也不可避免地让我们获得的知识受到"污染"。就像邓小平同志说的那样，窗户打开了，新鲜空气进来了，苍蝇蚊子也会进来。

因此，日常生活中，除了要防范来自身边人的负面催眠，还有一种负面催眠来自互联网。我们阅读文章是为了增长知识，如果一不注意，被一些负面信息催眠了，那就得不偿失了。

前面遗失说话者部分，我们讲了，对于这类负面催眠，我们要挑战这个说话者，有什么根据。同样道理，在看文章的时候，我们也要留意这篇文章的作者是一个怎样的人，他的人生是怎样的，如果文章作者的人生一塌糊涂，他表达的观点很可能就带有很强的病毒。我们阅读并相信了这样的作者在文章中传达的观点，就会被带到一个负面的状态。这种时候，我们读的文章越多，受的污染也就越重。

掌握了前面讲的后设语言模式的三种技巧，再看文章，只要你能保持觉察，就不至于中毒。一般来说，请注意如下四点：

（1）文章作者是一个什么样的人？

这里用到的是遗失说话者的破框技巧，我们可以询问：作者是一个怎样的人？他有怎样的阅历？他的人生是怎样的？

这种情况在金融行业最明显。在各种金融媒体上，你可以见到大量股评文章，当你看这些文章的时候，是否想过，作者是谁？他在股市赚钱了吗？如果他都赚不到钱，你为什么要相信他的判断？

你想学习婚姻经营，那就要看作者的婚姻是不是幸福的，那些根本就没结婚的人，大谈特谈婚姻中怎么沟通、怎么相处，这些话能信吗？

当然，我并不反对你大量阅读，我只是提醒你，以后阅读时，要先看这个作者的背景和他的经历，这样才能避免被误导。

（2）文章给了你一个选择还是更多选择？

一个选择叫作没有选择，两个选择叫作左右为难，凡事都有三个选择。在一篇文章里，作者只告诉你一条路，这个人很可能是魔鬼，因为他想控制你。一个好的作者、一个好的导师，他一定是为你打开了更多人生的可能性，它会让你的前途充满选择，如此，你的人生才会变得更幸福。

（3）文章看完之后，你是充满希望的？还是绝望的？

没有什么比让人看到希望更重要了。如果你看完一篇文章，或者读完一本书后感到绝望，这样的文章，请尽可能远离它，文章作者很可能是抑郁症患者，他的文字正在企图把你带到沟里去。这时，你带着觉察的态度去看，才能防止被人拖入人生的黑洞。

（4）文章是在引导你承担责任，还是在引导你推卸责任？

一个人的成长，从他承担责任的那一刻开始。如果一篇文章在引导你推卸责任，说你的不幸是社会造成的、是父母造成的，这样的文章就好比毒草，它会毒化你的人生，让你陷入抱怨、纠结、痛苦的状态中。相反，如果文章让你幡然醒悟，开始承担人生的责任，让你的人生越来越好，这样的文章是值得一读的。

总之，我们既要防止别人用语言对我们进行负面催眠，更要提防别人用文章、视频等自媒体内容给我们下毒，相比之下，后一种毒化的范围更广、影响更深。

6. 后设模式的使用原则

网上有一句流行语：“我懂了那么多道理，却依然过不好这一生。”为什么？

这是一个“知”与“行”的问题。知识停留在大脑里，只是一种信息，只有通过行动去实践，才能让知识变成力量。否则，即便你学了一堆知识，对你的生活依然毫无用处。

后设语言模式也一样，只有把它用在生活中，才能让它发挥作用。

由于后设模式具有一定的挑战性，所以，在使用时，一定要把握好下面几个原则：

原则一：首先取得对方的信任

《论语》中记载，子夏曰：“君子信而后劳其民，未信，则以为厉己也；信而后谏，未信，则以为谤己也。”什么意思呢？子夏说：“君子在位时，先要取得民众的信赖，然后才能让民众工作；如果未取得信赖，民众会以为这是在虐待他们。君子若处于臣位时，应先取得君主的信任，然后才能规谏；如果未取得信任，君主会以为你在诽谤他。”

任何沟通都应该以信任为前提，建立在信任基础上的沟通才是有效的沟通，沟通才能得以实现和完成。晚上下班回家，老婆对老公说："怎么回来这么晚，是不是很累？"同样一句话，在信任度不同的夫妻关系中，呈现的结果是不同的，夫妻间相互信任时，男人会说："老婆，你到现在还没睡，连累你受累了。"在相互不信任的家庭，男人会说："你又在疑神疑鬼是吧？我真的是在加班。"

我们用后设模式去帮助别人时，如果对方对我们不信任，再好的技巧都没有用武之地，这种情况下，你送给对方一束玫瑰，他的眼中会只有尖尖的刺，闻不到花香。因此，对不信任你的人，不要试图去帮助他，先用学到的知识好好保护自己。

原则二：永远把对方放在"对"的位置

人们总想证明自己是对的，所以，千万不要把人放在"错"的位置上。一旦你把对方放在"错"的位置上，无论你多么善良，无论你话语多么诚恳有理，对方都会将你放在一个敌对的位置上。对你有敌意的人，会以为你是在故意挑衅，跟你亲近的人，也难免会心生抵触。赶上对方心情不好，很可能会引爆一场冲突，总之，你要说的话再有价值也进不了对方的耳朵。

原则三：提前设好框架

在沟通中，我们要挑战别人的舒适区，会问一些尖锐的问题，或者会说一些让对方感觉不舒服的话，这时提前设框就非常重要。前面讲过了，所谓设框就是在你说话之前抛出一个框架，设定一个范畴。

比如，在开始讲课前，我会这样说："未来三天的课程不是每一个人都听得懂的，只有那些对语言很有兴趣的，并且用心学习的人才听得懂。”有了这句话，课堂上每一个人都会把自己往这个框架里放。就算有人真听不懂，他也不会心生抱怨。

所以，当你要使用后设模式之前，你可以先设框：“我想问你一个问题，不过这个问题比较尖锐，有些气量小的人可能承受不了，不知道我可不可以问？”

原则四：把决定权交给对方

为了维护自我，人们对于别人的决定通常会抗拒，总喜欢自己来做选择、做决定。基于这一原理，我们在与人沟通时，要把决定权交给对方。如此，一方面，对于自己做出的决定，对方会更坦然地接受；另一方面，对于自己做出的承诺，对方会积极地兑现。

以上就是使用后设模式的四个原则：首先取得对方的信任，永远把对方放在“对”的位置，提前设好框架，把决定权交给对方。这四个原则也适合一般的沟通，如果在人际关系中按这四个原则沟通，一定会有意想不到的效果。

第七章

魔术语言：让心魔在谈笑间灰飞烟灭

- 要想改变一个人执着的信念，只有一个途径，那就是用他的信念来改变他的信念。
- 当一个人意识到自己认为的事实仅仅是一个信念时，就为改变打开了一个空间。
- 魔术语言是一套巧妙的破框语法，它能挑战对方的框架，却不跟对方产生对抗，而是以巧劲把对方固执的想法化解。

1. 语言中的病毒

我们先来看两个小故事。

有一天，有位女士与一个和尚一起乘船渡河。船舱里空间有限，和尚不经意间看了女士一眼，女士勃然大怒，她说："堂堂出家人，六根不净，竟敢偷窥良家妇女！"和尚听了，忙把眼睛闭上。不料，女士更气了，她说："你不但偷看了，还默默地在心里想，简直不可救药！"和尚没办法，只好把脸背过去。女士更生气了，她双手叉腰，斥道："你果然心中有鬼！现在没脸见人了！"

第二个故事更好玩。有三个强盗一起作案，偷了七颗一模一样的钻石，分赃的时候，问题出现了，七颗钻石一人两颗后还剩一颗，其中最强势的那个强盗就说了："我是老大，最后一颗归我了。"另外两个强盗不服气了："为什么你是老大？"那个强盗说："因为我有三颗钻石，所以我就是老大。"

从抽离的位置看这两个故事，你一定会觉得这位女士和这个强盗一样，蛮不讲理。可实际上，生活中你我都一样，当我们一旦生起某一观念后，就会搜集各种证据证明自己是对的，即便那些证据看起来十分荒唐，可我们总能让它们环环相扣、不可辩驳，让这个执念像钻石一样坚固。这就是人们会固执己见的原因。

前面我们多次论述过，一个人的信念会影响他的行动，行动会创造结果，也就是今天的生活。所以，要想生活变得更好，必须改变过去的执念。可是，如何才能改变这些坚如钻石的信念呢？

我们可以从加工钻石中学习。钻石既然是世界上最硬的物质，那用什么来加工钻石呢？只有用钻石才能打磨钻石。同样道理，我们要想改变一个人执着的信念，只有一个途径，那就是用他的信念来改变他的信念，就像合气道一样，用对方的力量破掉对方的攻击。

魔术语言就是这样一套语言技巧，它由美国心理学家罗伯特·迪尔茨在神经语言程序学的基础上发展而成。

罗伯特先生是我非常尊敬的学者，我曾经听过他的课，让我受益匪浅，从他的理论体系中，我获得很多灵感，深受启发，于是有了这一章的体验和思考。在这里要衷心感谢罗伯特先生的不吝分享，感谢他在语言魔法上富有洞见的研究。

看过魔术的朋友都知道，魔术师的表演十分神奇，让人叹为观止，可是当你从后台看清魔术师的秘密时，你会发出“啊哈”的声音，感叹真相原来是这样。

这套语法跟魔术有类似的魔力，它能极大地改变人们对事物的理解，将某些执念化于无形。当你看清楚它的结构时，你会惊奇地发现原来它是如此简单。

不过，尽管魔术的秘密很简单，可就算你知道了，你还是无法像魔术师那样表演，除非你真的花时间去认真练习。这套魔术语言也是这样，知道了没有用，只有你通过不断练习掌握了它，它才能发挥神奇的作用。

魔术语言是一套巧妙的破框语法，它能挑战对方的框架，却不跟对方产生对抗，而是以巧劲把对方固执的想法化解。

魔术语言与中国禅宗的机锋有相似的地方，精彩但不容易理解，下面我结合自己多年的经验，用中式案例以及禅宗故事，将罗伯特·迪尔茨这套神奇的语法讲解一遍，希望对大家学习这套语言模式有所帮助。

2. 世界观：你认为的事实只不过是一种信念

自然界中有一种奇特的现象，有些人用鬼神之说来解释：在沙漠里，旅行者疲惫不堪、干渴难耐，突然他的眼前出现了一汪碧绿的湖水，旅行者兴奋地跑过去，不料，跑了很久，湖水仍旧在他的眼前，距离一点都没有拉近，等他再往前跑，湖水突然就消失得无影无踪了。我们都很清楚，这种现象跟鬼神无关，其实是一种海市蜃楼现象。不过，不了解这种自然现象的人，他们会强调这是他们亲眼看到的，湖水真的出现过，真的就在不远的地方。事实上，我们眼睛看到的，我们确信无疑的东西，并不一定是事实。

地图不是疆域，但是你的地图就是你的疆域。

阿尔弗雷德·科日布斯基有一句很经典的话："地图并非现实。"他的意思是，地图能帮我们抵达我们想要去的地方，但是地图跟实际地形和风貌还是有很大差距的。每个人的内心都有一个对世界的认知和描绘，这种认知和描绘就叫世界模型。我们通过自己的世界模型来解读世界，认为自己头脑中的世界模型就是真实的世界。我们做任何事情都会参照这个世界模型，不同的世界模型会导致我们做不同的决定，一个个大大小小的决定累积起来就形成了我们的命运。

我们头脑中的地图并不是实际的疆域，可因为我们会按照心中的地图去行动，行动会创造出跟你心中地图相符的世界，因此，我们的地图就成了我们的疆域。

换句话说，人们认识世界的方法叫作世界观，我们有什么样的世界观，就会创造出什么样的世界。改变一个人的世界，可以从改变他的世界观开始。

从上面的描述中我们知道，虽然信念会创造事实，但信念并不是事实（如图 7-1）。

信念≠事实

图 7-1

当一个人认为信念就是事实的时候，改变是不可能的。因此，改变的前提是，把他认为是事实的信念，还原为信念。

当一个人承认并意识到自己认为的事实仅仅是一个信念时，就为改变打开了一个空间。

以上面两个例了为例。

和尚可以回应那位女士："阿弥陀佛，原来女施主是这样想的？"

两个强盗也一样，可以问那个强占三颗钻石的强盗："你是这样想的吗？"

他们会说："对，我就是这样想的。"

对话进行到这里，情况已经很清楚了，这仅仅是某个人的想法而已，并不是事实！既然是想法，就表示可以这样想，也可以那样想。于是，改变就变得有可能了。

“原来你是这样想的？”这句问话可以巧妙地把当事人认为的事实还原为信念。当然，还可以有其他类似的表达方法，比如：

你一直都这样想的，对吗？

这是你个人的看法，对吗？

别人会有同样的看法吗？

是不是每一个人都会像你一样想呢？

是什么让你有这样的想法呢？

……

通过这类问句，我们把事实还原成信念，让对方意识到，这仅仅是他个人的看法。完成这关键性的一步之后，我们就可以使用前面讲过的位置感知法，让他从“他人”的角度去看问题：

“别人会怎么想？”

“有没有想过，我们是怎么想的？”

“某某人会怎么想？”

或者可以直接引用某权威人士的观点，让当事人意识到，这仅仅是自己偏执的想法而已。

比如，有人抱怨“经济不好，生意难做”。这时，我们可以问一句：“是不是每一个人都会像你一样想呢？稻盛和夫说过，经济下行时，正是企业发展的最佳时机。”对方立刻就会觉醒，原来这是自己的一种想法而已。

夫妻关系有时会走到一个阶段，当经历过一次次失望后，有的人就会给伴侣贴上一个负面的标签，认为对方是个人渣，并把这当成事实，一旦走到这一步，大多数夫妻关系就走到尽头了。其实，如果愿意做心理咨询的话，这样的关系还是有希望的。如果下次有人向你抱怨他的伴侣是“人渣”，你不妨问他：

“啊，原来你是这样想的？孩子也是这样认为吗？有没有人不同意你这个判断的？”

经此一问，至少能让对方知道，他的想法未必是个事实。

明白了这个窍门之后，下次当你听到身边人说一些听起来就是事实的语言时，你知道如何应对吗？比如：

“婚姻是爱情的坟墓。”

“钱是肮脏的。”

“教会徒弟饿死师傅。”

“听话的才是好孩子。”

……

将事实还原为信念之后，除了用位置感知法拉宽当事人的世界观之外，还可以带他看看，去看他坚持这个信念会给他带来的后果，这个方法我们下节会详细讲述。

3. 后果：有效果比有道理更重要

生活中，很多人会固执地坚持一些荒唐的想法：

“我这辈子是不可能赚到钱了。”

“我命不好。”

“上课的学费太高了。”

“我今天会这样，都是你的错。”

如果说这些话的是你的亲人、朋友，你会怎么做呢？毫无疑问，大多数人都会跟对方争论。可是，争论有用吗？赢了争论的结果，往往是输了关系。

那该怎么办呢？

有效果比有道理更重要！与其跟他争论道理谁对谁错，不如直接带他去看看这个想法会带来什么后果，等他看清楚后果之后，他就会恍然大悟，原来自己的信念是多么荒唐！

以上面的例子为例，我们可以这样回应：

“当你这样想的时候，会有什么后果？这个想法会让你变得有钱吗？”

“当你坚持认为自己的命不好时，命能好吗？”

“如果你总是认为学费太高而放弃学习，十年后你会变成一个怎样的人？”

“如果你总认为责任在对方，这对你们的关系有帮助吗？当你这样想的时候，主导权在谁的手上？你为什么要把关系的主导权交给别人呢？难道你喜欢被动的人生？”

将注意力带到信念所产生的后果，从而挑战信念本身的这种语法，叫作“后果”。

在很多家庭，培养孩子自觉刷牙是一大难题，围绕着这件事很可能会爆发家庭混战，大多数爸爸妈妈会逼孩子刷牙。可是，哪里有压迫，哪里就有反抗，孩子也不例外。有些理性的父母会跟孩子讲大道理，可是再有用的道理，孩子就是不听。

演员孙俪在网上透露过自己劝孩子刷牙的经验：她找了一个关于刷牙的纪录片，纪录片中一个 6 岁的男孩因为吃了太多的糖而必须拔掉 7 颗牙齿，她郑重地把这个纪录片拿给两个孩子看，当孩子看到纪录片中的男孩拔牙的过程是多么痛苦，拔牙后又是多么不方便后，他们都自觉地仔细刷起牙来，再也不用父母唠叨大道理了。

这就是“后果”这一语法的典型应用。

在中国，很多父母或长辈会经常这样对孩子和晚辈说：

“我这是为你好！”

以前，也许你会跟他们争个面红耳赤，让关系越来越差。现在，你可以试试“后果”这一语法：

“我知道你是为我好，谢谢你的好意。可是，当你这样做的时候，事实上我好了吗？我只会更加难受，我心情不好并不是你想要的结果吧？”

除了上面举过的例子外，我们还可以通过下面这些问题，带领对方去看信念所带来的后果：

当你坚持这种想法会有什么后果呢？

如果你一直这样下去，10 年之后会怎么样？

这会带给你的家人什么影响？

这是你想要的结果吗？如果不是，你是否愿意换一种想法呢？

人们总是要证明自己是对的，所以，争论是无法让对方改变信念的，只会激起对方的逆反心理。这时，不如把注意力放在未来，带他去看看他坚持的想法未来会带给他什么样的后果，当他关注未来时，他就能更理智地面对现在。

4. 另外一个结果：无用之用方为大用

我们先来看个故事：

在某精神病院里有一个病人，他相信自己是僵尸。精神病院的医生尝试用各种方法告诉他“你不是僵尸”。有一个医生大胆地用针扎了一下他的手指，指示给他看：“你的手指在流血，如果你是僵尸的话，是不会流血的。”没想到，这个病人竟然惊呼：“岂有此理！原来僵尸也是会流血的！”

医生的努力白费了，病人仍旧执着于自己的信念。

这位医生没招了，于是请来了另外一位医生。这位医生了解完情况后，用几句话就把这个病人治好了，他是怎么做的呢？

他对病人说：“听说僵尸也会流血的，对吗？”病人点点头。

他继续说：“既然僵尸可以流血，那僵尸也可以吃饭，对吗？”病人又点点头。

他接着说：“既然僵尸可以吃饭，那僵尸是不是也可以工作啊？”病人又点点头。

他又说：“既然僵尸可以吃饭、工作，那僵尸是不是也可以结婚生子、看电影、旅行？”病人仍旧点点头。

这样的话，僵尸的生活不就跟普通人一样了？

就这样，这个自己给自己命名为僵尸的病人，出院之后，过着跟普通人一模一样的生活。

这个案例中，这位医生没有试图改变病人“我是僵尸”的信念，而是把他的信念导向了另外一个结果——僵尸也可以像正常人一样生活，这就是魔术语言中的“另外一个结果”。

所谓“另外一个结果”，就是不去改变信念本身，而是把对方的信念导向另外一种可能性。

有些不自信的人总会有这样一些负面信念：

“我不会做。”

“我记忆力不好。”

“我太笨了。”

如果我们跟对方正面争辩“你会做”、“你记忆力挺好”、“你不笨”，这样是毫无说服力的，因为对方说一句“你怎么可能比我更了解我”，就可以终结话题。应该怎么破局呢？

老子在《道德经》第四十章里面说：“反者道之动，弱者道之用。”这是老子的一个核心观点，他的意思是，天下大道的运行规律，就是“反”字，道在柔弱的状态下可以更好地发挥作用。因为道的反向调节作用，任何事情都是辩证的，都有其正反两面，阴中有阳，阳中有阴，阴极阳生，阳极阴生。类似的内容在《道德经》里还有很多，如“故有之以为利，无之以为用”，意思是，当你有某些东西时，它们会给你带来便利，当你没有的时候，它们也有另外的用处。

《庄子》中讲了这样一个故事：有一位姓石的木匠在路上看到了一棵非常高、非常粗壮的栎树，旁边的人都对这棵树赞叹不已，称它是“神树”，可石木匠却嗤之以鼻，别人问他为什么，石木匠解释说："栎树其实是一种没有用的树，做船容易沉没，做棺材容易腐朽，做家具不耐用……如此没用，不值一看。"

后来，石木匠做了一个梦，梦中栎树对他说："你说我没用，是用什么和我比呢？长果子的树吗？它们的果实熟了被人们强行夺去，大的枝干还被折断了，小的枝干也受到摧残，往往等不到寿终就结束了生命。其他被你们认为是有用之材的树木，也照样逃脱不了这个下场。而我正是没有你们认为可用的东西，才能活到现在，人们还认为我是神树，纷纷来供养瞻拜，难道这不是大用吗？"

最后，故事用一句话做了总结："人皆知有用之用，而莫知无用之用也。"

从某个角度看是无用的事物，换个角度，也许有大用。这就是"另外一个结果"的巧妙之处，透过语言，让当事人看到事情的另一面，从而让他从某个限制性的框架中跳出来。

比如，有人抱怨自己的操作能力差："这些事情我都不会做。"这时我们可以带他去看另外一个结果：

"或许你天生就是做领导的，这种小事不用你做。你看刘邦不就说过'吾文不如萧何，武不如韩信，谋不如张良'。他文不行、武不行，谋略也不突出，可最后却是他坐上了皇帝的位置。"

有人感叹："我记忆力不好。"我们可以把他带入另外一个结果：

"记忆力不好能让你更加活在当下，有些人想忘掉一些东西却忘不掉，记忆力不好的话，反而能过得更自在、更幸福。"

父母经常会抱怨："我的孩子总是不听话。"不听话看起来是个不好的结果，可是不听话的孩子还有什么另外的结果呢？

有主见，有创意，有自己的想法。这些难道不是父母都希望孩子拥有的特质吗？

智慧源于多角度的视野，一般人总是从自己习惯的角度看世界。而“另外一个结果”，就是一种拓宽人们看世界角度的语言模式。

5. 重新定义：重构语言，重构希望

重新定义，就是前面我们讲过的“意义换框法”。

国外的一项研究显示，负面词语有着强大的暗示作用，仅仅需要一秒钟，负面词语就能刺激大脑产生大量皮质醇，进而打断大脑的运作，损害人的逻辑推理、语言沟通能力。如何打消负面词语的伤害呢？

神经语言程序学的创始人之一理查德·班德勒，因为爱好心理学，业余读了很多与心理学有关的书籍。大学期间，他偶然接了一份兼职，帮助美国首位家庭治疗专家萨提亚女士整理录音。这份工作花了理查德几个月的时间，在这个过程中，他发现了一个很奇特的现象：萨提亚的病人本来是很抑郁地走进她的诊所，但是几个小时聊完之后，病人们都能昂首挺胸、带着微笑离开。萨提亚做了什么呢？班德勒开始一遍又一遍地研究萨提亚的谈话录音、录像，他最终发现萨提亚有一个语言奥秘：她经常会改动病人的负面用词。比如，病人说：“医生，我最近遇到一个问题了。”萨提亚会说：“来，告诉我你遇到的情况。”她悄悄地把“问题”用“情况”替换掉。病人又说：“医生，我的生活太困难了。”萨提亚会说：“是的，你现在的生活充满了挑战。”她又悄悄地把

“困难”变成了“挑战”。

这个方法叫“语言重构”，也叫“重新定义”。**所谓重新定义，就是用意思相近，但含义不同的新词，替换掉原来陈述中的某些关键字眼。**比如：

“问题”——“情况”

“困难”——“挑战”

“难”——“不容易”

“不行”——“还没找到方法”

虽然是几个词的改变，可整个语言却从负面内容转变成正面内容，对方听后，整个心情也会不知不觉明朗起来。

举个例子，随着5G时代的来临，短视频成了当下的一个风口。我们团队的小伙伴要求我做短视频，我可以这样回答：

“我有一个问题，我过去的工作习惯是一连讲几天的课程，你让我用一分钟时间讲心理学，这对我来说是个很大的困难，要这么短时间讲清楚一个知识点，实在太难了，这是不可能的事情，我做不了。”

如果换一种说法呢？

“我遇到一个情况，我过去的工作习惯是一连讲几天的课程，你让我用一分钟时间讲心理学，这对我来说是个很大的挑战，要这么短时间讲清楚一个知识点，实在不容易，我还没找到好方法，不过我愿意尝试。”

这两种说法说的都是一件事情，可是带给你的却是完全不同的感受。前者关闭了所有的可能性，而后者开放了一个可能的空间，给人希望。

让世界因为我们的存在变得更美好，这是我们每个人的使命。学会了重新定义，当我们听到负面词或者想说负面词的时候，我们可以将负面词转换成正面词。一时间想不到正面词时，我们可以用带否定词的正面词来替换负面词，比如，我们可以用“不容易”替换“难”，用“不开心”替换“伤心”，前面讲过了，人类的头脑无法分辨否定词，“不容易”“不开心”留在大脑中的印象就是“容易”和“开心”，它跟“难”和“伤心”带给人的感受是完全不一样的。

正所谓天堂地狱就在一念之间，负面词会把人带到沟里，我们悄悄地换一种表达，就能够把对方带往另外一个地方。如果你能常用这种技巧，你身边的人都会觉得跟你聊天的感觉很好，你的人脉就越来越广。人脉越来越广后，你的机会也就越来越多，你的财富自然也就越来越多。

6. 意图：
每一个行为的背后都有正面动机

在我们的课堂上曾发生过这样一个真实的故事：

当时，张国维博士刚好讲到“行为的背后一定有正面动机”，下面一名学员举手了，他是某地产公司的老板，财富多得几辈子都花不完，可他却不开心，为什么呢？原来他家里有一个酒鬼父亲，每次喝醉了就胡乱砸家里的东西，这让他每天过得胆战心惊，生怕接到家里保姆通知他父亲又砸东西的电话。

这位地产老板举手说：“行为的背后不一定有正面动机的。比如，我爸一喝醉酒就砸东西，你说他有什么正面动机呢？”

张博士很温和地看着他说：“真的没有吗？你爸砸完东西对他有什么好处？”

地产老板说：“没什么好处！每次砸完东西，我们兄弟姐妹就回去骂他，他更难受！”

张博士敏感地抓住了事情的关键点：“他砸完东西，你们兄弟姐妹都回家看他，他不砸东西的时候，你们都不回家，是不是？”

地产老板这时明白了，他的老父亲每次打电话叫他们兄弟姐妹回家吃饭，这个说有应酬，那个说在开会，另外一个说有事，没有一个肯回家。老母亲已经去世了，老父亲一人孤零零地在家生活，能说话的只有一个保姆，他的心情是怎样的呢？老人心情郁闷，只能喝点小酒，有一次醉酒，失手把电视给砸烂了，孩子们得到消息，全都回来了。后来，老人想儿子了就喝酒，喝了酒就砸东西，砸了东西之后，孩子们都回来了。当然，他并不是有意识地用砸东西这种行为来让孩子回家，可是，他的潜意识会一而再再而三地重复这种行为。

每一个行为的背后都有正面动机，这位老父亲的正面动机就是希望孩子们能常回家看看。

这位地产老板想明白之后，回家马上召开了家庭会议，给兄弟姐妹们制定了一个轮流请父亲喝早茶的时间表，自此之后，老父亲酒还照喝，可再也没有砸过东西了。

通过这个故事，我们可以发现：每一个行为的背后都有一个正面动机，为了满足这个正面动机，人们会采取各种手段，正面行为走不通的话，他就会通过负面行为表现出来。因此，要想改变一个负面行为，我们可以用另外的行为来满足它的正面动机，当正面动机被满足之后，原来负面的行为自然会发生改变（如图7-2所示）。

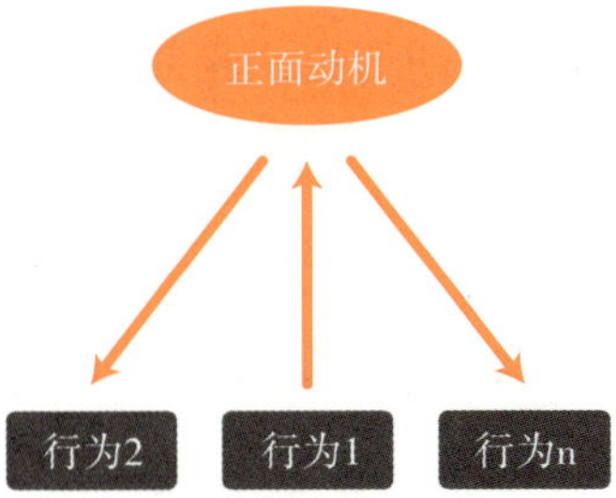

图 7−2

这个原理同样适用于信念，每个信念背后也有着正面的动机。一个人之所以会执着地坚持某个信念，就是为了保护其正面动机。如果我们能够用另外一个信念来满足这个动机，他就不需要再执着于原来的信念了（如图 7-3 所示）。

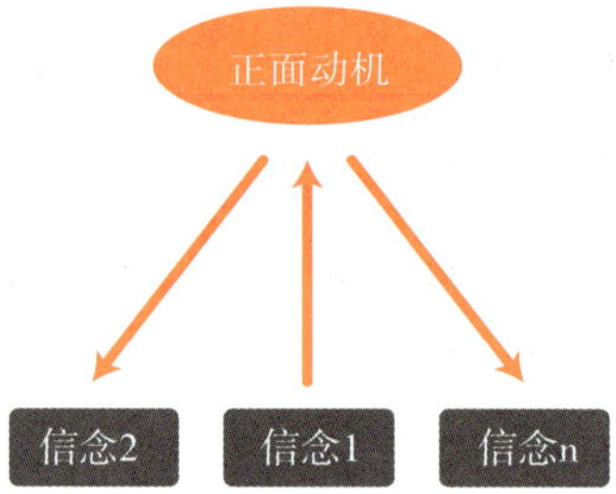

图 7-3

所谓“意图”，就是将注意力引向信念背后的正面动机，在满足其正面动机的前提下，让当事人换一种信念，从而改变其原有信念的一种方法。

在做婚姻辅导时，我经常碰到这样的问题：有的女性感情受挫之后，会说“男人没一个好东西”，这一信念下，女人很可能一辈子就选择独身，她对婚姻有恐惧，她不敢走进婚姻。她的这一信念背后的正面动机是什么？她在保护自己，以免受到男人的再次伤害。看见她的正面动机后，我通常会跟她说：“我知道你对男人的警惕是为了保护你自己。”先肯定她的正面动机，然后引导她思考：“在保护自己不受伤害的前提下，是不是可以与一些可信赖的男人接触呢？”如此，她就会迈出关键一步，愿意接触一些男人，封闭的大门打开了一条缝，也许她就能够找到真心爱人了。

我还经常听到这样的话语：

“有钱人都不是好人。”

“学费太贵了。”

如果有人认为“有钱人都不是好人”，这个人是不可能变得有钱的，因为一个人是不可能让自己变成坏人的，一旦有机会变成有钱人，他的潜意识就会做出逃离的举动，他会告诉自己“我要把钱扔掉，我要做好人，好人比有钱更重要”。

同样道理，如果有人认为“学费太贵了”，他就会逃避学习，就没办法提升能力，人生就会失去很多机会。

只有破除这些负面信念，才有可能迎来最好的生活，可以怎么做呢？

我们先要看到话语背后的正面动机，然后换个信念来满足其动机：

“你对有钱人好像有些期待？你身边的有钱人是不是都达不到你的标准？如果你成为有钱人，并且有钱之后做一个好人，那有钱人里不就有好人了？你愿意这样做吗？”

“我知道你想用更少的钱学到更多的东西，你想省点钱，把钱用在更有价值的事情上，可有什么事情比让你生命成长更有价值呢？有什么事情比改变命运更有价值呢？”

你可以不喜欢某个人的行为，同样，你可以不同意某人的某个观点。但是，如果你愿意去看见其正面动机，也许你就能接纳他的行为和观点。你可以依然不认同，但接纳会让你的格局变大，心情变得愉快，财富变得更多。所以，接纳，与他人无关，这是你自己的事情。

7. 上归类：扩大范畴破除限制性信念

“上归类”以及下一节的“下归类”我们在“语言的归类法”那一章已经讲述过，其原理这里就不再重复。这里重点讲述如何用这两种方法去破除限制性信念。

上归类就是把语言上升到一个更大的范畴，让词语涵盖更多内容的语言技巧。在魔术语言中，**“上归类”就是将限制性信念中的某个关键词，用另一个上归类层次比较高的词表达，让原来的信念显得荒唐，从而改变信念所定义的关系。**

我们再来看看前面提到过的执念：

执念一：“有钱人都不是好人。”可以把“有钱人”这个关键词进行上归类为“富足的人”：“富足的人都不是好人吗？”

执念二：“学费太贵了。”可以把“学费”上归类为“提升自己的投入”：“提升自己的投入，你都认为贵吗？”

执念三：“男人有钱就变坏，女人变坏就有钱。”可以把“有钱”上归类为“成功”：“男人成功了就会变坏，女人变坏了就会成功？”

执念四：“我没有时间上课。”可以把“上课”上归类为“提升自己”：“难道你连提升自己的时间都没有吗？”

8. 下归类：看清真相就能改变信念

我在咨询中曾经遇到过这样一位案主，她说年初时，算命先生说她今年有血光之灾。从此之后，她一直忧心忡忡，总担心出事，所以找我咨询。见她十分相信算命先生，我也就不按常规手法为她做咨询。我问她牙齿怎么样，有没有需要看牙医的地方。她说有一颗缺了的牙，因为怕痛，一直没去种。我告诉她，去种吧，种牙会出血，你的血光之灾就完成了。她听了很高兴，按我说的去做了。后来她告诉我，自从种了牙之后，下半年心里安乐多了。

下归类就是把语言中范畴比较大的词缩小，由一般事件到特定事件，从整体到部分，从宏观到微观。**魔术语言中的"下归类"就是挑战信念中归类层次较大的词，分解信念的组成元素，将其拆成更小的片段，让当事人看清真相，从而改变信念。**

"血光之灾"就是范畴很大的词，包含的内容可大可小，在这样一个含糊的预测之下，当事人当然会胡思乱想了。我的方法很简单，只是把这个模糊不清的概念，用下归类的手法，变成"种牙"这样一件具体的事情，当事人的困扰就解除了。类似的信念还有很多，比如：

“男人没有一个好东西。”

“有钱人都不是好人。”

“学费太贵了。”

在这样的语言中，“好东西”“好人”“太贵”都是范围很大的虚泛词，它会模糊你有意识的防御，让你感觉很有道理，因而很容易被催眠。要破掉这些负面的催眠，可用下归类的语法，挑战这些大范畴的词汇。当你看清事情的真相时，原来的限制性信念也就瓦解了。

“你所指的好东西有具体标准吗？”

“有多少钱才不是好人呢？”

“多少钱对你来说才叫不贵？”

这个语法在“语言归类法”那一章已经做过详细的介绍，这里就简单重温一下。

9. 比喻：拉宽框架以识破荒唐信念

三国时期，有一年蜀中大旱，很多百姓没有粮食吃，要忍饥挨饿。刘备注意到，酿酒需要用掉很多好粮食，在人都饿肚子的情况下，这样做未免太浪费了，于是，他颁布了禁酿酒令，禁止人们酿酒，有胆敢酿酒的就判死罪。为了保证这个命令的执行效果，刘备进一步下达命令，禁止百姓家里有酿酒设备，私藏酿酒设备的与酿酒的同罪。地方官吏接到上级指令后都不敢怠慢，严格按命令执行。有些百姓虽然不酿酒了，却舍不得将酿酒的设备就这样白白扔了，他们就把酿酒设备偷偷藏了起来，官兵因此抓了很多百姓。

刘备下达禁酿酒令，原本是为了改善贫困老百姓的生活，可事情发展到现在，禁酿酒令反而伤害了百姓。手下谋士们想给刘备提意见，可刘备正一心推行禁酿酒令，根本听不进反对意见，怎么办呢？

有一天，刘备带着谋士简雍在街上巡视，看见一男一女正在前面走，简雍突然对刘备说："这一对男女当众进行流氓行为，请把他们抓起来治罪。"刘备莫名其妙："他们怎么就进行流氓行为了？我怎么没看见？"简雍一本正经地说："他们虽然没有进行流氓行为，但是私藏了进行流氓行为的工具！就跟那些没有酿酒，却私藏了酿酒设备的人一样。”刘备听了大笑，当即下令取消了“私藏酿酒工具”的罪名。

这个故事里，简雍把私藏酿酒设备与私藏流氓工具进行了类比，以幽默风趣的方式引导刘备从执念中走了出来。

这种手法在魔术语言中叫“比喻”，其实就是“归类法”中的横归类。这种语言技巧的巧妙之处在于，**通过另外一件类似的事情，拉宽当事人原有的框架，让他从另一个框架回看自己原来的框架，从而看清楚原有信念的荒唐。**

在前面“破框”那一节，我曾引用过星云大师关于“复印件和原件”的比喻，非常精彩。星云大师还有很多精彩的比喻，下面我再跟大家分享几则。

第一则：

一位学员问：“法师，我想问一个不太恭敬的问题。”

星云：“请讲。”

学员：“您在公众场合是素食，您一个人在房间会不会吃肉呢？”

星云反问：“您是开车来的吗？”

学员：“是的。”

星云：“开车要系安全带。请问您是为自己系还是为警察系？如果是为自己系，有没有警察都要系。”

学员：“哦，我明白了！”

第二则：

一位学员抱怨道：“为什么我努力了还是得不到想要的东西？念经行善了但命运却不变？”

星云："我给你寄五百块钱，好不好？"

学员："师父，你的钱我不敢要呢！"

星云："我是要你帮我办一件事。"

学员："师父，你说办什么，我绝对帮你办好！"

星云："帮我买一辆汽车。"

学员（惊呀地）："师父，五百块怎么能买到汽车呢？！"

星云："你知道五百块买不到汽车！可是世上有太多的人都在绞尽脑汁，想付出一点，就得到很多。"

第三则：

一位女士不停地述说自己的苦难，没完没了。星云打断她的话说："你的苦还真多呀！"

女士："别人诉苦最多需要三天三夜，我诉苦需要三年！"

星云："那是什么时候的苦？"

女士："前几年。"

星云："那不是过去了吗？为什么还紧抓不放呢？你拉出来的粪便臭不臭？"

女士："当然很臭啦！"

星云："现在粪便在哪里呢？"

女士："拉完就冲掉了。"

星云："为什么不把它包起来放在身上，见到人就拿出来告诉别人，我被这东西臭过？"

女士："那多恶心！"

星云："对呀！苦难也是一样，它已经过去了。回忆和诉苦就如同把粪便拿出来向人展示，既臭自己又臭别人！听懂了吗？"

女士：“听懂了！”

星云：“那以后你还要不要诉苦？”

女士：“不要了！”

星云：“记住，越诉苦越苦，越抱怨越怨。”

女士：“嗯！”

星云大师的话是不是很让人佩服？有些事情我们不需要正面回答，我们只需要用一个简单的比喻或者类比，进行横归类，就能引导对方到一个全新的框架中，当他离开了原来的框架，原来的困局也就灰飞烟灭了。

在中国现代著名作家钱锺书先生身上曾发生过这样一件趣事：《围城》出版后，受到了世界各地读者的追捧，许多人仰慕钱锺书先生的才华，给他写信，甚至争相登门拜访，这让钱锺书不胜其扰。

有一次，钱锺书接到了一位英国女士的跨洋电话，这位女士自称是他的粉丝，请求和他见一面，钱锺书先生怎么拒绝对方的热情，又不给对方造成伤害呢？钱锺书这时说了一句话：“假如你吃了一个鸡蛋觉得不错，何必认识那下蛋的母鸡呢？”电话那端的女士扑哧一声笑了，聊了几句之后，就愉快地挂了电话，没再提见面的事。

在钱锺书这句话里，鸡蛋是指《围城》，母鸡是指钱锺书自己，意思是你读了我的书觉得不错，是没必要去见本人的。一句巧妙的比喻，有点幽默和自嘲的意味，让对方欣然接受了拒绝。

明白了这种语言技巧，我们回到前面讨论过的限制性信念。用比喻的手法破框，可以用什么比喻呢？有很多。比如：

“不做厨师就不用学做菜了？”

“不做司机就不用考驾驶证了？”

“不做运动员，就不用锻炼身体了吗？”

如果有人说“读书没什么用，因为读完都忘了”，你可以用什么比喻呢？

“每天吃的饭最后都拉掉了，你还吃饭吗？”

一般人的思维方式都是线性的、逻辑的，基本上都在归纳推理和演绎推理的范畴。这种思考方式有一个致命的缺陷，就是会掉到自己的思维陷阱中不能自拔。一旦前提错了，所推导出来的结论就会全部错误，这就是为什么有人会坚持一些看起来明显错误的信念的原因。而比喻，就是让人跳出思维陷阱的最好方法之一。

我相信聪明的你已经完全掌握了比喻这一神奇的语法了，试试为破解下面这些限制性信念想一些比喻吧！

关于金钱：

金钱是肮脏的。

有钱人都不是什么好东西。

男人有钱变坏，女人变坏就有钱。

金钱是万恶之源。

关于婚姻：

婚姻是爱情的坟墓。

男人靠得住，母猪会上树。

男人没一个是好东西。

女人都爱虚荣。

关于孩子教育：

听话的才是好孩子。

棍棒之下出孝子。

玉不琢不成器，人不打不成才。

成绩这么差，这辈子没希望了。

上面这些是一些常见的限制性信念，这些信念像病毒一样正在吞噬着很多人的生命。另外，这些信念具有病毒一样的传染性，会在人群中蔓延。

10. 现实检验策略：挑战信念的支撑条件

“立雪断臂”是经典佛教传说，感动了一代又一代人。故事是这样的：

当时神光大师研习佛法，遇到了瓶颈，他千里迢迢找到达摩祖师，想向他求教佛法，正赶上达摩祖师面壁打坐，根本不理他。这天，天气陡然变冷，下起了鹅毛大雪。神光站在达摩祖师面壁的山洞外，三天三夜，雪堆积起来没过了膝盖，他也一动不动。这时，达摩祖师出来，斥责他想这样就得到一乘大法，是痴人说梦，神光听后，为了表达自己求法的诚心和决心，他拿起一把锋利的刀子砍断左臂，并将断臂放在达摩祖师面前，断臂洒出的鲜血染红了雪地。

这就是立雪断臂的故事，常用来形容一个人求学的态度非常虔诚。不过，故事到这里还没完。当时，达摩祖师看着神光的断臂，很受触动，他沉声问：“你来干什么？”神光说：“为求安心法门。”达摩祖师听后，高声喝道：“你拿心来，我给你安！”一句话把神光说愣，讲话的是心，听话的也是心，心在哪里？又怎么拿出来啊？这时，达摩祖师说：“既然拿不出来，何来的不安！”自此，神光大彻大悟，后来成为中国禅宗二祖慧可大师。

这就是禅宗机锋的威力，看起来很简单的一句问话，就能让人放下执着，明心见性，当下觉悟。

类似的故事还有。

禅宗四祖道信在14岁那年，向三祖僧璨求法：

四祖："愿和尚慈悲，乞与解脱法门。"

三祖："谁缚汝？"

四祖："无人缚。"

三祖："何更求解脱乎？"（既然没人捆绑你，你求什么解脱！）

这是有名的"谁缚汝"公案，成就了一代禅师，道信因此开悟。

上面两段公案都有类似的地方，都没有去挑战当事人的执念本身，而是直接挑战执念的前提条件。神光说心不安，求和尚安心，这个执念的前提是"你要把心拿出来给我，我才能为你安心"。可是心又如何拿得出来呢？四祖道信也一样，他请师父帮忙解脱，一个人需要解脱，前提是这个人是被束缚的，所以，三祖没有帮他解脱，而是直接问他：谁绑住你？既然没有人绑你，那我如何帮你解？

前提不成立，结论自然就不成立。

这就像我们常见的桌子，桌子能够站立，是因为有四条腿的支撑，我们想让桌子无法站立，只需要拆掉一条或者两条桌腿。同样道理，信念也需要一些支撑，我们不去挑战信念，而是去挑战信念下面的支撑，当支撑不成立时，信念也就坍塌了（如图7-4所示）。

图 7-4

这种先找出信念的支撑条件，然后挑战它、破除它，使信念无从立足的方法，叫作“现实检验策略”。

之所以叫“现实检验策略”，是因为我们大脑以为是真实的东西，很多时候仅仅是大脑想象出来的。比如，很多时候大人会批评孩子说谎，因为孩子会把一些根本没做的事情说成做了。其实孩子并不是撒谎，孩子只是分不清经历过的事情和想象过的事情而已。

类似的事情在大人身上也会经常发生，有时候你认为已经告诉过某人的一些事情，但对方说根本不知道，为此你还与对方争得面红耳赤，因为你确信你曾经告诉过他，可是对方坚持说没有。究竟是谁的错？心理学家研究发现，大多数情况下，你以为说过的事情，仅仅是你想象过罢了，现实中，你根本没有做过。

现实检验策略，就是通过一种问话方式，挑战信念的成立条件，帮助你分清信念、事实的一种方法。它本质上是一种区分“想象”与“现实”的策略。

比如，有些自我价值感较低的人会这样自我催眠：

“大家都不喜欢我，我是个不受欢迎的人。”

你不需要有像前面一祖二祖那样的智慧，你只需要挑战他这句话的成立条件，也就是找出他在现实中是通过什么来得出这样一个结论的，就可以破除这种催眠。你可以这样问：

“你怎么知道这是真的？”

“你有什么证明吗？”

“你看到、听到或者感觉到什么了，让你这样认为？”

“详细说说，你是怎么知道这一点的？”

当然，这仅仅是现实检验策略的简单应用。现实检验策略是一个非常智慧的语法，还有很多更高层次的应用。下面跟大家分享两个在心理治疗界的经典案例。

案例一：有位女士十几岁时遭到了坏人的性侵，后来的人生中，她一直活在痛苦中，总是想起那个伤害自己的人。因此，她害怕并憎恨天下所有男人，40多岁都没结婚。

痛苦是最深的执念，饱受痛苦折磨后，这位女士找到心理治疗师帮助自己。了解情况后，心理治疗师问她：

“那个浑蛋只伤害了你一次，你却‘强奸’了自己30年，你为什么要这样伤害你自己呢？”

这位女士听后，放声大哭，之后就慢慢地从执念里走了出来。

心理治疗师一句话让这位女士分清了“想象”与“现实”。坏蛋只伤害她一次，这是现实，可是过去30年来她一直通过想象来伤害自己。

案例二：有位女士十分富有，不幸的是，人到中年时患上了乳腺癌，心情郁闷导致又患上了抑郁症，经过心理咨询师一段时间治疗后依然没有好转。

一天，她发现自己的一枚戒指不见了，怀疑被家里的用人偷走了，可又找不到足够的证据，这让她心情更加糟糕。她就以这件事为议题向心理咨询师倾诉其苦恼。

咨询师听完这件事情的经过后，很智慧地问她：

“你人生的价值还需要一枚戒指来证明吗？”

这一问，让她豁然开朗：“对啊，我拥有豪宅名车，有足够的财富，可我为什么还为一枚戒指而烦恼呢？”

自此之后，她的心情完全改变了，身体也康复了。

后来，在沙发的夹缝里，她找回了丢失的那枚戒指。

《金刚经》里有一句话：“应无所住，而生其心。”据说，禅宗六祖开悟就是因为这句话。世上所有的事情，只要我们不执着，不让它住在心里，它就不会对我们造成困扰。这也就是为什么上面这位女士心宽之后，身体也康复的原因。

人之所以会执着于某一信念，是因为我们心中有让这个执念生根的地方，如果我们把执念的根拔掉了，执念又如何能够生存？

正如六祖慧能的那首禅诗所说：

菩提本无树，

明镜亦非台。

本来无一物，

何处惹尘埃？

“现实检验策略”就是这样一种语言技巧，它不是直接评估信念，而是深入探寻信念的成立条件，当信念赖以生存的土壤不复存在时，邪念、执念又如何生存？

11. 反例：
一次例外足以颠覆原有认知

在发现澳大利亚大陆之前，欧洲人认为天鹅都是白色的，就像中国的一句俗语“天下乌鸦一般黑”。但随着澳洲大陆的发现，澳大利亚成群的黑天鹅颠覆了人们的认知，天鹅是白色的这个信念从此崩塌。经济学家借用这个事件创造了一个经济学名词“黑天鹅事件”。

黑天鹅事件指的是那些不可预测的重大稀有事件，它在意料之外，却又改变着一切。一次黑天鹅事件会改变很多传统的经济模式。

“反例”就像黑天鹅事件一样，只要有一个，就足以颠覆原有的认知。

比如，有人说：“天下乌鸦一般黑。”

你可以这样回应：

“真的吗？据我所知，非洲的坦桑尼亚就有三种并非全黑的乌鸦。一种叫作斑驳鸦，一种叫白颈渡鸦，还有一种叫斗篷白嘴鸦。而且，在日本也发现了一只全身皆白的真正的白乌鸦！”

这种找出异常的例子，挑战信念的一般化的语法叫作“反例”。

在“后设语言模式”那一章我们学习过，人们有以偏概全的思维习惯，“一朝被蛇咬，十年怕井绳”，人们的思维会把一个单一的事件一般化，在这种思维模式下，会产生很多以偏概全的限制性信念，比如：

“男人没一个好东西。”

“有钱人都瞧不起人。”

“所有人都不喜欢我。”

……

对于这些执念，破除方法很简单，只需要找出一个独特的例子，这个信念就不再成立了。

所以，你可以这样挑战这些信念：

“男人真的没一个是好人？像周润发这样的人算不算好人？”

“有钱人都不是好人吗？据说邵逸夫先生捐的学校的阶梯叠加起来足以上天堂，难道他也不是好人？”

“比尔·盖茨几乎把所有财富都用于慈善事业，去帮助世界上那些有困难的人，你觉得他也看不起人吗？”

“所有人都不喜欢你？我就挺喜欢你的，难道我不是人？”

一句话就说中要害，这叫作“一语中的”，一个特例就能推翻一个限制性信念，这就是“反例”的威力。

12. 准则层次：用更重要的价值准则重新评估信念

我们先来看一个真实的故事：

有一次，我在广州讲课，课程最后一个环节叫作“为未来定一个目标”，其中一位学员的目标让在场所有人都震惊了，因为他的目标是能够活到40岁。到底是怎么回事呢？原来，他出生在农村，为了让家人有更好的生活，他来到城市打拼，从建筑工人做起，凭借自己的努力和用心，他拉了一支小队伍，成了包工头，后来又成立了一个颇有规模的建筑公司。在这个过程中，为了拉单子、拿项目，他经常陪客户喝酒，结果把肝喝坏了。他那一年31岁，刚刚做了换肝手术，医生说，换肝的病人手术后大概率能活5年，他的目标是能多活几年，所以，他说他的目标是活到40岁。

课程结束后，这位同学一定要请我吃饭。以往也有不少学员要请我吃饭，但都被我拒绝了，因为我已经讲了好几天课程，实在是没精力。可是这一次，这位年轻人的邀请，我实在无法拒绝，因为我知道，也许以后再也见不着了。

餐桌上，这位学员要了满满一桌子菜，可他一口也没吃，这是因为换肝后，他只能吃医生配的营养餐，不能吃外面餐厅的饭菜。当时，他的太太和一双儿女在旁边作陪，两个孩子一个五六岁，另外一个还被抱在怀里。看着他年轻漂亮的妻子和两个年幼的孩子，想想他们很快就会失去家里的顶梁柱，我心中十分悲伤，这是我吃过最难受的一顿饭。

席间，这位年轻人对我说："如果我早一天听到你的课程，也许就不至于有今天。以前我以为拼命工作就能够让家人活得更好，直到今天我才发现我错了。我连自己的身体都没照顾好，这是我最对不起家人的一件事情，可是现在后悔太迟了。"

这是一个沉重的故事，每次我分享这个故事，心里都很难过。但我希望这位年轻人用生命换来的教训能让更多人觉醒，人生中，还有更多比金钱更重要的东西。

很多人创业时，都有一个非常淳朴的信念：希望通过自己的努力，让自己及家人生活得更好。经过一番努力之后，钱倒是赚了不少，可是并没有过上当初想过的美好生活。因为忙于工作，他们跟伴侣相处的时间更少了，陪伴孩子的时间几乎没有，以至于都不知道孩子是怎么长大的。而自己仿佛成了一部工作的机器，只有工作，没有生活。他们有时在夜深人静的时候会想，这真是我想过的生活吗？

为什么会这样呢？原来，在生存和压力面前，人们往往会忽略那些更重要的价值，比如，健康、家庭，还有爱……因为价值混乱，大多数人都会在人生旅途中迷失方向。那怎么办？最简单的方法就是让迷失方向的人重新看见那些曾经被遗忘了的重要价值。

在课堂上，我经常会问学员一个问题："当下什么东西对你是最重要的？"对于这个问题，人们的答案可能是金钱、事业、伴侣、家庭、健康，等等。

不同的人对于什么是重要的有不同的理解，这种对于价值的不同观念我们称之为“价值观”。价值观是人们生活的原动力，是激励或说服一个人的基础。当一个人所做的事跟他的价值观相符时，会感到满足、开心和充满动力；相反，如果一个人正在做的事情与价值观不匹配，会感到挫败、沮丧和无力。这就是为什么很多看起来十分成功的人士并不开心的原因，因为他正在做的事情跟他内心的价值观已经背离。

可是，为什么我们的行为会与价值观背离呢？我们再来看看前面提过的那个问题，各位读者也可以跟随我的引导给出答案。

什么对你来说是重要的？请把它写下来，并按照重要度排序。

当你写好了答案并排好顺序后，请再按我的指引做下去。

“假设你的生命只剩下三个月，什么东西对你是最重要的？请把你排好的事情重新排列。”

怎么样？你的排列顺序有改变吗？

对于大多数人来说，顺序是会改变的。为什么？因为在没有时间框架之前，很多人都习惯性地认为，自己的时间是无限的。正因为如此，才会为了所谓的未来，愚蠢地牺牲了每一个当下。可实际上，时间是有限的，所谓的未来是由一个个当下组成的，如果今天过得不开心，说明已经背离了你认同的价值观，在这种情况下，又如何能指望未来呢？

那究竟什么才是最重要的？当然，不同的人有不同的答案。但是，我相信绝大多数人都会同意人生过得幸福是一件重要的事。那幸福和什么有关呢？

金钱？可是为什么那么多有钱人过得并不幸福呢，市井间有不少普通老百姓，生活虽然清贫，但日子却过得十分滋润？

权力？你是否看到某些位高权重者惶惶不可终日，而有些官无半职的艺术家却能生活得怡然自得？

健康？好像也不是，因为很多健康的人过得并不幸福，而有些身体虚弱的人因为能够得到亲人的细心照顾，虽然他们没有健康，但依然过得很幸福。

1938 年，哈佛大学进行了一项成人发展的研究，准备用 75 年时间，跟踪 724 位男性的一生，记录他们的工作、家庭、健康状况，观察他们的人生走向，找到“纵观一个人的人生，到底是什么让他保持健康和快乐”这个问题的答案。

75 年后，科学家们得出最终的结论：决定我们人生幸福的，不是钱，也不是名利、工作，而是良好的人际关系。也就是说，幸福来自人与人的互动，与家庭成员、亲朋好友、左邻右舍和谐而温暖地相处能让我们更加幸福和快乐。相反，一个人与每天生活在一起的人关系处理得不和谐、不融洽，哪怕他再有钱、再健康，事业再成功，他都是不幸福的。

当然，金钱、事业、健康、权力、学问等都是影响幸福的因素，只是不要忘了，生命、时间、关系、家庭、孩子、爱情、亲情等这些平时被忽略的价值同等重要，甚至更加重要。

时间管理中有一个原则：优先做重要而不紧急的事情。这是因为如果不完成重要的事情，我们的人生就会被紧急的事情填满。

比如，防火是重要的事情，救火是紧急的事情。如果不注意防火，我们就要常常救火。

锻炼身体是重要的事情，看病是紧急的事情。如果不锻炼身体保持健康，我们就要常常生病，就会生出很多紧急的求医看病之类的事情。

学习是重要的事，解决问题是紧急的事。如果平时不学习，能力不足，工作时就会有很多问题需要解决。但如果你是一个热爱学习的人，你有足够的能力完成你的工作，哪来什么问题？就算有一些突发状况，对你而言也是小菜一碟。如果你总是被一些突发事情占用你的时间，证明你能力不足，是时候好好学习提升自己了。

明白了这一点，我们就可以用下面的方法去破除一些执念。

执念一："我没时间运动。"

你可以问他：

"健康对你重要还是你正在做的琐碎小事重要？"

"如果你能看到你的健康是如何影响你的家庭的，也许你会有不一样的想法。"

执念二："我没有时间学习。"

"还有什么比改变家族命运更重要的事呢？"

执念三："我没有时间陪伴家人。"

"世上还有什么东西能胜过家人的微笑呢？"

这种用更重要的价值准则去重新评估信念的方法，在魔术语言里叫作"准则层次"，就是把那些在生存和压力面前，人们往往会忽略的更重要的价值重新摆出来，让当事人选择，比如，健康、家庭，还有爱……类似的问话还有：

关系重要还是利益重要？

钱重要还是健康重要？

做大重要还是做强重要？

工作重要还是家庭重要？

生意重要还是朋友重要？

道理重要还是效果重要？

前面理解层次部分，我们讲过，大多数人只能够看到“环境”、“行为”和“能力”这三个基础层次。我们可以通过发问，引导当事人看到“信念”、“身份”和“灵性”层次：

“你为什么要做这个事情？”

“当你这样做时，你是一个什么样的人？你希望别人怎么看你？”

“你为谁做这个事情？你知道你所做的事情会给家人（或国家、世界）造成什么影响吗？”

这种带领当事人往更高层次思考的方式，就是准则层次。

13. 反击其身：以其人之道还治其人之身

我们先讲两个故事。

孔融让梨的故事，我们都很熟悉。孔融是东汉末年的大文学家，“建安七子”之一，他小时候除了孝顺外，还非常聪明。10岁那年，在一次名人雅士的聚会中，孔融语出惊人，在场的人纷纷夸奖他，有一个叫陈韪的很不以为然，他说：“小时了了，大未必佳。”意思是小时候聪明，长大了未必就能出众。孔融听后，应声答道：“想君小时，乃当了了。”他顺应陈韪的逻辑，表面上夸赞他小时候一定很聪明，实际上是贬损他现在不出众，一句话堵得陈韪无言以对。

儒家经典著作《礼记》中记载了这样一个故事。春秋时期齐国大夫子车去世了，他的妻子和管家商议，要用活人给他陪葬。子车的弟弟子亢知道这事后，规劝说：“让活人陪葬不好，还是不要这样吧！”可嫂子和管家坚决不同意，说：“如果没人陪葬，你哥哥在阴间由谁服侍呢？”听到这话，子亢慢悠悠地说：“二位虑事周到，用心良苦。不过，与其让别人去陪哥哥，倒不如嫂嫂和管家亲自去陪，因为你们去服侍他肯定比别人更加尽心尽职！”嫂嫂和管家一听，再也不敢提用活人陪葬的事了。

这两个故事中，孔融回击别人的攻击，子亢说服嫂子和管家不要用活人陪葬使用了同样的技巧：以其人之道，还治其人之身。借用对方的逻辑，推翻对方的观点。

这种根据信念所定义的逻辑，或信念所陈述的标准，重新评估信念的方法，叫作“反击其身”。

这种方法就像金庸在小说《天龙八部》中描述的一种武功。小说中有一位叫慕容复的武林高手，他有一个独门武功叫“以彼之道，还施彼身”，这个武功能把别人攻击过来的招式，原样反击回去。因为慕容复有这样的武功，那些跟慕容复交手的人仿佛跟自己过招一样，功力越强，受到的反击就越厉害。

所谓的“反击”，其实就是顺着对方的逻辑去破掉对方的信念。这个技巧适用于对方强词夺理的时候，他的信念看起来无懈可击，其实暗含着错误的逻辑，这时，我们不要跟他争辩，只需要冷静地倾听，抓住他的逻辑漏洞，通过“反击其身”对他反戈一击。

有一次课堂上，有学员过来对我说：

“我很不自信，怎么办？”

我问他：“你真的不自信吗？”

他回答：“真的，我特别不自信。”

我说：“你对你不自信这件事好像很自信啊！”

学员哈哈一笑：“好像是哦，我也有自信的事。”

这里，我用“反击其身”，用他的信念破掉了他的信念。

美国前总统罗斯福是个很睿智的人。有一次谈话间，朋友问及海军在加勒比海某岛建立基地的事：“有关基地的传闻是否确有其事？”这件事在当时是不便公开的，但好朋友开口问了，如何不伤感情地拒绝呢？

只见罗斯福望了望四周，然后压低嗓子问朋友：“你能对不便外传的事情保密吗？”

“能！”好友急切地回答。

“那么，”罗斯福微笑着说，“我也能。”

朋友尴尬地笑了笑，不再提这件事了。

这一章开始时我做过一个比喻，魔术语言就像用钻石来打磨钻石，这个比喻在反击其身这个技巧里体现得最为贴切。

“你真没礼貌。”在公众场合，比如地铁、图书馆、咖啡馆里，我们经常听到有人这样义正词严地斥责别人，可是，他在公众面前指责一个人没礼貌的这种行为有礼貌吗？显然也没有，抓住这个逻辑，我们就可以有力地回击他。这就像照镜子一样，我们把他的逻辑照给他看，他就会觉得很荒唐。

类似的逻辑还有：

一个大声让别人安静的人，他是不是最吵闹的？

一个不断要求别人包容的人，他包容吗？

一个不断强调要放下的人，他真的放下了吗？

一个执着于不执着的人，他是不是有更大的执着呢？

……

太极之道讲究阴中有阳、阳中有阴。孤阴不长，独阳不生，阴阳互藏，生生不息。我们自以为正确的，并不一定正确，如果能站在这个角度看，很多执念也就消失了。

14. 改变框架的大小：拓宽思想的限制以改变执念

2020 年突如其来的新冠疫情打乱了世界的节奏，心理行业也受到了前所未有的冲击。壹心理做了一个行业调查，63% 的咨询师收入大幅下降，教育培训企业几乎颗粒无收。面对这样残酷的环境，我打了很多电话与心理同行们交流，绝大多数心理同业都陷入困境，并且对今年的市场相当悲观，唯独壹心理的 CEO 黄伟强例外。他跟我说："一般人之所以会觉得困难，是因为他们都是站在自己公司的立场考虑问题的，而我是从整个心理行业的角度考虑。今年的疫情会引发更多人的心理需求，如果我能够做出满足客户需求的产品，何愁没有生意？"

这让我想起了古代的一个故事。在春秋时期，楚国国君楚共王喜爱打猎。有一次，他骑着马拼命追逐几头野兽，跑了很多路，颠簸间，腰间的弓一不小心弄丢了。这可是一张制作非常精美的好弓，大王的宝弓丢了，可是个大问题，随行人员都十分紧张，向楚共王请求："让我们回头沿路寻找吧。"

楚共王一笑置之，说："我是一个楚国人，这弓让楚国人拾去了，还是在楚国人手里。楚国人丢失了弓，仍旧由楚国人得到，有什么必要去寻找呢？"

好一个“楚人失弓，弓在楚国”！好大的格局！很多时候，同一件事情，有人觉得是个问题，有人觉得是个机会。差别在哪里呢？从上面两个故事中可以看出，差别在于看问题的框架，也就是我们通常所说的视野或者格局。正如黄伟强所说的，一般人之所以觉得是困难，是因为他们是站在自己公司的立场看的，如果能够从整个行业的角度看，困难也许会变成机会。

有这样一句谚语：再大的烙饼也大不过烙它的锅。一个人的思想框架的大小，就好像这个锅，一个人的事业就好比锅里的饼。如果你的锅太小，烙出来的饼再大也有限。

一个人如此，一个国家也是一样。在清朝中后期，当时的统治者闭关锁国，眼里只有自己，看不到西方世界已经在高速发展。有西方使者说起了蒸汽轮船，清政府不仅不向他们交流学习，还嘲笑说：“你们的船有几头牛在拉？”后来李鸿章力排众议，修好了铁路让慈禧去参观，当时慈禧看到火车冒黑烟，并且声音还比较大，心里非常生气，她下令让人把火车头换成马。“马拉火车”，这种做法可笑不可笑？之所以可笑，是因为她的思想一直停留在原来有限的认知世界里。这么小的锅，又如何能做出大饼呢？最终西方八国联军两万多人的队伍把一个四亿多人口的国家打得溃不成军，每每想起这段历史我都不胜唏嘘。

要烙更大的饼，要先准备更大的锅。正如中国著名文化学者余秋雨所说：“人的生命格局一大，就不会在生活琐碎中沉沦。”

所谓“改变框架大小”正是这样一种语言技巧。通过发问的方式，让人以较长的时间、较多的人数、较宏观的视角和更高的层次重新评估信念。

执念一："癌症导致死亡。"

拓宽人的框架："如果人人都像你这么想，就真的找不到治疗方法了。"

执念二："我真没用。"

拓宽时间框："10 年后的你会怎么看待你今天这个想法？"

执念三："疫情导致企业经营艰难。"

提升思维高度："当你这样想时，你是一个什么样的人？那些创造历史的人会怎么看待今天的疫情呢？"

利用这个语言技巧，我们可以改变时间、位置、范畴和思想高度等框架，当原有的框架被拓宽后，原来的限制也就站不住脚了。这就好比前面的例子，如果当时的慈禧太后能到世界各地转转，当她见识过西方工业革命和科技的发展后，她还会让人用马拉火车吗？

一个人之所以会陷入困境，其根本原因就是思想受限。拓宽思想的限制大致可以分为三个维度：

第一，时间：时间线

第二，空间：位置感知法

第三，思想高度：理解层次

这个在前面"设框"那一章已经详细讲解过。只要你能在这三个维度组成的 54 个空间里不断变换，那些限制性信念就会烟消云散。

因此，只要你能换个时间框架，原来的问题将不再是问题。换个空间、换个思想的高度也是一样。

改变框架大小，就能够改变你的人生。这一点会下围棋的朋友一定深有体会。我初学围棋是在大学的时候，一开始我总是输给我的同学。后来一位高手同学用一句话点醒了我，他说：“你在局部跟人争输赢，赢了局部，却输了全局。”从此以后，我知道了从全局出发，开始放弃局部利益，反而赢的次数越来越多。

心理学研究发现，害怕失败是人的天性，哪怕是局部的失败也不愿意接受。为了避免失败，人们总是把所有精力聚焦在一个窄小的空间上，用尽一切力量去赢得局部的竞争。这样就算赢了局部，往往会输掉全局。

还有一种情况就是，为了避免失败，干脆放弃行动，因为没有尝试就不会有失败，这样的结果明显是更大的失败。

当你学会了改变框架大小，你就能够从全局出发，你就会发现局部的失败仅仅是取得全局胜利的一个步骤，是获得胜利的一个过程。只有这样，你才会勇于尝试，赢得人生更大的胜利。

15. 超越框架：从更高的维度看世界

前面我们讲了改变框架的大小、拉宽框架，可以让我们提升格局、打开视野，从而拓宽我们的世界。可是，不管框架拓宽到多大，你依然还在框架里。下面我们要学习的方法更加神奇，它不去改变框的大小，而是直接跳出框架，这种方法叫“超越框架”。

什么叫“超越框架”？我们先看一个小故事。

在禅宗《无门关》中，记载了一个有关百丈禅师与野狐狸的故事。

百丈禅师每次在堂上讲经说法的时候，常常有一个老人跟随大众一起听讲，有一天说法完毕后，众人离开，老人却留下来。百丈禅师便问他：

“你是什么人，想做什么？”

老人回答：“实不相瞒，我不是人。在很久以前，我在此山修行，有个学生问我一个问题，我回答错了，结果堕入轮回就成了野狐狸。请和尚慈悲为我开示，让我解脱狐狸身之苦。”

百丈禅师问：“学生问的什么问题？”

老人：“大修行人还落因果否？”

百丈禅师：“你怎么回答？”

老人："不落因果。"

百丈禅师说："你把学生问你的问题，现在重新再问我一次吧。"

老人便道："请问和尚，大修行人还落因果否？"

百丈禅师答道："不昧因果。"

老人言下大悟，便向百丈禅师礼拜叩谢道："承蒙和尚开示，我已超脱狐身。"

当然，我跟大家讲这个故事并不是宣扬什么，这个故事就像《聊斋志异》里面的故事一样，作者只是借这些故事传递某种智慧。百丈禅师这句话的智慧在哪里呢？

我们来看学生那个问题："大修行人还落因果否？"

老人回答"不落因果"，为什么有问题呢？

因果循环是佛教的基本原则。老人说"不落因果"，这岂不违反了佛教的因果循环法则？另外，因为你是大修行人，所以，你就不会落入因果循环，这本身不就是因果吗？"因为修行，所以不落因果"，这不是因果是什么？

回答"不落因果"有问题，那如果回答"落因果"呢？一样有问题。修行不就是为了脱离因果所应，跳出六道轮回吗？如果大修行人还落入因果，那修行的意义何在？

这就陷入了两难的困境，有些问题，不管你回答"是"还是"否"都不对。就像前面第一个例子一样，面对孩子玩游戏，不管父母"允许"还是"禁止"都不对。那怎么办呢？

我们来看看百丈是如何回答这个问题的，他说"不昧因果"。

为什么这简单的几个字就能够让老人开悟呢？

因为这几个字跳出了"是"或"否"都会陷入的困局，让老人从另一个维度去看待这个问题。昧，是糊涂、隐藏的意思，就是说，大修行人不会被因果所迷惑、蒙蔽、束缚。这既不是“不落因果”，也不是“落因果”，而是跳出因果的束缚。所以百丈一语点醒梦中人，老人因此脱离五百年狐狸身。

当然，狐狸只不过是一种比喻而已，未必当真。只不过人们也常常会掉到各种限制性的信念里，虽然不会成为狐狸，但所受的苦并不少，轻则困难重重，重则家庭破碎、穷困潦倒，甚至家破人亡、万劫不复。

以婚姻为例。夫妻双方经常会为谁对谁错而争吵不休，在这样的争吵中，不管谁赢了，对于夫妻双方来说都是输。所以，如果有读者理解不了上面这个“野狐禅”的故事，请容许我以同样的逻辑来问夫妻争吵的问题：

“学好心理学的夫妻之间还会争吵吗？”

你该怎么回答这个问题？会还是不会？不管是哪一个回答，都掉入了困境中，万劫不复。为什么这样说呢？

如果你说“不会”，并以此为标准要求自己，那就把自己困死了。两个完全不同的人长期生活在一起，面对生活中的种种琐事，怎能不争吵呢？如果你为了避免争吵而压抑自己，结果并不会百忍成金，只会百忍成病。

如果你回答说“会”，那学心理学有什么用呢？学了依然还会争吵，那干脆不学好了。

看到了吧，正如爱因斯坦所说的那样，如果你在同一个层次解决问题，你一定会陷入困境。那怎么办？很简单，像百丈禅师说的那样，“不昧争吵”。

什么叫“不昧争吵”？就是不要被争吵所迷惑，不要被争不争吵这件事所束缚。学好语言的人不是“不争吵”，也不是依然

“争吵”，而是跳出该不该争吵这件事来看问题。换一个现代人比较容易理解的回答，“不昧争吵”的意思就是“不要被该不该争吵所束缚，而是去看看你们想达到什么样的效果”。

对！效果比道理更重要！一般人只会在道理层面争个你死我活，这样的婚姻你说有出头之日吗？如果你总认为对方是错的，自己才是对的，你换一百个伴侣，轮回一千年，你都跳不出这个“谁对谁错”的婚姻魔咒。有这样的婚姻，还不如做只野狐狸呢。

从上面这个故事我想大家对“超越框架”已经有了一定的理解。所谓“框架”，就是想法中隐藏了某种限制，局限了我们对世界的认知，让人生选择更少。这些框架又叫“限制性信念”。而**“超越框架”就是跳出原有的框架，站在框架的外面，从一个超然的位置来观看框架，从而避免被框架所束缚的一种语言技巧**。

人在框架内，就是“囚”，这个字很形象，人被框架所限制。上一节的“改变框架大小”，就是把框架拓宽一些，让人在框架里舒服一些，如图 7-5 所示：

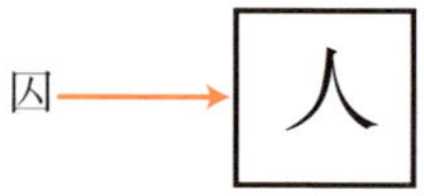

图 7-5

而“超越框架”，则是跳出框架，如图 7-6 所示：

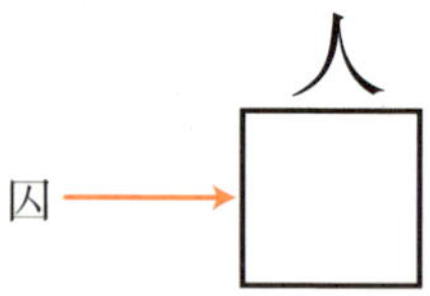

图 7-6

人为什么会经常掉入某些框架中呢？我们要从“合理化”这个概念说起。所谓“合理化”，其实就是一种自我欺骗。当一个人在骗自己的时候，他并不知道自己在说谎。心理学研究发现，人们总想证明自己是对的，然而，有时候认定了某件事，或设定了某个目标后，可能环境已经发生了巨大的改变，原来的目标就会变得很荒唐，但为了证明自己是对的，人们总会找某些理由为自己开脱，使自己心理上得到安慰，因此看不到事实。合理化是心理防卫机制的一种，在无意识中，人们会搜集证据为自己的行为做合理的解释，以掩饰自己的过失，减轻焦虑的痛苦，维护自尊免受伤害。合理化通常有如下三种：

酸葡萄式：这个机制引申自《伊索寓言》里的一段故事，对于狐狸来说，吃不到的葡萄都是酸的。人类也一样，当自己所追求的东西因自己能力不够而无法取得时，就加以贬损和打击，这种合理化模式称为酸葡萄式。

甜柠檬式：狐狸吃不到葡萄，肚子又实在是饿，就摘了一个酸涩的柠檬充饥，边吃边说柠檬是甜的。有时人们也会像这只狐狸一样，当我们无法得到更好的东西时，就会发展出另一种防卫机制，企图说服自己和别人，自己所做成的或拥有的已是最佳的选择，努力去强调事情美好的一面，以减轻内心的失望和痛苦，这种防卫机制会妨碍我们去追求生活的进步。

推卸责任式：这种防卫机制是指将个人的缺点或失败的责任，推给其他人或环境，从而让自己的心灵保持平静。

以上三种合理化其实都是在说谎，只是这种说谎并不是欺骗别人，而是在欺骗自己。框架，就是欺骗自己最好的保护，这就是为什么人们愿意待在框架里。

那如何才能避免以合理化的方式欺骗自己呢？那就要从“合理化”到“理性”。

什么是理性？理性和感性相对，指按照事物发展的规律和自然进化原则来考虑问题。理性思维下，人们处理事情不冲动，不凭感觉做事情，而是冷静地面对现状，并全面了解现实，分析出多种可行方案，再判断出最佳方案并诉诸行动。

法国哲学家、数学家笛卡儿是理性的代表人物，他是二元论及理性主义者。他所发明的卡氏坐标至今还广为使用。什么是卡氏坐标？如图 7-7 所示：

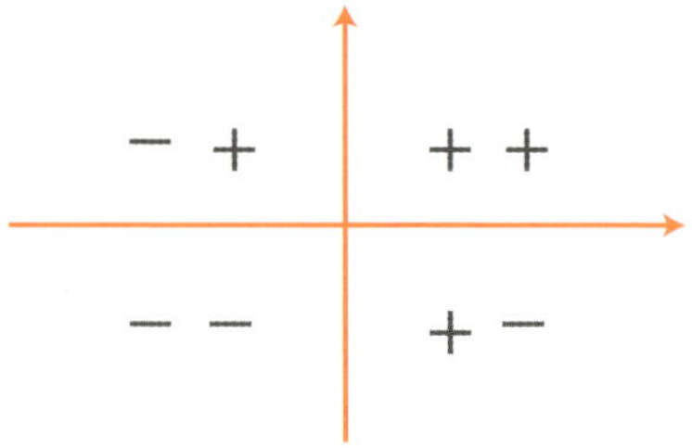

图 7–7

我猜对于那些不喜欢数学的读者来说，马上会想，这是一个数学坐标，跟我们的生活有什么关系呢？先别急，请看图 7-8：

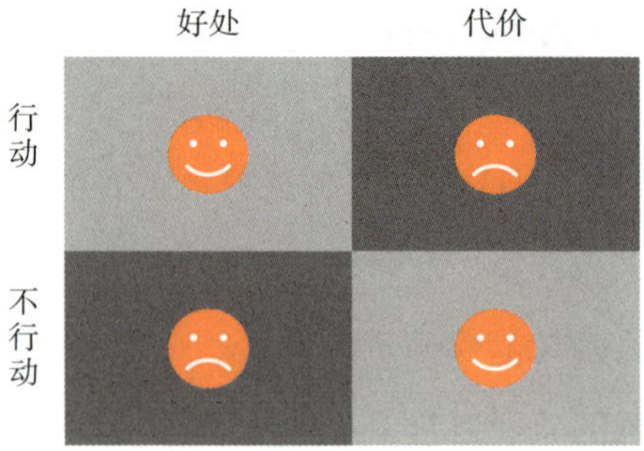

图 7–8

做或者不做一件事，一定有它的好处和代价。比如，你有一位朋友婚姻遇到了问题，他问你：“我是否应该离婚？”

你该如何回答呢？这又是一个“大修行人还落因果否”的两难问题。如果你回答“离”或者“不离”，然后找理由证明你的观点，这就是“合理化”，是一种非理性的行为。因为，从笛卡儿坐标里你可以看到，你只是看到了四个象限中的一个，就像中国经典故事“盲人摸象”中的盲人那样，你的认知是狭窄的、片面的。

那理性主义者会如何回答这个问题呢？他会问如下四个问题：

（1）离，有什么好处？

（2）离，有什么代价？

（3）不离，有什么好处？

（4）不离，有什么代价？

问完这四个问题之后，他会反问朋友：那你离还是不离？

理性主义者就像著名诗人罗曼·罗兰那句诗所描述的那样：“世界上只有一种英雄主义，就是看清楚生活的真相后依然热爱生活。”

从上述的案例中可以看到，理性思维已经比合理化全面太多了，可是，这依然是不够的，因为笛卡儿坐标虽然有四个象限，但依然是平面的，是二维的。在二维的世界里，不管如何扩展，依然还是有限的。比如土地，就算你不断拓宽你的领土，你只不过是拥有整个地球，但如果你增加一个向上的维度，你可以拥有整个宇宙。所以，维度越低，局限越大。

超越框架就是跳出平面，增加一维空间。以是否离婚为例，就算看清了离与不离的利与弊，有人依然还会陷入两难的选择中。但如果跳出离还是不离这个两难选择，从“效果”这个维度来思考，你就能超越这种两难境地：

“离还是不离，我真不知道，但我想问你的是，你想达到什么样的效果？你渴望过上怎样的生活？你成为什么样的人才能过上这样的生活？”

这样一问，如图 7-9 所示，不就超越原来的框架了吗？

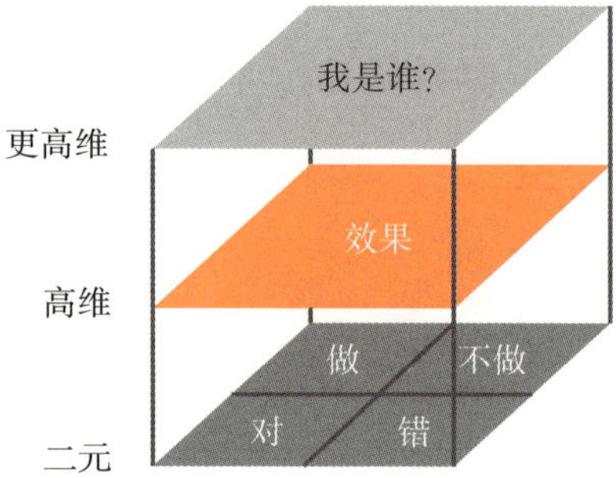

图 7-9

超越框架其实就是一个后设的框架，退后一步，从框架里走出来，从一个更高的维度俯视原来的思考维度。那如何才能创造这个更高的维度呢？请先看一个真实的案例。

我虽然还没有百丈禅师那样的智慧，但也能把这个语言模式用到自己的教练工作中。有一次在《大成教练》课程上，有位女同学要求我帮她做一个减肥的个案，这确实是一位需要减肥的女士，因为她的体重远超于常人。我在正式切入教练对话之前，一般会先闲聊一下，以拉近双方的距离，取得案主的信任。在闲聊阶段，我听到她无意中说了这么一句话：“其实胖点也挺好的，安全嘛。”我一听到这句话，直觉立刻告诉我，这里面有故事。我马上打断她的话，于是有了下面这一番对话：

我："你刚才说什么？我没听清楚，能再说一遍吗？"

女士："其实胖点也挺好的，安全嘛。"

我："你再说一遍。"

女士："其实胖点也挺好的，安全嘛。"

我："你听到自己在说什么吗？"

她一下子沉默了，好长一段时间没说话。我知道她已经进入了入神状态，于是接着问她：

"你看到什么了？谁需要用肥胖来保护自己的安全？"

她一下子崩溃了，号啕大哭起来。她释放完情绪之后，告诉了我一段悲伤的经历。原来，在她童年的时候，父母关系不好，她经常目睹父亲暴打母亲，每当这样的事情发生时，她都极度害怕，躲在一个角落里发抖。当时的她太小了，没有能力保护母亲、保护自己，她内心极度渴望快点长大，于是开始拼命地吃东西……

听完她的故事之后，我问她：

"当年那个小女孩需要胖点来保护她自己，可是今天那个小女孩已经长大了，她还需要这样做吗？"

女士："不需要了，她今天已经长大了，有足够的能力保护她自己。"

"你有什么话想对那个小女孩说？"

女士："我知道你长胖的原因了，那已经是过去的事情了，现在不需要了，你可以瘦下来了，你瘦下来也是安全的。"

几个月后我再次见到这位女士，她说她已经瘦了十多斤，这是她觉察后重新选择的结果。

这个个案我所使用的语言技巧就是“超越框架”，我为案主创造了一个高维的自己，也就是有觉察力的自己，让这个觉察的自己去指导那个迷失的自己（当年的小女孩），虽然两个都是她，但有一个站在更高维度。当一个人能够站上更高维度时，原来的问题已经不是问题了。

其实，生而为人，我们比动物拥有更发达的大脑，并拥有觉察的能力。什么叫“觉察”的能力？比如，有人说：

“我对自己不太满意。”

你从这句话里是否能看到两个“我”？一个是做了某件事情的“我”，另外一个是对刚才做的事不满意的那个“我”。第一个“我”是迷失的我，第二个“我”才是觉察的我。这个能站在超越的位置的“我”，就是觉悟的“我”。

理解了这个原理，我们看下面的语言，你能看到两个“我”吗？

“我饿了。”

（一个是知道自己饿了的我，一个是真的饿了的我）

“我很笨。”

（一个做事笨笨的我，一个认为自己笨的我）

“我没有希望。”

（一个遇到挫折的我，一个对自己没有信心的我）

当你能够发现两个“我”之后，就可以刻意地引导当事人站在那个超然的“我”的位置。比如问下面这些问题：

“你听见自己刚才说什么吗？”

“你允许自己坚持这个想法？”

“谁让你做这样决定的？”

“你知道你自己在做什么吗？”

"你选择继续这样想吗？"

"谁赋予你这个权利？让你看不起你自己？"

这些问句都有一个共同的特点，就是唤醒了那个觉悟的"我"，让那个觉悟的"我"去处理那个迷失的"我"遇到的困难。

超越框架的语言模式，就是通过语言引导，唤醒当事人那个觉悟的"我"，让他站在这个超越的位置，重新审视自己。当一个人拥有这种超然的飞鸟视野时，他自然知道如何应对他的困难。

再用一个不太恰当的比喻，来让大家从更直观的角度理解这种语言技巧。

我猜大多数男士，都有过忘记拉裤链的尴尬经历。当我们看到一个男人忘记拉裤链了，我们该怎么提醒他呢？直接告诉他，双方都很尴尬，这时最好的方法是给他一面镜子，不用我们说任何话，他一看立刻就明白了。

超越框架，就是创造一面镜子，让当事人能够站在超然的位置看见自己，从而跳出原有的信念框架。

中国文化其中有部分深受佛教的影响，很多词汇都来自佛教。那佛到底是什么意思？在梵文中，佛就是"觉"，佛陀就是一位全面觉悟了的人。

人在镜子面前的时候，会调整自己的仪容，会清理身上污浊的地方，站在镜子前看自己，就是超然的位置，站在这个位置上的那个你，就是一位"觉者"。当然，你还不能称为佛，因为你的觉悟是有限的。

但是，如果你勤于修行，不断去觉悟自己，也许总有一天，你也会成为佛。因为佛法说，人人都有佛性，只是你的佛性暂时还没有被唤醒而已。

佛教认为，一个还没觉悟的，还在迷糊的状态中的人叫“众生”；一个自己觉悟了的人就是“罗汉”；一个自己觉悟了，还在帮助他人觉悟的人就是“菩萨”；而觉行完满的人就是“佛”了。

从某种意义上来说，“超越框架”的语言模式，就是唤醒一个人的佛性的语言模式，因为通过这种语言模式，你可以让人站到觉悟的位置。当你愿意用这种语言模式去帮助他人时，也许，你已经是菩萨了。

16. 魔术语言十四技巧示范

到这里，魔法语言中的14个技巧就学完了。当然，这些语言模式就像禅宗的机锋一样，需要适当的时机才可以运用。但为了方便大家的学习，我还是想勉强地将所有14种魔术语言用来破解同一信念，这样虽然会有一些牵强的地方，但对于帮助大家理解这些语言技巧还是有帮助的。请看下面两个示范。

执念一："我没有时间学习。"

破解语言：

啊，原来你是这样想的。（世界观）

当你坚持这个想法时，会带给你什么后果？这个世界每天都在变化，不学习也许会跟不上时代的发展。（后果）

今天没时间或许是件好事，它正在提醒你什么。（另一结果）

如果你真的很忙，或许现在是思考自己人生的时候了。（重新定义）

当然，我知道你说没时间的意思是想把时间用在更重要的事情上。（意图）

但是还有什么事情比让自己不断成长更重要呢？你的时间该用在琐碎的事上还是重要的事上？（准则层次）

如果一个人连提升自己的时间都安排不出来，那这个人的未

来还有希望吗？（上归类）

可以告诉我你的时间具体是怎么安排的吗？（下归类）

学习跟吃饭一样，一个吸收精神营养，一个吸收物质营养。你这种想法就像一个人说“我很忙，没时间吃饭”一样荒唐。（比喻）

你有没有想过，你今天没时间可能正是因为过去不学习导致的呢？（反击其身）

而且，你又是怎么知道你真的没时间的？你试过安排时间学习了吗？（现实检验策略）

我们有一位叫波波的学员，原来跟你一样忙，后来挤出时间来上了我的《教练式管理》课程后，你猜怎么样？电话费减少了三分之二，空闲时间越来越多了。（反例）

如果在 60 岁那年回看今天，你还会坚持这种想法吗？如果你孩子听到你这样说，他会怎么看待一个没时间学习的父亲 / 母亲呢？（改变框架大小）

你决定让自己继续这样忙碌下去吗？是谁给了你这样的权力剥夺自己成长的机会？你祖先的在天之灵允许你这样做吗？（超越框架）

值得强调的是，这些技巧不光能破掉别人的信念，更重要的是，还可以破掉我们自己的信念。很多时候，限制我们前行的并不是别人，而是我们内在的信念病毒。只有我们把自己的信念破掉的时候，我们才能走向更广阔的世界。

下面这个例子是我刚开始学习魔术语言时写给我自己的一段话，因为我当时有一个限制性信念：在中国做培训做不大。下面是我写给自己的一段话：

今天我开始明白“在中国做培训做不大”只是我个人的想法而已，未必所有人都会这样想（世界观）。其实我也根本不知道我凭什么这样想，只是因为目前还没有一个特别大的培训公司就能推断培训行业做不大吗？目前没有并不等于未来不能有（事实检验策略）。到现在为止培训行业还没有大型企业，只能说明这个行业充满挑战（重新定义），正因为市场还没有，也许这是留给我的一个机会呢（另一结果）。

如果我继续抱着这个信念，那么我的公司真的就做不大了，让我做不大的并不是这个市场，而是我的这个想法，正因为有千千万万像我这样想的中国人，才导致以前的中国缺乏强大的企业（反击其身）。不少像我这样的中国人，好像动物园的大象，一根小小的绳子就可以把它拴在那里，这个大象还老是跟别人说：“我没有能力挣脱这个绳子，我以前试过了，我小的时候试过了（隐喻）。”

什么叫作大呢（下归类）？孔子的事业算不算大？孔子终其一生，也只有弟子三千，但他却是影响了中国乃至世界几千年的圣人。究竟是以“学员多”为大，还是“影响力大”为大呢？学员人数与影响力相比，哪个更重要（准则层次）？

中国真的没有一家特别成功的教育类企业吗（上归类）？新东方已经上市了，还不算大吗？虽然英语培训与心理学培训有些不同，但新东方也是由一个小公司做起的，新东方能做得到为什么我就做不到呢（反例）？如果俞敏洪当年也像我这样想，今天就没有新东方了，因为当年在英语培训领域中国也没有一家大的企业。我在想，俞敏洪如果今天涉足心理行业，他会怎么想呢（世界观）？

世界一直在变化中，如果只用过去的经验主观判断未来的话，这会让我丧失很多未来的机会（改变框架大小）。当然了，当我这样想的时候也有好处，这会迫使我去思考除了做培训之外我还可以为心理学做点什么（另一结果）。

我知道这个想法是我给自己找的一个借口，让我在企业发展速度慢的时候能保住面子（正面意向）。如果我继续持有这样的想法，会给我的企业带来什么影响呢？这个问题想想都有点可怕（后果）。究竟是面子重要还是真的把培训事业做好重要呢（准则层次）？是谁让我持有这样荒唐的想法的呢？我还能允许自己继续持有这样的想法吗（超越框架）？

做大做强，不是由我开始，又由谁开始呢？

我经常说，看书没有用，除非你真的去用。所以，你知道这些知识对你一点用处都没有，只有真的把它们用在你的工作和生活中，这些知识才能变成力量。希望各位也能像我一样，找出一个你自己的限制性信念，然后用这 14 个魔术语言进行自我对话。

第八章

实用语言技巧

- 感官语言能够让我们大脑里面呈现出一些立体的画面，画面越逼真，就越能打动人。
- 共鸣语言的魅力，在于它能触发你记忆的开关，让你联想到自己曾经的经历，引发你的共鸣。
- 人与人交往，总是避免不了矛盾和冲突，学会了把“指责”变成“负责”，冲突一定会减少很多。

1. 感性与理性

众所周知，在西方国家，律师的收费高得惊人，因为西方的司法系统采用陪审团制度，被告是否有罪和量刑轻重由陪审团裁定。因此，在影视作品中，我们已经领略过控辩双方律师的唇枪舌剑的威力。律师不仅要熟练地把握法律条款，还要用语言影响陪审团的决定。假如你是陪审团成员，先看下面两段陈述：

“犯罪分子破坏我们的生活，在我们所在城市，每一万个人中，就有一个人会被犯罪分子伤害，别看这概率是万分之一，假如发生在你身上，就会给你带来灾难，所以，我们要严惩犯罪分子，加重惩罚能够减少犯罪，据统计，每加刑一年，能减少犯罪率 0.001%。”

“犯罪分子是城市中的掠食者，他们像野兽一样潜伏在社区里，随时威胁着你的人身和财产的安全。你不知道他们什么时候会出现，你也不知道他们在哪里，一旦出现，很可能会让你失去爱人和孩子。而且，更严重的是，这些犯罪分子像病毒一样会传染，越来越多。如果不严惩他们，他们就像瘟疫一样，让你防不胜防。”

上面两段陈述，哪一段会让你倾向于重判？对于大多数人来说，是后面一段。这可不是我瞎编的，是心理学家们通过实验验证过的结果。为什么后者更能影响你呢？因为前者是理性的语言，而后者是感性的语言。

还记得本书开头的那个案例吗？“我是一个盲人，请帮助我。”当那个盲人乞丐在纸板上写上这句话时，几乎没有人给他钱。当那位女士把它改成：“这是一个美好的日子，可惜我看不见它。”神奇的事情发生了，陆陆续续有人停了下来，纷纷掏钱送给盲人。为什么前后两句不同的话，有着完全不同的效果？

答案跟上面的例子一样，前者是理性的陈述，而后者是感性的陈述。什么是感性语言？如何才能用好感性语言？感性语言一定好吗？什么时候需要使用理性语言？如果你对这些问题感兴趣，请详细阅读下面的内容。

（1）感官语言

2012 年，中国的一档节目火遍了全球，单是播映权就卖了 20 多个国家，这档节目的题材说不上新颖，它的播出时间也不是黄金档，可它就是火了。它是什么节目？是怎么做到的呢？

这档节目就是央视纪录频道推出的美食类纪录片《舌尖上的中国》，当年看过《舌尖上的中国》的人无不为这档节目点赞，为什么？蒸笼里白花花、冒着蒸气的馒头，拉面摔打在案板上的脆响，食物进入油锅发出的刺啦声，一家人一起吃饭的温馨，渔民踩着高跷捕鱼的场景……这一幕幕触动了无数人的心。

《舌尖上的中国》之所以成功，它的镜头语言功不可没，这些镜头语言带给了观众多层次的感官上的触动，让人欲罢不能。

感官触动是一种什么体验呢？

虽然我们见到或者想到一个人时，脑海里会涌出一张面孔和一个声音，其实这只不过是很多细小资料的合成结果，而这些细小资料，并非像拼图游戏中的小拼块，而是一些更基本的构成元素。这些构成感觉的元素我们称为“感元”。把这些感觉元素再细分为更小的单元，就被称为“次感元”，也叫“经验元素”，他们就是组成我们的经验或记忆的基本元素。

很多人都有这样的体验：我们更喜欢花钱到电影院看电影，而不是在家里看电视，这是因为电影院能够让人身临其境，能带给我们更多的刺激，而这些是家里的电视没法做到的。为什么会这样呢？因为电影院里的感官元素比家里的电视更丰富。

次感元就像我们拍照的手机像素，所有的图像都是由一个个像素点组成的，像素越高，单位面积的小点越多，所描绘出来的图像就越清晰。组成图片的是像素，组成头脑中记忆的是次感元。

科学研究发现：人类主要靠眼（视觉 visual）、耳（听觉 auditory）、鼻子、嘴巴和皮肤（后三者简称感觉，kinesthetic）去接触世界，合称 VAK，这是人类最常用的接收信息的三种通道。

视觉型的次感元有：光亮度、大小（形状）、颜色、距离、清晰度、位置、动 / 静、速度、光的角度等。

听觉型的次感元有：音量、声调、拍子、持续或间断等。

感觉型的次感元有：压力、范围、强度、温度、频率、粗 / 滑、重量等。

你的记忆都是由这些元素所组成的，这些元素组合在一起就形成了画面、声音和感觉。能够调动你内在画面、声音和感觉的语言我们称之为“感官语言”，也就是表达情绪和感受的语言，也叫“感性语言”。

与之相对的是“理性语言”。理性是认识的高级阶段，在感性认识的基础上，把所获得的感觉材料，经过思考、分析，加以去粗取精、去伪存真、由此及彼、由表及里的整理和改造，用概念、判断、推理三种形式去归纳总结，是概括性和间接性的认知形式。

举个简单的例子，大家很容易就能感受到两种语言的不同：

“我第一次看雪是在2002年，那一年我和家人一起去九寨沟旅游。一到九寨沟，我们看到了一种我们从来没见过的东西，他们称这种东西为‘雪’。我从网上搜索了一下关于雪的资料，原来，雪是从混合云中降落到地面的固体水。雪是由大量白色不透明的冰晶和其聚合物组成的降水。雪是水在空中凝结后再落下的自然现象，是水的一种固态形式。雪只会在很低的温度及温带气旋的影响下才会出现，因此在我所生活的城市广州是不会出现的。”

“我第一次看雪是在2002年，那一年我和家人一起去九寨沟旅游。一到九寨沟，我被眼前这片白茫茫的世界感动了，作为出生在南方的人，我从来没有看过如此美丽的画面，只见天地间飘扬着细小而密集的雪花，好像天使向我们撒下无数白色的花瓣，向第一次带家人出游的我表达祝福。5岁的儿子已兴奋得高声叫喊，顾不得雪地的冰凉，在雪地上打滚，满脸、满身全是雪花，同样兴奋的我拉着太太的手跑向儿子。雪的世界是冷的，而那一刻我心里是温暖的，因为我终于可以带着我爱的人去感受不同的世界了。看着他们兴奋的样子，我暗下决心，将来一定要带他们周游世界，看尽天下美景。”

能看到感性跟理性语言的区别了吗？感性的语言能在我们

的大脑里创造出很多细微的视觉、听觉和感觉的体验，中间还有一些动词，它们让整个画面动了起来，这些元素构成的就是感官语言。

感官语言能够让我们大脑里面呈现出一些立体画面，语言中蕴含的次感元越丰富，我们头脑中的立体画面就越逼真，画面越逼真，就越能打动人。

在培训界，有些导师会自吹："我分享的都是干货。"其实，干货是不值钱的，因为干货就是单纯的知识。在互联网时代，知识获取门槛非常低，打开一个搜索引擎，输入一个关键词，我们想要的信息立刻就能跳出来，因此，知识会越来越不值钱，甚至完全免费。

但这并不代表培训不值钱，也不代表书籍会不值钱。书籍、培训这些传播方式除了传递知识之外，还有一个更重要的功能，就是提升一个人的能力，改变一个人的信念，从而改变一个人的人生。要实现这个价值，关键环节是体验，也就是在阅读或者在接受培训时，能够身临其境地体验到知识的威力，只有这样，知识才能影响到潜意识，才足以改变人生。

除了影响人、改变人需要感官语言之外，艺术也需要感官语言，因为感观语言除了能够打动人之外，还可以给人美的享受。这一点你看看中国古代的诗词就知道了，我们随便找几首看看：

床前明月光，（视觉）

疑是地上霜。（视觉）

举头望明月，（动词＋视觉）

低头思故乡。（动词＋感觉）

李白的《静夜思》，就这么简单的四句话，一幅画就栩栩如生地呈现在你的面前。

枯藤老树昏鸦，

小桥流水人家，

古道西风瘦马。

夕阳西下，

断肠人在天涯。

马致远的《天净沙·秋思》，一共28个字，描绘出一幅凄凉动人的画面，准确地传达出旅人凄苦的心境。

类似的佳作比比皆是，我就不一一列举了。这些优美的诗作，之所以能够用简单的文字给你带来浓烈的感受，正是因为使用了丰富的感官语言，这是感官语言使用的极致境界。

除了古诗词之外，一位懂得使用感观语言的词作者，他所创作的歌曲一定也能深深地打动你。李宗盛就是这样的一位歌手，他的很多歌能把我唱哭，比如《山丘》：

越过山丘，才发现无人等候，（视觉+动词）

喋喋不休，再也唤不回温柔，（听觉+动词）

为何记不得，上一次是谁给的拥抱，在什么时候。（感觉）

感官语言加上一些动词，我们头脑中的整个画面就会动起来，语言会更加生动、立体，更让人触动。

在生命之初，我们的视、听、感基本是均衡的，但在人的成长过程中，某些功能慢慢被强化，而另外一些功能由于用得少开始变得不敏感，于是形成了视觉、听觉和感觉三种不同类型的人。不同类型的人习惯使用他们常用的感官通路了解世界。

视觉型的人对色彩、图像、光影有较强的感知力，他们使用的语言很有画面感，喜欢用一些看得到的词。比如：

你看起来很漂亮。

这个世界非常亮丽。

公园里的花全都盛开了。

听觉型的人对声音非常敏感，他们会更喜欢用一些描述声音的词，会格外强调声音带来的感受。比如：

听起来你讲得很有道理。

你的声音很响亮。

你的发言很悦耳动听。

感觉型的人在情绪方面更为敏感，他们的语言带有温度，会让人觉得温暖。比如：

跟你在一起感到很温暖。

跟你在一起很有安全感。

在你身边，我觉得很舒服。

不同类型的人习惯使用他们特有的通道连接世界，所以，在沟通中，如果你的语言只有一种，你就只能得到一种人的喜欢，另外两种人可能就不会喜欢你，因为你讲的话无法引起他们的共鸣。因此，我们要学会使用视、听、感三种感官语言，才能有效地跟更多人沟通。

比如，我是一名导师，我的学生中一定有不同类型的人，那我讲课时最好使用三种感官语言，这样才能让所有的学生都能听明白我的课程：

“我刚才听到你们爽快的笑声（听觉），看到你们一张一张的笑脸（视觉），我心里感到满满的成就感（感觉），我猜你们一定很喜欢这个课程，才会有这样的笑容，感谢你们的出现！”

上面这段简单的总结中，就包含了 VAK 三种感官语言。

在沟通中，如果你知道对方是什么类型的人，最好使用他们对应的感官语言。如果你是一位领导，你需要影响到一群人，这时，你需要像我一样，把三种感官语言都熟练运用，如果你能做到这一点，你一定会成为大家喜欢的人。

（2）理性语言

上面我们讲了感性的重要性，其实，理性同样重要。为什么这样说呢？

心理学上有个著名的“费斯汀格法则”，是由美国社会心理学家费斯汀格提出的，他指出：生活的 10% 是由发生在你身上的事情组成，而另外的 90% 则是由你对所发生的事情如何反应所决定。

费斯汀格举了一个例子：

卡斯丁早上起床后洗漱时，随手将自己的高档手表放在洗漱台边，妻子怕它被水淋湿了，就拿走放在了餐桌上。儿子起床后到餐桌上拿面包时，不小心将手表碰到地上摔坏了。卡斯丁疼爱手表，就打了儿子屁股，然后黑着脸骂了妻子一通。

卡斯丁气呼呼的，早餐也没有吃，直接开车出了门，可因为忘记拿公文包，又返回来一趟。由于耽误了时间，他上班迟到了一刻钟，挨了上司一顿严厉批评。卡斯丁的心情坏到了极点，下班前又因一件小事，跟同事吵了一架。另外一边，他的妻子心情也很糟糕，出门不小心撞翻了路边的水果摊，不得不赔了一笔钱才解决。他的儿子这天参加棒球赛，原本夺冠有望，却因心情不好发挥不佳，第一局就被淘汰了。

在这个事例中，手表被摔坏是其中的10%，后面一系列事情就是另外的90%。由于当事人没有很好地掌控那90%，导致了这一天成了“闹心的一天”。

这个故事并不陌生，我猜很多人有过类似这样的经历：情绪在强烈、高涨的时候，我们被情绪掌控，完全失去了理智，做出了令我们后悔的决定。

在情绪失控时，我们需要另一种语言，让我们从感性回归到理性，什么语言可以做到呢？我们先来看一个小故事。

战国初期，各诸侯国之间的关系时好时坏。有一段时期，齐威王和魏惠王签订了盟约，规定双方互不侵犯。有一次，齐国的军队骚扰了魏国的边境城镇，魏惠王勃然大怒，准备立即发兵伐齐。魏国的大臣们劝谏惠王：“魏、齐两国友好相处已经七年了，如果因为边境出了点小问题而大动干戈，破坏友好睦邻的关系，那就太可惜了。”魏惠王知道大臣们说得有道理，可这样忍气吞声，他实在有点咽不下这口气。这时，一位名叫戴晋人的贤人站出来说：

“大王，有一种爬行动物叫蜗牛，您知道吗？”

惠王说：“知道，那不就是头上长着一对触角的小爬虫吗？”

“不错。但大王可能不知道，在蜗牛的这对触角上，两边各是一个国家，左角中的是触氏国，右角中的是蛮民国。这两个国家之间的关系很紧张，经常互相攻战。双方都死了好几万人，有时候触国获胜，有时候蛮国获胜，不是我占你的土地，就是你获我的财宝……”

惠王听了，不禁笑着打断他的话，说：“先生，你在说神话故事吧？这么小的地方有什么好争的？”

戴晋人说："是吗？在大王眼里，蛮、触两国简直小得可怜。然而大王为什么不想一想，我们人类居住的地方，同天地宇宙相比较，也是小得可怜。我们魏国只是据有那小得可怜之地中的极小一部分，这样说来，我们同触国和蛮国相比，有什么两样吗？"

惠王怔了好久，说："如此看来，确实没有什么两样。"

"既然如此，魏、齐两国如果开战，和蛮触之争又有什么区别呢？"

魏惠王听了，茅塞顿开，立即下令魏国的军队在边境禁止和齐军发生冲突，同时派使者到齐国去，寻求和平解决边境问题。这时，齐威王也打听到了戴晋人对魏惠王说的一番话，自知理亏，热情地接待了魏国使者。齐、魏两国又暂时恢复了友好关系。

这就是出自《庄子》的"蛮触相争"的典故。这个故事中，戴晋人的话语让魏惠王及时从情绪中抽离出来，避免了一场无谓的征战。戴晋人这种方法在心理学上叫"抽离"。

正所谓，当局者迷、旁观者清，很多时候，我们很容易卷入当下情境中，被当下情境制服。这时，我们用一些语言，在自己跟情境之间创造一种空间感，就能从当下的情绪中抽离出来。

这种语言技巧属于我们前面讲过的超越框架。当我们超越框架，用一种跳到局外的思维，从另外一个角度审视人生中出现的状态，就能更冷静、客观、中立地处理事情，从而避免情绪化所导致的不良后果。

这种抽离的语言技巧在孩子教育中特别好用。我女儿小的时候，有时会发脾气。她发脾气的时候，我不会去干预她，我会任她发泄，等她情绪平缓下来后，我会把她叫过来，指着她刚才所在的位置对她说："宝贝，你看到了吗，刚才那里有一个小姑娘在闹情绪，你觉得那个小姑娘那样做好不好？"当她站在旁观的角度看她刚才的行为，她马上就会醒悟过来。类似的表达还有：

"你对刚才那个某某的表现满意吗？"

"0~10分，你可以为过去的自己打多少分？"

"在小狗的眼中，你是一个什么样的人？"

"在那盏灯的眼中，你是怎样的人？"

这种让当事人离开他原来的位置，从旁观者的角度重新审视自己的方法叫作"抽离"。与感官语言相对，这种抽离的方式可以让人变得理性。从感性到理性是认识的一个飞跃，是认识的深化，是对事物本质、整体和内部联系的概括和反映。而理性认识之所以重要，就在于它能够指导我们的实践活动，理性认识是感性认识的提高。

理性与感性同等重要，没有理性认识，会陷入狭隘的经验主义错误；没有感性认识，就会陷入狭隘的教条主义。

2. 共情与共鸣

前面我们讲了感官语言、理性语言，还有一种语言，它是带有情绪的，这种语言有一个重要的功能：共情。

人本主义创始人罗杰斯是这么定义共情的："所谓的共情是指体验别人内心世界的能力。"他认为，想要共情必须站在别人的角度考虑问题，它意味着我们成功进入了他人的私人认知世界，并完全扎根于此。

共情能力是心理咨询师必不可少的技能，实际上，在日常人际交往中，共情也必不可少。这是因为人产生了内在情绪的时候，不仅需要被理解，还需要被关注和接纳。当你发现并接纳了对方的情绪时，在对方看来就是接纳了他本人，对方就会感觉到自己被关注了、被看到了、被了解了。如此，我们就能建立起沟通的桥梁，拉近心与心的距离，让语言更加贴近内心。

我们看几个场景。

场景一：

一个小男孩在公园里跑跑跳跳，突然摔倒了，他忍不住大哭起来。

妈妈 A 说："哎呀，你摔了一跤，一定很疼吧！"

妈妈 B 说：“男孩子不要哭，坚强一点。”

场景二：

一个二十五六岁的女孩，跟朋友吐槽说，自己最近都要连续加班到凌晨三四点，公司把一个人当两个人用，累死了。

朋友 A 说：“那你真的是太累了，周末好好休息休息吧！”

朋友 B 说：“不行就换个工作吧！”

场景三：

妻子跟丈夫说，闺密家换了一辆新车，开着特舒服。

丈夫 A 说：“感觉你很喜欢那辆车，要不咱们也换一辆？”

丈夫 B 说：“你这个人怎么这么虚荣。”

同样的场景下，哪种话语更能打动对方的心？

场景一的男孩听了妈妈 B 的话，不仅他的情感得不到纾解，他还会生出“我做错了”的想法，这会让他倍感孤独。场景二中的女孩，她只是工作累了，抱怨几句，可能根本就没想过要辞职，朋友 B 的话语只会让她郁闷。场景三中的妻子只是对闺密换车有点羡慕，可是，丈夫 B 的话语会让她有一种不被理解的愤怒。

很显然，同样的场景下，A 的话语感受到了对方的内心世界，能跟对方将心比心，并对对方的感情做出恰当的反应，它做到了共情，所以更能打动人心。

缺乏共情的人，待人会十分冷漠、不走心，即使他为对方出谋划策，提出了一个十分好的提议或者办法，也很难让人接受。

在人际交往中，共情是连接两人感情的必要过程，无论是在家庭生活中，在交朋友时，还是在工作交往中，我们都需要共情能力。

在心理咨询中，经常会用到这些话语：

“真不容易啊！”

“难过是可以的。”

“你先哭一会儿，我陪着你。”

“是人总有无能为力的时候！”

“你可以允许自己孤独吗？”

“你的心情一定很糟糕。”

这些语言都是能触动听者情绪的，双方能因此产生情感的共鸣。除了心理咨询师外，成功的电影编剧、歌手和诗人，他们总是能够想到这些带有情绪的词语，为什么？我们下面详细介绍。

比共情更进一步的是共鸣。所谓“共鸣”就是由别人的某种思想感情引发的相同的情绪感受。

全球票房最高的10部电影中，詹姆斯·卡梅隆导演的《泰坦尼克号》和《阿凡达》长期处于榜首，为什么他的电影能如此卖座？有一次我在央视《对话》节目中看到了一段对卡梅隆的采访。主持人问他什么是大片时，他说：“大片是面对全球观众的，必须跨越语言和文化障碍，要做到这一点，必须要遵守一些人类共性的东西，要有一些让全世界人都能引起共鸣的东西。比如《泰坦尼克号》，讲述的是爱情、失去和死亡，这些都是强有力的主题，大家都非常熟悉，也非常喜欢，会感觉置身其中。”

让我们重温一下《泰坦尼克号》中那些经典台词：

“人生那么短，遗忘又那么漫长。”

“我们是女人，我们的选择从来就不易。”

“赢得船票，是我一生最幸运的事，让我可以认识你。你一定要帮我，答应我活下去，答应我，你不会放弃，无论发生什么事，无论环境怎样……Rose，答应我，千万别忘了。”

你是否还记得，当年观看这部电影时泪流满面？因为，你已经被卡梅隆导演的“爱情”、“失去”和“死亡”这三个主题深深共鸣到了。当一部电影共鸣到的人群越广，它的票房就越高。

电影如此，书籍也一样。日本小说家太宰治创作的半自传体小说《人间失格》长期居于各大图书畅销榜，这部小说之所以成功，就是因为它共鸣到了很多人的痛苦。

我们感受一下这些文字。

“面对世人，我总是心怀畏惧，战战兢兢，而作为世人中的一员，我更是自卑。我总是用微笑来伪装自己，将敏感和烦闷隐藏在内心深处，就这样我成了一个搞怪滑稽的怪人。”

简短的一小段文字，将故事主角面对世人时，内心的自卑、敏感、烦闷、绝望，离死亡近在咫尺的感觉描写得淋漓尽致，有过同样感受的人，在这些文字中，都会生出那种透不过气来、快要窒息的感受。

我们再来看看那些成功的广告。

“不在乎天长地久，只在乎曾经拥有。”这是铁达时手表的经典广告；“钻石恒久远，一颗永流传。”这句广告让整个钻石行业受益；“人头马一开，好事自然来。”这句广告让一款洋酒品牌深入人心。

电影、文学作品、广告等给人的共鸣越强烈，就越能成功地打动人。那这些能让人产生共鸣的作品，它们的语言有什么特点呢？

人类有两大欲望，一是趋向快乐，二是逃避痛苦。我上面所举的这些例子，都在这两个范畴上让受众产生共鸣。这两大动力中，逃避痛苦的力量会更大一些。为什么这样说呢？

以飞人博尔特为例，博尔特在他的体育生涯中，获得了 8 块奥运会金牌，并创下了多个世界纪录。现在我们试想一下，想让博尔特再破世界纪录的话，有两个方法，第一个是加大奖金激励，第二个是在他的后面放一只老虎，试问哪个更有效？

答案很显然是第二种。因此，**痛苦比快乐更加具有触动人心的力量。**《泰坦尼克号》和《人间失格》这两部作品能长期名列电影票房、畅销书榜前茅，共鸣的就是痛苦的力量。

有一个成语叫“痛改前非”，如果一个人不愿意改变，只有一个原因，痛得还不够彻底。我们看医院里每天人满为患，很多患者对医生的话言听计从，为什么？因为他们感觉到痛了。

除了前面讲过的电影、书籍和广告之外，心理咨询也需要利用痛苦的力量去推动人改变。

音乐作品也不例外，李健演唱的《父亲写的散文诗》，我听过一遍之后，永远都忘不了，因为那些简单的歌词，让我泪流不止：

明天我要去邻居家，再借点钱，
孩子哭了一整天哪，闹着要吃饼干，
蓝色的涤卡上衣，痛往心里钻，
蹲在池塘边上，给了自己两拳，
……
我老成了一堆旧纸钱，
那时的儿子已是，真正的男子汉，
有个可爱的姑娘，和他成了家，

但愿他们，不要活得如此艰难，

……

每次听这首歌，我都会想起我的父亲。

我拿到了大学录取通知书的那一天，原本是我们一家人最开心的日子，可我们一点都高兴不起来，因为家里没有钱。

为了给我凑学费，我父亲借遍了整村的有钱人，但是他借不到一分钱。我记忆中有一个很清晰的画面：父亲蹲在家里一个大灶台的旁边，他一边往灶里添柴，一边在抽烟，泪水顺着他的眼角不停地流。这个画面我一辈子都忘不了。我父亲是一个一米七几的硬汉，一辈子都没怎么掉过泪，可他却因为没有办法借到钱供我读书，在灶台的一角抽着烟掉眼泪，那一刻，我的心就像是被钻透了一样痛。那一刻，我暗暗发誓：长大之后，我一定要努力工作，回报我的父亲，回报我的家人，让我的家人能够过上更好的生活。后来，等我当了父亲，我又有了新目标，我要通过我的努力改变生活，让我的孩子不用像我这一辈人那么艰难，让我的孩子不用看到他的父亲因生活所迫而偷偷流泪。

“但愿他们，不要活得如此艰难。”这句歌词仿佛是专门为我写的。当然，也是为曾经生活困难的人写的，曾经过过苦日子的人，都希望自己的孩子过得比自己好。

这就是共鸣语言的魅力，它能触发你记忆的开关，让你联想到自己曾经的经历，引发你的共鸣，这种共鸣会击中你的内在，会感染到你，这个时候，你内心的某些地方就能够被改变。

3. 指责与负责

曾看过这样一个故事。

一位教徒在祈祷时犯了烟瘾，他问神父："神父，我祈祷时可以抽烟吗？"

神父很生气地瞪了他一眼说："不可以。"

另一位教徒在祈祷时也犯了烟瘾，他问神父："神父，我抽烟时可以祈祷吗？"

神父赞赏地说："可以。"

这两个人原本表达的是同一个意思，却得到了两种截然不同的回答。为什么会这样呢？

我曾经接过一个婚姻咨询的个案，一对夫妻每天争吵不断，过不下去了。第一次见面，妻子的情绪一直很激动，她说："我今天找到你，你一定帮我搞定我老公。"

我说："我们做心理咨询，不是帮谁搞定谁。"

她说："如果你搞不定，你做什么咨询呢？"

听到这个女士的话，我真的不太想接这个案子，可是我看到她丈夫在旁边不说话也不抬头，一副痛苦隐忍的样子，我实在是于心不忍，只好硬着头皮往下聊。

说到婚姻中的问题，这位妻子的嘴巴几乎停不下来，她对丈夫诸多抱怨：

“我没法跟你过了，你整天只顾着工作，从来都没想过这个家，我自从嫁了你之后，活得像个寡妇一样，我这辈子真是太倒霉了，当初怎么会嫁给你呢……”

这种问题在夫妻关系中非常常见。丈夫忙于工作，妻子抱怨丈夫，唠叨不停，丈夫越发想要逃离家庭，妻子越发不满。怎么解决呢？我教给妻子另外一种表达方式，最后，夫妻两人抱头痛哭，冰释前嫌。什么表达方式呢？我引导妻子这样表达自己的情绪：

“老公，我自从嫁给你之后，你每天忙于工作，我知道你这样做是希望为这个家创造更好的生活条件，可我经常一个人在家里，我感到好孤独、无依无靠，好像你的工作比我更重要似的。我当初是因为爱你，才选择嫁给你，我从来没后悔过这个选择，只是，我现在过得实在是太痛苦了，所以控制不住自己的脾气……”

这个案例跟上面教徒抽烟的案例原理一模一样。同一件事情，用不同方式表达，会导致不同的结果。这中间微妙的地方在哪里呢？

中国人都知道太极，阴中有阳，阳中有阴。任何事情都是一体两面，沟通也一样，“抽烟”和“祈祷”就像事物中的“阴”和“阳”，你呈现的是阴还是阳，会让接收者有完全不同的感受。

“我祈祷时可以抽烟吗？”呈现的是抽烟，神父当然不允许。

“我抽烟时可以祈祷吗？”呈现的是祈祷，神父怎能不允许祈祷呢？

同样，丈夫忙于工作这是事实，这个事实呈现出来不同的面向，“不顾家”是一个，“为家创造更好的条件”也是一个，“这是丈夫的错”是一个，“我很孤独”也是一个。当妻子呈现的是丈夫“不顾家”和“这是丈夫的错”时，哪个丈夫受得了？可是，如果妻子呈现的是丈夫“为家创造更好的条件”和“我很孤独”时，哪个丈夫忍心让自己所爱的人孤独呢？

责任也是一体两面的，当一个人把事情失败的责任推给对方，把对方放在错的位置时，叫“指责”。**当一个人把责任放到自己身上，主动寻求解决方案时，叫“负责”。**

指责的语言通常用“你”开始：“你不好”、“你不对”、“你错了”。

负责的表达用“我”开始：“我的感受”、“我的作为”、“我的想法”。

指责是一种攻击的状态，当一个人受到指责时，他自然会启动防御机制，立起城墙，穿上铠甲，把攻击挡在外面，同时，调动力量开始还击。

负责是一种敞开的状态，我们可以以此创造一个相互信任的环境，放下隔阂，拉近距离，让彼此的心紧贴在一起。

指责与负责所呈现的都是事情的其中一面，只是呈现出来的面向不同而已。就像“祈祷时抽烟”和“抽烟时祈祷”一样，两者看起来是一回事，但给人的感受却完全不一样，这就是语言的魔力。

明白这一点，沟通就变得容易多了。比如，孩子不认真学习，父母会这样骂：“你怎么这么懒？你怎么这么笨？长大后捡垃圾吧！”这就是指责，孩子乐意听吗？有用吗？答案显然是否定的。孩子最可能的反应是：“你别啰唆了，不用你管！”

换成负责的表达方式，我们可以这样说：“看到你这样，妈妈好担心，有点焦虑。我很担心你的未来。”孩子会怎么反应呢？他很可能会反过来安慰母亲：“妈妈，对不起，让你担心了，我会好好学习的。”

俗话说，“牙齿和舌头都有打架的时候”。日常生活里，人与人交往，总是避免不了矛盾和冲突，亲子之间、夫妻之间、婆媳之间、朋友之间、同事之间……学会了把“指责”变成“负责”，冲突一定会减少很多。

承担责任非常重要，在前面“重定因果”那一节中，我们讲过，从一个人开始为自己的人生承担起责任的那一刻起，他才真正成为大写的人。

上一节我们学习了自己承担责任在沟通中的重要性，可是很多时候，特别是领导者，需要让别人承担责任的时候该怎么办？有没有一种语言技巧可以帮助别人承担责任呢？

1957 年，美国社会心理学家道格拉斯·麦格雷戈在他的著作《企业的人性面》一书中提出了影响颇大的“X—Y 理论”。在此之前，X 理论曾经是美国产业界普遍存在的传统观念，它对人的本性做了这样的假设：人生来就是懒惰的，一般人都缺乏责任心，人生来就以自我为中心的。麦格雷戈认为，现实中存在很多显然可见的现象是与这项人性本质的看法不符的。比如，**在受到尊重和得到信任时，人是愿意负责的，并且具有创造性和进取心。**

可是，现实中，绝大多人总在推卸责任，这是为什么呢？难道麦格雷戈的理论是错的？

慧律法师是非常有影响力的法师之一，他曾经分享过这样一个故事。

一次，慧律法师到一个信徒家里，正赶上这个信徒的伯父伯母吵得不可开交。

信徒充满歉意地说：“师父，不好意思，今天你来，让你看到这一幕。师父，你慈悲，能不能给他们开示几句？”

慧律法师问：“他们两个接受吗？”

信徒说：“两人有一点善根，有一点佛学兴趣，只是不深入。”

慧律法师这是第一次见到信徒的伯父伯母，对他们一点都不了解，他一时不知道该怎样去教化他们。突然，他看到桌上有一张白色的纸张，有一支签字笔，有了主意。

他在白纸的中心点，用签字笔画了一个黑点，对信徒的伯父说：“你是老公，是家里的顶梁柱，你先看看你看到的是什么？”

对方说：“师父，我看到的是黑点，一张白纸里面的黑点。”

慧律法师又问信徒的伯母：“你是老婆，是家里的定海神针，这一张纸，你看上面有什么？”

对方回答：“我看到的是一个大黑点，师父。”

慧律法师说：“换你拿这一张，你问我。”

对方接过慧律法师手中的纸，问：“师父，那你看到了什么？”

慧律法师回答：“我看到一片白纸，好大的白纸，只有小小的黑点。”

夫妻两人听后，沉吟很久，感叹说：“师父，我体悟了你的用意。你的意思是不要把生命放在某一个黑色的焦点上。”

并不是麦格雷戈的理论错误，慧律法师之所以能够点化这对老夫妻，关键一点正是符合了麦格雷戈所说的前提，人只有**“受到尊重”和“得到信任”**时，才会负责任。

别人怎么对你，都是你教的，一个人是“推卸责任”还是“负责任”，全在于你是否让对方感到尊重和信任。

人们总是要证明自己是对的。世上没有十全十美的人，再优秀的人，可能他也只做得到 90 分，仍旧有 10 分做不到位，如果我们总是看不到别人做得好的地方，双眼只盯着他做得不好的地方，这时，他为了证明自己是对的，一定会尽力地向你呈现他已经做到的那 90%，他并不是有意推卸责任，他只是要证明自己是对的罢了，如图 8-1 所示。

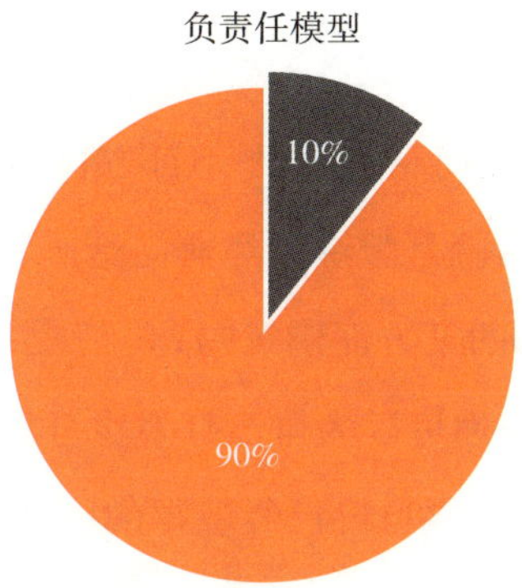

图 8-1

就像一个小孩子，当他考了 90 分的时候，如果父母说：“你为什么丢了 10 分？这么容易的题都会做错，你有没有认真读书？”

各位读者，你也曾经是个孩子，听到父母这样说，你心里什么感受？如果你的自我还没被父母完全摧毁，你一定会奋起抗争：“能考 90 分已经很了不起了，你都不知道老师出的题有多难，你知道我们班有几个人能考 90 分以上吗？就知道要求别人，你自己当年怎么没考上清华北大？”

换一种思路，如果父母能先肯定孩子取得 90 分的成绩不容易，那孩子一定乐意承担那丢失 10 分的责任。

孩子如此，成人也一样。之前的案例中那对夫妻之所以能够从相互指责到抱头痛哭，其中一个关键是，我让妻子先看见丈夫忙于工作也是为了家庭能有更好的生活，当丈夫的努力被看见、被肯定时，正如麦格雷戈所说的，当一个人“受到尊重”和“得到信任”时，自然会负责任。

因此，让别人负责任的方法其实很简单，就是先看到对方已经做得好的地方，并给予肯定，让对方感受到尊重和信任，这时，一般人都愿意负责任。

我们还可以通过问话的方式让对方自我觉察，这种方法叫“教练”。下面四句话就是教练的经典问话：

（1）“你对过去的某方面满意吗？”

（2）“0~10 分，你可以为自己打多少分？”

（3）“你会如何肯定自己已经取得的成绩？”

（4）“如果分数还可以更高一点，你可以怎么做呢？”

工作中，当下属做得不够好时，与其直接责备他们，不如通过这种负责任的教练方式，唤醒其内在的动力。比如，员工小李最近工作有点懈怠，有点懒，你想督促他新的一年更加勤奋一点，应该怎么说呢？

第一句：“小李，你对你过去一年的表现感觉怎么样？”他回答说：“老板，还行吧。”

第二句：“0 分到 10 分，你可以为自己打多少分？”他回答说：“8 分。”

第三句：“你为公司做了很多贡献，谢谢你这一年的付出。”他回答说：“应该的。”

第四句：“新的一年，希望你能迈上一个新的台阶，争取做到9分。如果做到9分的话，你需要多做点什么？”他回答说：“我要更努力一点、更勤奋一点。”

“勤奋一点”，如果这是我们对他提的要求，他会抵触、反感。当这句话从他自己的口中说出来，那就完全不一样了，他的工作就会从“被动”转成“主动”，当你的下属都能主动地、负责任地工作时，你这个当领导的是不是可以很轻松了？

用这样的方法，可以让员工从被动到主动，把你想让他们做的事情变成他们主动承诺完成的事情，员工自动自发地工作，老板自然就能自由自在。

管理是这样，孩子教育是这样，人际关系也是一样。你想让对方推卸责任，还是主动承担责任，你想让对方越来越差，还是让对方越来越好，你是想把对方推远，还是把对方拉近，这完全取决于你的语言模式。

4. 不良沟通与一致性沟通

前面两节我们学习了自己负责和如何让他人负责，这一节我们来学习当遇到冲突时，该如何沟通。

先给大家讲一个我亲身经历过的冲突故事，这个故事的开始跟香港警匪片中黑帮冲突的场景十分类似，不同的是，局中人最后并没有像黑帮那样打起来，而是在主角轻描淡写的几句话之后，化干戈为玉帛。

那一年，我们在温州举办一场教师公益课程，主讲导师是我尊敬的张国维博士。当时，张博士在中国某城市的合作公司出了问题，两个股东因为一点小矛盾打起了官司。张博士建议她们通过沟通解决矛盾，可惜她们都在气头上，坚持通过法律解决问题。在她们打官司那段时间，张博士暂停了跟她们公司的合作。

其中一个股东是一位已婚女士，我们在温州举办公益课程的当晚，她和她的老公到我们所在的酒店找张博士理论。晚上10点左右，博士下课后，我陪他老人家来到酒店大堂吧跟他们见面。那次课程有600多人参加，几乎整个酒店住的都是张博士的学生，正在大堂吧喝酒聊天的也都是张博士的学生。

当我们来到大堂吧时，这对夫妻已等候多时。那位先生喝了不少酒，满脸通红，我们刚刚坐下，他一拍桌子，指着张博士鼻子就骂："据说你欺负我老婆是不是？你敢欺负我老婆，我让你直着进来，横着出去！"

看到自己的老师被人这样骂，所有在大堂吧的学生一下子围了过来，我的双手紧紧抓住椅子扶手，准备随时拿起椅子当武器保护张博士。当时的场面一触即发，现在想起来还有点紧张。可是，张博士却非常淡定，他从容地跟那位先生说了一番话，然后，这场冲突就烟消云散了，他是怎么说的呢？

张博士说："这位先生，这是我第一次见你，你大老远来到这里为你老婆出头，我就知道了，你很爱你的老婆。（第一步：接纳对方的感受，同理对方的感受）

"你爱你的太太，我的太太也很爱我，如果我太太知道你今天晚上这样对我说话，她一定很担心，她一定更加不允许我到你所在的城市讲课了。（第二步：表达自己感受）

"其实我并没有欺负你太太，我只是暂时不跟她合作，我希望你太太搞好她跟合作伙伴的关系后，我们再合作。如果你真的爱你太太，你有那么大的能力，能不能协助你太太搞好她跟合作伙伴的关系？她们的关系变得和谐起来后，我们再次合作，是不是会更好？（第三步：探索解决方案）"

几句话下来，这位先生完全没话说了，他拿起酒杯说："老先生，对不起，我先喝为敬。"一场风波就这样化解了，张博士和这位先生不打不相识。后来，这位先生还走进了我们的课堂，成了张博士的学生，你说张博士这番话是不是很厉害！

张博士这番话叫一致性沟通。在讲一致性沟通之前，我们先看看几种常见的不良沟通类型。

生活中，这样的场景应该很普遍。丈夫因工作原因，晚上需要应酬，很晚才回家，太太在家独守空房，心情不好，丈夫一回来，不同的太太会有如下几种不同的反应：

反应一："有没有搞错，现在几点了？你天天只知道在外面花天酒地，心里还有没有这个家？"

反应二："老公，都是我不好，是不是我煮的饭不好吃？是不是我没有吸引力了，你才不愿意回家的？你说，我改。只要你能早点回家，我做什么都愿意。"

反应三："老公，你又去应酬了？经常这么喝酒对身体不好。人家做生意你也做生意，人家隔壁老王生意做得比你还大，可是天天准时回家，你要向人家学习学习啊！"

反应四："老公，回来了？我煮了糖水，盛一碗给你喝吧？我今晚看了一部电影，你都不知道有多好看。"

当然，还有更多的反应方式，但大致归纳起来都离不开这四种。人与人的沟通一般都会包含三要素，分别是我、你和情景，如图 8-2 所示：

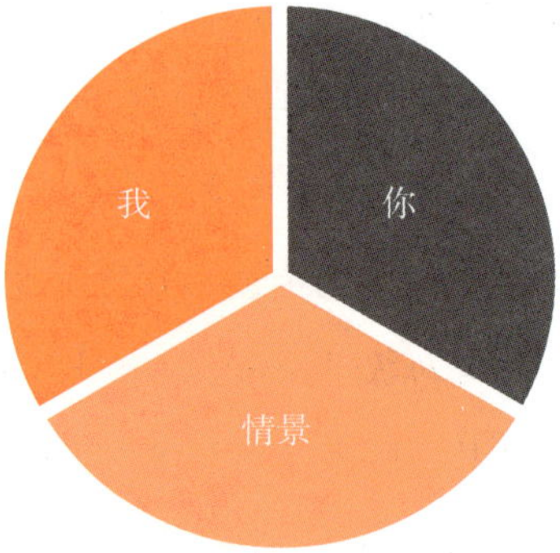

我好，你好，大家好！

图 8-2

在沟通时，如果能够照顾到所有的元素，我们称为一致性沟通。当某些元素缺失时，就会形成如下几种沟通模式：

（1）指责

上面场景的第一种反应就是一种指责，这样的人沟通时在乎自己、在乎情景，却忽略了他人的感受，在沟通时总是批判、指责甚至攻击别人，话语中常出现“都是你的错，你怎么总是做不好”。指责的结果是把身边人推远，最后落个孤家寡人的下场。

（2）讨好

在第二种反应中，妻子压抑自己的情绪，这种忽略了自己，只关注他人和情景的沟通模式叫讨好。这种方式表面看起来对沟通有帮助，但一个人的忍耐力是有限的，长期压抑下，这个人要么会发生一次大爆发，要么会被这股压抑的能量摧毁身体。心理学研究发现，很多身体疾病都是由压抑情绪所引发的。

（3）超理智

第三种反应方式叫“超理智”。这种沟通方式忽视了自我与他人的感受，只关注情景。这种人说话极度客观，只关心事情合不合理，他们习惯应该怎么做，不应该怎么做，有一套又一套的大道理，没有任何情感。看起来这种沟通方式很客观，很有道理，没什么毛病。可是，仔细观察，你会发现习惯于这种沟通模式的人身边通常没什么朋友。为什么会这样呢？因为他切断了情感的连接，自然会跟人产生距离。同时，一千个人的眼中有一千个哈姆雷特，一千个人就有一千个不同的观点，你认同的道理，跟别人认同的道理并不是同一个道理。所以，超理智并不能化解冲突，相反，只会让冲突变得更加严重。

（4）打岔

第四种反应方式叫“打岔”。习惯于打岔的人在遇到冲突时会岔开话题，转移注意力。这种沟通的焦点既不在“你”、“我”，也不在“情景”中，完全忽略这三个沟通元素。这种方式对于化解当下的冲突看起来有一定的帮助，在危急时可以采用。但如果长期习惯于这种方式的话，矛盾仅仅是被放到了一边，并没有解决，这样处理，关系会越走越远。

上面这四种类型的沟通方式之所以都存在问题，是因为忽略了沟通三要素中的某些要素，要想沟通有效果，最好能够把三个要素都照顾到。张博士轻描淡写的几句话，之所以能起到作用，正是因为能够做到这一点。一致性沟通，可以归纳为以下三个步骤：

第一步：接纳对方的感受。

第二步：表达自己的感受。

第三步：探索双方能接受的解决方案。

有一个词语叫“动之以情，晓之以理”，为什么情在前面，理在后面，而不是上来就讲道理呢？因为这样的道理是讲不通的。我们每个人都固守着一扇只能由内开启的改变大门，外来的道理，必然会被阻挡在大门之外，既听不进去，更不会采取行动。这时候，我们首先以情感人，情感是可以跟人产生连接的，我们首先让对方的内心受到触动，他主动打开心门后，再跟他讲道理，他就会接受，然后改变。

懂得一致性沟通的太太，面对丈夫应酬到很晚回家时，可以怎么做呢？

第一步，接纳、同理丈夫的感受：

“老公，回来了，你经常要应酬到这么晚才回家，看来经营公司真不容易啊，真辛苦你了。”

第二步，表达自己的感受：

“可是，老公你知道吗？你经常这么晚回来，我一个人在家里有多孤单，而且很害怕，我不知道这样的日子什么时候才能结束。”

第三步，探索解决方案：

“当年创业的目的是希望生活能变得更好，可是，现在钱是赚到了，可你却比以前更辛苦，我也过得越来越不开心了。隔壁老王的企业比咱们的还大，可是我看他经常在家陪太太和孩子，他是怎么做到的，你是不是找时间去跟他聊聊？”

当我们能真的尊重自己、他人与情景，在沟通中能够接纳对方的感受，同时也能勇敢地表达自己的感受，然后再去沟通可能的解决方案时，会发现大多数人都是可以沟通的。正如神经语言程序学其中一条预设前提说的那样：

“没有不能沟通的人，你只是暂时还没有找到跟他沟通的方法。”

一致性沟通，是众多沟通方法中的一种，希望能对你改善关系有所帮助。

5. 非文字的语言

我们都知道，康熙皇帝是历史上少有的明君，心系苍生、爱民如子。不过，康熙皇帝也有滥用权力的时候。怎么回事呢？我们来看看下面这个故事。

据说康熙皇帝晚年，多了一个怪脾气——忌讳别人说他老。皇帝不高兴，后果很严重，因此，身边人都不敢提任何跟老有关的东西。

有一次，康熙带着后宫妃嫔去湖中垂钓，不一会儿，钓竿一动，他连忙举起钓竿，只见钩上挂着一只老鳖，心中很是高兴，谁知道刚刚拉出水面，只听“扑通”一声，鳖脱钩又掉到水里跑掉了。康熙长吁短叹，连叫可惜。康熙身边的皇后忙端了一杯茶过来，安慰说：“看样子这是只老鳖，老得没牙了，所以衔不住钩子了。”话音刚落，旁边另一个年轻的妃子忍不住窃笑起来，而且一边笑一边不住地瞟康熙。康熙脸色一沉，当即命人将这位妃子打入冷宫。

康熙忌讳别人说老，皇后说了“老鳖”为什么没事，妃子什么都没说，只是笑了一下，反而被打入冷宫了呢？

康熙做出这个决定，是因为他不仅仅听到了言语表达，还从皇后和妃子的身体语言中，读到了不一样的内容，皇后的身体语言是对自己的关心，而妃子的身体语言是对自己的讥讽。

任何一种沟通都包含着两方面的信息，即语言方面的和非语言方面的。某个人在说话时，会自动地表达出包括表情、姿态、语音语调以及呼吸频率等在内的多种非语言信息，这些非语言表达往往比语言信息更能反映人们内心的真实状态。这是因为口头语言是我们通过逻辑思维加工后才说出来的，为了让它符合我们想要达到的目的，它上面加了一系列的扭曲，而非反映真实的内心。身体语言则是自发的，是潜意识的，很多时候，它表达的是一个人最真实的内心想法。所以，在测谎时，测谎专家更在意的是你的身体语言。

身体语言在沟通中的重要性，我想各位读者已经相当熟悉了。恋爱中的女人含羞带怯地对男人说："讨厌，我恨你。"男人们都能听出来，这句话的意思是："知道吗？我爱你。"

孩子在学校打架了，父母被老师叫到学校。父母满脸怒色、龇牙咧嘴、恶狠狠地对孩子说："行啊，你真厉害，有本事了！"孩子都能感觉得到，这句话的意思是："欠揍了，是不是？"

妻子看上了一件很贵的衣服，她一遍又一遍抚摸布料，对丈夫说："这件衣服有点太正式了，平时穿不着，还是不要买了。"丈夫这时如果说："好，不买了，走吧。"接下来的一个月，他可能都吃不上妻子做的可口饭菜。为什么？因为妻子嘴上说"不要买了"，她的真实意思是"好想买"。

美国心理学家艾伯特·梅拉比安曾提出"7%—38%—55%定律"：当人们进行面对面沟通的时候，会使用到三个主要的沟通元素——用词、声调、肢体语言，这三项元素在沟通中的影响比重不同，用词只占7%，声调能占到38%，肢体语言占得最重，达到了 55%。

（1）肢体语言

肢体语言包括目光与面部表情、身体运动与触摸、姿势与外貌、身体间的空间距离等。

肢体语言虽然无声，但具有鲜明而准确的含义。比如，大街上的交通警察指挥来来往往的汽车和行人，靠的就是这种无言的体语。书店里，一个小朋友踮着脚去拿书架上的一本书，试了几次都没成功，这时书店营业员过来拿下书递给了这个孩子。这个过程中，孩子踮脚的动作就清晰表达了自己的需求：我需要帮助！

肢体语言运用最神乎其神的当属卓别林，在那个黑白胶片的时代，电影没有声音也没有色彩，卓别林凭借着丰富的肢体语言把人们的感情、想法、经历一一呈现在观众眼前，带给人们很多触动。

（2）声调

声调包括重音、声调、停顿、语速等，声调的变化能表达出不一样的情感，不一样的内涵。

意大利著名的悲剧影星罗西，一次应邀参加一个欢迎外宾的宴会。席间，许多客人要求他表演一段悲剧，于是他用意大利语念了一段“台词”，尽管客人听不懂他的“台词”内容，然而，他那动情的声调和表情，凄凉悲怆，不由使人流下同情的泪水。可一位意大利人却忍俊不禁，跑出厅外大笑不止。原来，这位悲剧明星念的根本不是什么台词，而是宴席桌上的菜单。

美国语言学家查尔斯·弗里斯（C.C.Fries）特别强调了声调的重要性，他说：“重要的不在于你说的什么话，而在于你怎样说。”

身体语言、声调、呼吸，这些共同构成了非文字的语言，它们能够传达文字之外的语言信息。在人类发展出语言之前，人与人之间就是靠这些非文字语言沟通的，这些沟通方式至今依然有效。

摊开双手，表示手中没有武器，是安全的，所以，在沟通中摊开双手，会给人亲切的感受；当手心向下或者握拳时，别人看不到手心，会产生威慑力，当你需要展示权威时，不妨试试这种手势。

双脚平衡站立，脚尖向前，是一种稳定的站姿，可以随时战斗。当你这样站立时，显得权威、有力量；相反，当你双脚分开并且不平衡站立时，是一种放松的站姿，这样能够让人感到轻松、亲切，当你这样站时，是无法攻击和战斗的。

非语言信息不仅可以影响别人，还可以影响自己。心理学中有一个新兴的研究领域叫“具身认知”（embodied cognition），具身认知理论认为，生理体验与心理状态之间有着强烈的联系，生理体验会激活心理感觉，心理感觉也会强化生理体验。人在开心的时候会微笑，这很好理解，具身认知进一步告诉我们，人越是微笑，他就会变得越开心，一个人的身体状况会影响到他内心的感受。

比如，当你坐在一把坚固的椅子上时，你会感到安全；当你手里拿着一件很沉重的东西时，你会觉得它重要；当你双手张开时，你的心态会更开放；当你双手抱于胸前时，你的思维会陷入固化；当你眼睛向上看时，你很难感受到悲伤；当你眼睛向下时，你会变得比较感性……

不知道你是否留意，电影里的那些间谍、特工，现实生活中的骗子，还有那些情场杀手、商场老手，他们很容易就能取得别人的信任，他们是如何做到的呢？

我们可以试想一个这样的场景：一位客服小姐坐在柜台后面，前面来了一个气呼呼的顾客，一拍桌子说："有没有搞错？我上个礼拜订的货，现在到哪里了，你们公司怎么办事的？"

这个客服人员假如温和地说："先生，请你冷静一点，有话好好说。"如果你是那位顾客，你心急如焚地等着原料生产，对方尽管看起来很有礼貌，却慢吞吞地跟你说话，你对她会有好感吗？

如果这时她"嗖"的一下站了起来，用跟你一样焦急的口气说："有这回事？岂有此理，物流部门的同事怎么做事的？我马上帮你问问！"

这时你会有什么感受呢？你一定会觉得这位客服小姐是急你所急、想你所想，大概率你会喜欢她。

人因为相同而连接，当对方跟你一样时，你会感到特别亲切。有一个成语叫"同声同气"，比喻亲密无间、志趣相合。在沟通中，双方的动作相同、声音相同、气息相同，双方就更容易有共鸣感。为什么会这样呢？

这是一种动物的本能，你看一位婴儿，他生下来时什么都不懂，但随着慢慢长大，大人会的东西，他很快就学会了。当然有一些是通过教育学会的，但绝大多数都是通过模仿学会的。所以，模仿是人类的本能，我们天生就会模仿别人。如果不会模仿，也许连生存的机会都没有。

（3）亲和力

当然，大多数时候，模仿都是在不觉察的状态下进行的。如果你懂得有意识地模仿别人，会让人感到亲切可信，这种刻意模仿的技巧叫“亲和力”。

一般来说，建立亲和力可以从下面四方面入手：

第一，配合对方的肢体语言

神经语言程序学高级班有一个练习叫“走进别人的鞋子”，这个练习很简单，两人一组，一个人自然地散步，另一位同学在后面跟随他，模仿他走路的姿势和所有注意到的细微动作。15分钟后，双方静坐一会儿，细品自己的感受。这时，如果你是模仿者，你会神奇般感受到不属于你自己的感受，当你向对方求证时，你会发现，你感受到的，正是对方此刻的感受。

是不是觉得很神奇？或许有人会认为我在胡说八道。其实这一点都不神奇，前面我讲过一门新兴的心理学叫“具身认知”，身体会影响到心理感受，这是心理学家通过大量实验验证过的科学原理。

身心是同一个系统。既然身体姿势会影响心理感受，那我们模仿对方的身体姿势，就能够跟对方的感受层面进行连接，这样，对方的潜意识就会在不知不觉间喜欢上你。

比如，对方跷脚坐，我也跷脚坐，对方摸摸头发，我也摸摸头发，总之，对方的身体姿势如何，我也尽量跟他一样。

不过，要注意的是，配合对方的肢体语言，并不是完全一模一样的模仿，否则很容易惹起对方警惕，如果对方在意识层面觉察到了，你的模仿就会失效，不仅如此，还会引发对方的反感。比如双人舞，跳舞双方的动作是配合，而不是完全拷贝。我们配合对方的肢体语言也是一样，对方的二郎腿是左腿在上，我们可以来个右腿在上，要给对方一种契合感，而不是呆板的重复。

第二，配合对方的声调

你是否听过一些外语歌曲？你不知道歌手在唱什么，但你却被感动了。为什么会这样呢？因为大多数的情绪都是通过声调和韵律传递的，这正是音乐无国界的原因。

俗语说，上什么山唱什么歌。与人沟通时，我们可以从音调高低、声音大小、速度快慢、说话语气等方面入手，配合对方。对方大声，你也大声；对方小声，你也小声；对方温柔，你也要温柔一点；对方语速很快，你的语速也加快。这样的配合很容易让沟通双方实现情绪上的共鸣，保证更好的沟通效果。

第三，配合对方的语言习惯

不知你是否留意到，不同地方的人会有他们习惯性的用词。比如，东北人说话喜欢用一个词“咋整”，广东人喜欢用一个词“点搞”。如果你跟东北人说话，能够时不时冒出一两句“咋整”，跟广东人侃几句“点搞”，他们一定会感到特别亲切。

前面我们讲了人可以分为 VAK 三种感官类型，每种类型都有不同的语言习惯。视觉型的人比较喜欢用视觉的语句，比如“你很漂亮”；听觉型的人喜欢用听觉的语句，比如“你说得很有道理”；感觉型的人喜欢用感觉的语句“我感觉到很温暖”。我们有意地重复对方的偏好词，就能拉近彼此的距离。

另外，不同年龄、不同偏好的人也会有各自的偏好词。比如，韩剧迷会张口闭口“欧巴”，20 世纪五六十年代出生的人会把“节俭”挂在嘴边，我们只要细心聆听，就能抓到对方的偏好词，然后我们重复给他听，亲和力立刻就建立起来了。

第四，配合对方的呼吸

很多人问我：“为什么你能够让案主那么信任你？”我的秘诀就是调整我的呼吸跟对方同步，他吸气我吸气，他呼气我呼气，如此，我们两个人就能心灵相通了。这是一种非常神奇的技巧，这是一个心理咨询师必须掌握的基本功，因为这是最简单，也是最快取得案主信任的方法。

配合对方的肢体语言、配合对方的声调、配合对方的语言习惯、配合对方的呼吸，把握了这四点，你就轻松拥有了亲和力。

6. 一对多的影响力

一个人怎么去影响一群人？

人们在感知和处理信息时，个人能力有非常个性化的偏好，并表现为四种截然不同的类型，与人沟通时，我们只有一种表达方式，就只能得到一种人的喜欢，另外三种人可能就不会喜欢我们，不愿意跟我们接近。因此，为了保证我们的语言有最大范围的影响力，我们需要认识、了解并熟悉这四种偏好，并有针对性地调整自己的语言表达方式。

类型 1：why 型

我们都知道，美国科学家爱迪生是个“发明大王”，他发明的电灯是我们生活中离不开的，可谁能想到，小时候的爱迪生被很多人视为“弱智”，经常问奇怪的问题，比如：

“为什么蓝色的天空里会有朵朵白云在飘浮？”

“为什么清晨太阳总是从东方慢慢升起来？”

“为什么母鸡可以孵小鸡，人不可以？”

“为什么桌子有四条腿？”

“为什么 1+1 等于 2？”

他每天总是在问“这是为什么”“那是为什么”，别人回答不出来，觉得这些问题不该问，就认定了他是“弱智”。学校的老师还把他赶回了家，还好有他的母亲细心引导和帮助，爱迪生才成了后来的“发明大王”。

爱迪生这种常思考“为什么”（why），喜欢寻根问底的人就属于 why 型，要想影响这种人，我们一开始就要迅速引发他们的好奇心，因为这类型的人反应最快，如果你无法快速抓住他们的好奇心，他们对你讲的内容很快就会失去兴趣。

这一点在影视行业可以清楚看到。纪录片内容丰富，却票房不佳，因为大多数纪录片的叙事手法都是平铺直叙式的，无法引发观众的好奇。而那些票房大卖的电影，通常是几条线同时叙事，每条线在故事发展最关键时突然停止，让观众欲罢不能。就连那些粗制滥造的电视剧也懂得运用这种手法，在每一集结束时设置悬念，让你一集集地追下去。

类型 2：what 型

德国人以处处讲秩序而闻名，20 世纪 80 年代，几个留学生想检验一下德国人对秩序的坚持程度，就做了一项实验：几个人趁着夜色，来到闹市街头的一个公用电话亭，在一左一右两部电话亭的旁边，分别贴上了“男士”“女士”的标记，然后迅速离开。第二天上午，他们再次来到那个公用电话亭。令他们惊奇的一幕出现了：有“男士”标志的那一部电话前排起了长队，而有“女士”标志的那一部公用电话亭前却空无一人。留学生们走过去问那些平静等待的男士：“既然那一部电话前没有人，为什么不到那边去打，为什么要傻傻排队呢？”被问的男士莫名其妙地说：“那边是专为女士准备的，我们只能在这边打，这是秩序啊！”

德国人这种说什么就是什么的性格就是 what 型的典型特征，这种类型的人会找很多资料、证据、规则出来，构建自己的一套逻辑，并完全按照这套逻辑行事。

生活中很多学霸就是这种类型，这种类型的人善于分析，勤于思考，擅长逻辑推理，偏爱细节并习惯进行抽象化加工。他们什么事情都讲究证据，盲从权威，信任数据。针对这些特性，我们在演讲时，就要有足够的数据、理论，还需要引证权威人士曾经讲过的话，有了这些看起来充分的原因，他们才会相信你所做的推论。

这类型的人看起来十分严谨，而且相信科学，好像非常可靠。但是，一旦他们赖以建立推论的前提错误，他们所做的结论，乃至他们的整个人生，都会掉进一个万劫不复的深渊，无法自拔。

类型 3：how 型

看过《水浒传》的人一定对李逵这个人物印象深刻，李逵有一个重要的特征：从来不问为什么，宋江让他干什么他就干什么，让他杀谁，他就去杀谁，行动先于一切。

李逵是 how 型的典型代表人物，这种类型的人习惯于积极努力地思考解决方案，在工作中，how 型的人是突出的执行型人才。

2000 年，有一本书火遍全球，被美国《哈奇森年鉴》和《出版商周刊》评选为有史以来世界最畅销图书第 6 名，这本书的名字叫《把信送给加西亚》，讲述了在 19 世纪美西战争中，一个“把信送给加西亚”的传奇故事。当时，美方有一封具有战略意义的书信，急需送到古巴盟军将领加西亚的手中，可是加西亚正在从林作战，没人知道他在什么地方。年轻中尉安德鲁·罗文挺身而出，接下了这个任务，他没有问任何问题，比如，怎么才能找到加西亚，谁能提供帮助，找不到该怎么办，就独自一人上路了。最后，历尽艰险，徒步三周，穿过危机四伏的战区，他奇迹般地完成了这件“不可能的任务”。

how 型人最擅长的是在体验中成长，我们给他们制定目标，为他们创造练习、体验、行动的环境，这就是影响他们的最好途径。

类型 4：what if 型

来分享一段我的经历。读初中那一年，我的数学成绩下滑得很厉害，这是因为当时我们学到了方程式的相关知识，我觉得这些东西没用，就不想学了。万幸，我的老师非常负责，他找我谈心，问我成绩下滑的原因，我实话实说：“现在这些知识，学着没意思，卖菜也用不着列方程式。”老师听了哭笑不得，他说：“你这家伙，你以为学数学就是为了卖菜吗？学数学是为了锻炼你的大脑。”这句话让我茅塞顿开，后来，我的数学成绩一直保持着班级第一。

我觉得学数学没用的时候，我就不会用心学习，可当我知道学数学有用了，我就会自主自发地用功去学习。我就是典型的 what if 型，这种类型喜欢思考“如果是这样对我有什么好处”，从这方面入手，就能影响到这类人。

上述四种类型在不同的人群中有不同的比例。设计师、发明家、科学家里面，“why”型的人比较多；教师、学者、工程师、律师里“what”型的人比较多；军人、技工、匠人、运动员等多是“how”型的人；政治家、企业家、商人、金融从业者、实用主义者中“what if”型的人占了大多数。

如果你想成为一名有影响力的领袖，在演讲时需要照顾到不同类型的人的不同偏好。如此，你就可以发挥语言的魅力，影响到这些人。

“why”型的人好奇而且性急，所以，首先要引发他们的好奇。引发好奇最好的方式就是讲故事，或者呈现一些现象，然后提出一系列“为什么”。

“what”型的人相信权威，迷信数据，注重推理。同时，他们的耐心也有限。因此，我们在引发好奇后，就需要用理论、数据、权威的研究成果来回答前面的“why”，并借此提出你的观点，输出你的价值观。

“how”型的人比较有耐心，当你满足了前面两类人的需求后，再去照顾他们的需要。他们要的很简单，不需要太多的理由，只需要解决方案，也就是说你告诉我怎么做就行了。如果是学习，那他们需要体验、尝试后才会明白。对他们来说，一千一万个大道理，不如一次简单的尝试。

“what if”型的人最有耐心，他们有远见，而且延时满足能力特别强。因此，可以最后再去满足他们的需求。当你给出了解决方案之后，就要展望未来，让他们知道，如果按你所说的去做了，未来会得到什么好处？有什么价值？如果他们能够想象到未来的美好，就愿意付出今天的努力。所以，对于这种类型的人，你需要以终为始，使用时间换框法，把未来的时间框架移到现在，让他们先想象一下未来，好像目标已经达到了一样，这种方法叫“如在目前”。

结语
使命宣言

你注定会影响世界，不是让世界变得更好，就是让世界变得更糟。你的语言就是影响世界的其中一种方式，所以，从今天开始，小心你所说的话。你所说的话不仅会影响到别人，同时也在影响你自己。正如“铁娘子”撒切尔夫人所说：

小心你的语言，它会变成你的行动；

小心你的行动，它会变成你的习惯；

小心你的习惯，它会变成你的性格；

小心你的性格，它会变成你的命运。

当然了，语言是一种技巧，这种技巧没有好坏之分，它仅仅是一种工具而已，就像一把刀，好人可以用它来帮人，坏人也可以用它去干坏事。语言也是一样，当然，我相信各位读者都是好人，会用这些语言技巧去帮助自己以及那些需要帮助的人，因为，我相信爱学习的人通常心地善良。

如果你是一个善良的人，在本书最后，我希望你做一个练习，把从这本书学到的语言技巧变成你身体的一部分。这个练习很简单，用下面的连接词完成填空就可以。

使命：

因为我：

所以我：

在我：

当我：

每当我：

这会令我：

因为我：

如果我：

虽然我：

但我：

正如：

所以：

我在这里提供一个模板：

我的使命是让世界因为我的存在而更加美好！

因为我相信每个人都可以影响世界，

所以我希望能让这个世界变得更好一点。

在我体验到心理学给我带来的帮助后，

当我看到学员因为心理学而发生改变时，

每当我见证那些用生命影响生命的时刻，

这会令我充满力量，

因为我感到生命的价值。

如果我能培养更多心理导师，世界一定会因此而变得更加美好。

虽然我知道自己能力十分有限，

但我还是会努力前行，

正如那个海星的故事一样，我未必能改变世界上所有的海星，但我至少可以改变一个海星的世界！

所以，让世界因为我的存在而更加美好吧！

正所谓学以致用，我们学习不是为了填补自己的焦虑，而是为了真的提升自己的能力，让自己力所能及地为身边的人做点事情，力所能及地让身边的人因为成长而变得更加美好。

最后，读者朋友们，让我们一起做一点点的事情，让整个世界因为我们的存在而变得更加美好吧！